청송군의 역사와 문화

■ **저자소개** (집필순)

- 조범환   서강대학교 사학과 교수
  (한국고대사 전공)
- 하문식   연세대학교 사학과 교수
  (한국고고학 전공)
- 김희만   서강대학교 디지털역사연구소 연구교수
  (한국고대사 전공)
- 홍영의   국민대학교 한국역사학과 교수
  (고려시대사 전공)
- 박인호   금오공대 교양학부 교수
  (조선시대사 전공)
- 권선정   동명대학교 동양문화학과 교수
  (역사지리학 전공)

청송군의 역사와 문화

초판 인쇄   2023년 12월 11일
초판 발행   2023년 12월 26일

저 자   조범환·하문식·김희만·홍영의·박인호·권선정
펴낸이   신학태
펴낸곳   도서출판 온샘

등 록   제2018-000042호
주 소   서울시 용산구 한강대로62다길 30, 204호
전 화   (02) 6338-1608   팩스 (02) 6455-1601
이메일   book1608@naver.com

ISBN 979-11-92062-28-0   93910
값 25,000원

ⓒ2023, Onsaem, Printed in Korea
* 잘못 만들어진 책은 구입하신 서점에서 교환해 드립니다.

한국고대사탐구학회
학술총서 2

청송군의 역사와 문화

조범환 · 하문식 · 김희만 · 홍영의 · 박인호 · 권선정

〈목 차〉

총설 : 청송군의 역사와 문화 ▮ 조범환 ··7
  Ⅰ. 선사시대의 청송 지역과 고인돌 ··9
  Ⅱ. 고대 청송 지역의 영역 변천과 문화 ··11
  Ⅲ. 고려시대 청송 지역의 변천과 문화 ··14
  Ⅳ. 조선시대 청송군의 탄생과 문화 ··17
  Ⅴ. 근현대 청송군의 변화와 문화 ··22

청송지역의 선사문화 : 청동기시대 ▮ 하문식 ··27
  Ⅰ. 머리말 ··29
  Ⅱ. 청동기시대 고인돌 유적 ··32
  Ⅲ. 청동기시대 유물 포함층 ··53
  Ⅳ. 맺음말 ··57

고대 청송 지역의 역사적 변천과 영역(領域) ▮ 김희만 ··························69
  Ⅰ. 머리말 ··71
  Ⅱ. 진한(辰韓) 12국의 판도와 청송 지역 ··72
  Ⅲ. 『삼국사기』 지리지의 '본고구려군현(本高句麗郡縣)'과 청송 지역 ·······82
  Ⅵ. 『삼국사기』 직관지의 '이화혜정(伊火兮停)'과 청송 지역 ···········91
  Ⅴ. 『삼국사기』·『고려사』 지리지의 보성부(甫城府)와 청송 지역 ·········105
  Ⅵ. 맺음말 ··118

고려시대 청송(靑松)의 역사와 위상 ▮ 홍영의 ······································133
  Ⅰ. 머리말 ··135
  Ⅱ. 고려시대 청송의 영역과 변화과정 ··137
  Ⅲ. 고려시대 청송의 인물과 문화유적 ··148
  Ⅵ. 맺음말 ··167

조선시대 청송의 행정구역 변천과 사회발전 양상 ▮ 박인호 ······171
　Ⅰ. 머리말 ······173
　Ⅱ. 청송 관련 지리서의 편찬 ······174
　Ⅲ. 조선시대 청송의 행정구역 변천 ······187
　Ⅳ. 조선시대 청송의 사회발전 양상 ······197
　Ⅴ. 맺음말 ······208

청송(靑松) 지역의 역사지리적 변천
-지명·행정구역·읍치를 중심으로- ▮ 권선정 ······213
　Ⅰ. 들어가며 ······215
　Ⅱ. '청송(靑松)' 지명의 역사적 연원 ······217
　Ⅲ. 행정구역 변화를 통해 본 청송 ······223
　Ⅳ. 나가며 ······242

부록 : 청송군의 지지류(紙誌類) 자료집 ······247
찾아보기 ······277

총설 : 청송군의 역사와 문화

조범환 (서강대학교 사학과 교수)

Ⅰ. 선사시대의 청송 지역과 고인돌
Ⅱ. 고대 청송 지역의 영역 변천과 문화
Ⅲ. 고려시대 청송 지역의 변천과 문화
Ⅳ. 조선시대 청송군의 탄생과 문화
Ⅴ. 근현대 청송군의 변화와 문화

총설 : 청송군의 역사와 문화

I. 선사시대의 청송 지역과 고인돌

　　청송 지역에 언제부터 사람이 살기 시작하였는지 정확하게는 알 수 없다. 다만 구석기 유적과 관련하여 1980년 칠곡군 석적면 중동유적이 처음 발굴된 이후 안동과 청송, 의성 금성산 일대, 포항, 상주 등에서 발굴이 이루어졌으며 청송 지역은 후기 구석기 유적에 포함된다고 알려져 있다. 이러한 사실에서 볼 때 청송 지역에도 일찍부터 사람이 살았다고 할 수 있다. 다만 이 지역에 살았던 구석기 사람을 우리의 조상이라고 단정할 수는 없다. 신석기 시대 유적의 경우 김천 송죽리 유적을 비롯하여 대구, 안동, 경주 등 경북 내륙 지역에서도 부분적으로 확인되고 있어 신석기 시대 청송 지역에서의 사람들의 생활 흔적을 얘기해도 좋으리라 생각된다.

　　청동기시대부터는 청송 지역도 이미 명확한 생활의 흔적을 찾아볼 수 있다. 현재 청송 지역에서 발견되는 고인돌이 그것을 입증한다. 학계의 학설에 따르면 만주와 한반도 일대는 기원전 15~12세기경에 청동기시대로 진입했다고 한다. 이러한 연구를 기초로 미루어 볼 때 청송 지역도 청동기 문화를 거쳤음을 알 수 있다. 이 시대의 유적으로는 청송읍 금곡리·덕리·월외리, 부남면 대전리·양숙리·하속리·홍원리, 안덕면 문거리·성재리, 파천면 지경리, 현동면 거성리, 현서면 무계리·수락리·천천리유적 등을 들 수 있다. 이는 청동기시대 지석묘 지표조사를 통해 확인되었다. 2021년 현재 청송 지역에는 17개소 49여 기의 고인돌이 분포하는 것으로 알려져 있다.

　　청동기시대 청송 지역 주민의 구성이 어떻게 이루어졌는지 알 수 없으나 이미 이곳에서 살던 사람들도 있었을 것이고 외부에서 이주하여 들어온 사람들도 있었을 것으로 짐작된다. 이들은 기존에 청송 지역에 살고 있던 사람들과 서로 협력하면서 공존하였을 것이다. 물론 외부에서 이주한 세력은 좀 더 발달한 문화를 가지고 있었기에 기존에 살고 있던 주민들에게 새로운 문화를 전달해 주었을 것이다. 아무래도 농경 기술이나 생활 문화 등이 그러하였을 것이다.

잘 알려져 있듯이 청동기시대에는 농사를 짓기 시작하였다. 벼농사가 이때부터 시작되었다고 하며 반달돌칼이나 홈돌자귀를 사용한 사실에서 알 수 있다. 현재 청송 지역에서 발견되는 청동기 유물은 그다지 많지 않지만 하의리 유적과 진안리 유적에서 발견된 골아가리 토기나 갈돌과 갈판 등을 통해 농사를 지었음을 확인할 수 있다.

또한 이곳에서 발견된 돌화살촉을 통해 사냥이나 고기잡이를 하였을 것으로 짐작된다. 특히 홍원리 지역에 축조된 고인돌과 관련하여 생각해 보면, 앞에는 넓은 내가 흐르고 있어 적잖은 사람들이 살았고 고기잡이 등 어로가 왕성하게 이루어졌을 것으로 짐작된다. 따라서 청송 지역에서 청동기시대의 생활 터전은 농경과 취수에 유리한 하천변 충적지였다고 할 수 있다. 이는 산지가 많은 지형에서 나타나는 현상인데 청송 지역이 바로 그러한 점에서 하나의 특징을 보여준다.

청동기시대 사람들은 주로 움집에서 생활하였다고 한다. 현재 청송 지역에서 이 시대 사람들의 삶의 모습을 알려주는 집터는 발견되지 않았으나 골아가리 토기나 민무늬 토기의 바닥 등이 출토된 것으로 보아 여타 다른 지역의 청동기 문화와 다르지 않았음을 알 수 있다. 그들은 움집을 지어 살면서 추위를 피하기 위해 불을 피웠는데 화덕 자리는 대개 움집의 한 곳에 치우쳐 만들었으며, 큰 집의 경우에는 두 개가 있었다고 한다. 또한 움집에는 깊숙한 곳에 토기를 놓아두는 여성의 활동처가 있었으며, 출입구 가까이는 야외 활동 기구를 놓아두는 남성의 생활 공간이 자리잡고 있었다.

청송 지역의 고인돌 분포를 보면, 주변의 자연지세를 최대한 이용하였기에 평지나 구릉지에 위치한 영덕이나 영천 지역에서 발견되는 고인돌과는 모습을 달리하고 있다. 이런 사실을 볼 때 이 지역의 유력자는 당시 다른 지역의 유력자들보다 더 강한 힘을 소유하고 있었던 것이 아니었을까 하는 생각을 할 수 있다. 왜냐하면 평지나 구릉지에 축조된 고인돌보다 자연지세를 최대한 이용하였기에 더 많은 인원을 동원하였을 가능성이 있기 때문이다. 이는 고인돌이 한 사람의 시체를 묻은 개인묘라는 점에서 볼 때 그러하다. 그리고 수십 리의 먼 곳에서 운반해 온 것이었기 때문에 더욱 가능성이 크다. 특히 현서면 일대에는 많은 수의 고인돌이 발견되고 있는데 이는 권력이 대를 이어 세습되었다는 것도 알 수 있다. 또한 이 고인돌은 시대를 달리하여 만들어졌을 것이고 묻힌 사람은 공동체의 대표가 아니라 권력의 소유자였음을 짐작할 수 있다. 그러니까 현서면 지역 일대의 권력자가 대를 세습하여 그곳에 묻혔다고 짐작되는 것이다.

Ⅱ. 고대 청송 지역의 영역 변천과 문화

청송 지역에 일찍부터 고인돌이 축조되었고 권력자가 생겨났음은 이미 설명하였다. 그렇지만 이곳이 고대 국가로 발전하지는 못하였던 것 같다. 다만 하나의 소국 정도로 성장하였다고는 짐작된다. 물론 기록에는 보이지 않아 단정할 수는 없으나 청송 지역 주위에 여러 소국이 성장·발전하였음을 근거로 삼을 수 있다. 예컨대, 청송 바로 옆에 있는 의성의 경우 조문국이라는 소국이 생겨났고 발전하였기 때문이다. 또한 영천 지역에는 골벌국이라는 소국이 탄생하였으므로 청송 지역에도 이와 유사한 소국이 생겨났을 가능성을 충분히 상정할 수 있다. 그리고 소국을 다스리는 주인공은 청동기시대 지석묘를 축조한 유력자의 후손이거나 혹은 외부에서 이주한 세력일 것으로 추정된다.

그렇다면 청송 지역에 생겨난 소국은 언제까지 유지되었을까 하는 것이다. 이러한 것과 관련된 구체적인 기록이 없어 정확하게 알 수 없으나 『삼국사기』에 조문국이 벌휴왕 2년(185)에 신라에 복속되었다고 한 것으로 볼 때 청송 지역에 생겨났던 소국도 이때 신라에 병합되었을 가능성을 생각해 볼 수 있다. 왜냐하면 의성이 청송과 그다지 멀지 않다는 점에서 그렇다. 그렇지만 이를 알려주는 기록을 찾을 수 없다. 도리어 『삼국사기』 기록에서 청이현, 이화혜현, 칠파화현 등이 본래 고구려의 영역이었다고 하는 기록이 주목된다.

이와 같은 기록을 근거로 할 때 2세기 후반 무렵의 청송 지역은 신라보다는 고구려 영역에 포함되었던 것으로 보는 것이 타당할 것이다. 더구나 4세기 후반에서 5세기 초반 무렵 신라는 가야와 왜의 군사적 공격을 받아 아주 힘든 상황에 직면하였다. 이에 신라는 고구려 광개토왕에게 군사를 요청하였고 고구려의 군대가 신라의 영내에 들어오게 되었다. 이는 광개토왕비에 아주 자세하게 잘 드러나 있는데 '신라토내당주'라는 직함에서 알 수 있다. 이 과정에서 안동의 일부를 비롯하여 청송 지역은 고구려의 정치적·군사적 영향력이 강하게 미치는 곳이었음을 알 수 있다. 특히 녹무현(이화혜현)의 경우 고구려의 군대가 주둔하였을 가능성도 없지 않다.

이후 청송 지역은 5세기 말에서 6세기 초가 되어서야 비로소 신라의 영향력 아래에 속하게 되었다. 현재 청송과 인근 지역에서의 고고학 자료의 출토 사례와 『삼국사기』의 신라와 고구려 전투 기록을 종합해 볼 때 청송 지역이 신라의 영역으로 편제된 것은 대체로 5세기 말경으로 추정된다. 신라는 4세기부터 동해안으로 적극적으로 진출하기 시작하였으나 이 지역을 정치적으로 직접 지배하는 데는 시간이 필요하였다. 영역 확보보다는 해상권 또는 해로를 중심으로 하는 교통로 장악과 관련이 있었기 때문에 그렇다. 그러므로 삼척 지역이 신라의 영향권 아래에 들어왔다고 해서 청송 지역이 신라의 영향권 아래에 있었다고 단정할 수는 없기 때문이다. 실직주가 설치된 이후 청송 지역 일대에 이화혜정 등이 설치된 것은 6세기 초 이후이기 때문이다. 이화혜정은 신라 10정 가운데 한 곳으로 진흥왕이 재위 5년(544)에 이화혜정에 설치한 지방군단이다. 따라서 청송 지역은 소지왕 후반이나 지증왕 초반에 신라의 영향력 아래에 들게 되었고 진흥왕대에 이르러서는 신라의 중요한 지방 거점 중 하나로 바뀌었다.

신라는 청송 지역을 영역화하면서 이화혜현을 중시하였다. 이는 이화혜현에서 이화혜정을 차용하였기 때문이다. 이화혜정은 군사조직으로 10정 또는 삼천당의 군관조직과 밀접하게 연결되어 있다는 점이다. 이는 신라가 이곳을 군사적으로 매우 중요시하였음을 말해준다. 아무래도 이곳을 통해 신라가 북방으로 진출하는 중요한 군사기지로 활용하였음을 알 수 있다.

한편 이 시기 조성된 삼국시대 고분은 지표조사를 통해 하천 유역에 분포한 18기가 보고되었다. 2002년에서 2004년에 걸쳐 경북과학대학박물관과 안동대학교박물관에 의해 청송양수발전소 수몰지구 내에 신흥리 유적의 발굴 조사가 이루어졌다. 발굴조사 결과 신흥리 고분군에서는 삼국시대 돌덧널무덤 6기와 돌방무덤 1기가 확인되었으며, 금동제 귀고리, 굽다리접시, 곧은입항아리 등의 유물이 출토되었다. 진안리 고분군에서는 덧널무덤 1기와 돌덧널무덤 3기가 조사되었으며, 유물은 금동제 귀고리, 굽다리접시, 단지, 인화문

짧은굽다리접시 등이 수습되었다. 그 묘제와 유물은 신라계열이며, 시기는 5세기 후반에서 7세기까지 조성된 것이다.

신라가 삼국을 통일한 이후 경덕왕 16년(757) 지방 제도를 개편하면서 각기 적선현·녹무현·진보현으로 개명하였다. 이때 진보현은 문소군, 진안현과 적선현은 야성군, 녹무현은 곡성군의 영현으로 편제되었다. 이와 같은 편제는 이후 각 시기에 청송 지역의 행정 편제를 함에 있어 기본 틀이 되었음도 주목된다.

나말려초 후삼국 시대에 이르러 여러 지역에는 중앙의 통제를 벗어나 성주나 혹은 장군을 자칭하는 호족들이 등장하였다. 이들은 지방사회를 통치하였고 중앙의 정치기구를 모방한 독자적인 지배기구인 관반제를 갖추고 있었다. 또한 이들은 경제력은 물론 권력과 무력을 갖추고 문화를 독점적으로 향유하였으며, 사상적으로는 당에서 새로이 전래한 선종 불교에도 관심을 가져 선승들을 후원하였다. 그리하여 일정한 지역에서 대두한 호족 중 가장 유력한 호족은 하위의 호족을 지배하였다.

청송 지역의 유력한 호족과 관련해서는 홍술과 선필을 들 수 있다. 고려 태조 5년(922) 진보성 장군 홍술이, 930년 재암성(진보면) 장군 선필이 고려에 차례로 귀부하였다고 한다. 홍술은 진보성 장군으로 신라가 혼란해지자 스스로 장군을 칭하였다. 그가 진보성에서 영향력을 행사할 수 있었던 것은 고려와 후백제의 전장에서 멀리 떨어져 있었기 때문으로 볼 수 있다. 그러다가 922년 인근의 문소성이 견훤에 의해 함락되자 11월에 고려에 사신을 보내 항복할 뜻을 전하였고, 왕건은 왕유와 함필 등을 보내 그의 귀부를 받았다. 923년에는 아들 왕립(王立)을 고려로 보내 갑옷 30벌을 바쳤고 개경에서 숙위하도록 하였다. 태조는 왕립에게 원윤의 관계를 내리는 등 그를 우대하였다.

이후 홍술은 929년 의성부의 성주장군으로 사료에 다시 등장한다. 기록이 틀림이 없다면, 그는 진보현에서 문소군으로 옮긴 듯하다. 그가 그곳으로 간 시점은 조물성 전투 이후 고려와 후백제가 맺은 화친이 깨진 926년 4월 이후, 927년 7월 대야성을 회복하기 이전일 가능성이 크다. 929년 7월에 견훤이 5천의 군대를 이끌고 의성부를 공격할 때 홍술이 항전하였으나 패해 전사하였다. 이 소식을 들은 태조 왕건은 좌우의 팔을 잃었다고 하면서 비통해 하였다고 하는 데 홍술의 전사와 의성부를 상실한 것에 대하여 매우 고통스러워하였음을 말해준다.

한편 재암성 장군 선필은 진보면 호족이었다. 그는 홍술에 뒤이어 청송 지역의 호족으로 등장한 인물이었다. 「비로사진공대사탑비」에는 그의 성씨가 최씨로 기록되어 있는데, 육두품인 경주 최씨 출신으로 신라 중앙에서 진안현으로 파견된 지방관이었다. 그런데 신라가 혼란한 틈을 타 지방관에서 호족으로 성장한 인물이었다. 선필은 930년 정월에 고려로 내투했다고 하지만, 그 이전부터 왕건과 인연을 맺고 있었다. 아마도 920년 태조와 경명왕의 교빙을 기교한 계책으로 성사시켜 공을 세웠던 것으로 짐작된다. 선필은 그 후 여러 차례 양국의 교섭에 간여하여 태조의 신임이 두터워졌다.

왕건이 고창전투에서 승리한 후 경순왕은 사신을 보내 왕건을 경주로 초대하였는데, 태조 14년(931) 2월 선필은 왕건의 선발대로 경주에 입성하여 경순왕을 문안하기도 하였다. 그가 이렇게 하였던 것은 신라 왕실에 대해서 존왕(尊王)의 뜻을 지니고 있었음을 말해준다. 또한 그는 선종 불교에 대해서도 관심이 많았다. 가지산문의 진공대사를 지원하였는데, 그는 소백산사로 옮겨가 활동하였고 왕건의 눈에 들었다. 왕건의 진공대사 지원은 두 사람 즉 왕건과 선필이 연결될 수 있는 계기가 되었던 것으로 짐작된다.

이처럼 왕건과 진보현의 호족들이 깊은 인연을 맺을 수 있었던 까닭은 견훤과 경상북도 일대의 패권을 다투게 되면서 소백산맥 서쪽에 자리잡아 동서남북으로 통하는 교통의 요지였던 진보현 일대의 전략적 가치를 주목하였기 때문이다. 특히 왕건은 신라 내륙으로 진출할 수 있는 교두보로서 진보현을 중요하게 여겼다. 그러므로 왕건은 그 일대의 호족들과 친밀한 관계를 유지해야 했으며, 홍술과 선필이라는 두 호족이 역사 속에 등장한 것도 이러한 시대적 흐름과 밀접한 관련이 있었다.

Ⅲ. 고려시대 청송 지역의 변천과 문화

고려가 후삼국을 통일한 이후 지방 제도의 개편이 이루어졌다. 청송 지역도 예외는 아니었다. 태조 원년(918)에 부이(鳧伊)라 칭하다가 후에 운봉(雲鳳)이라 했는데 성종 1년(982)에 행정개혁을 단행하여 청부(青鳧)라 개칭하고 예주(禮州, 지금의 영덕)의 속현이 되었다. 녹무현은 940년 안덕현(安德縣)으로 개명되었다가 1018년(현종 9) 안동부에 예속되었다.

고려시대 청송 지역의 지방 행정구역의 변천을 좀 더 자세하게 살펴보면, 후삼국을 통일한 태조 왕건은 940년(태조 23)에 대대적인 지방 행정구역 개편을 단행하였다. 당시 행정구역의 개편은 호족 세력이 고려의 후삼국 통일과정에서 어떤 도움을 주었는가에 따라 진행되었다. 청송 지역도 예외가 아니었는데, 지금의 경상북도 청송군 부남면 일대에 있던 적선현을 부이현과 운봉현, 지금의 청송군 진보면·파천면 일대에 있던 진보현과 지금의 청송군 진보면 및 영덕군 달산면에 있던 진안현을 합쳐 보성부, 지금의 청송군 안덕면·현동면·현서면 일대에 있던 녹무현을 안덕현으로 각각 개편하였다. 특히 보성부는 진보현·진안현 일대에서 활약하였던 재암성 성주 선필이 왕건에게 귀부한 공로를 인정하여 두 개의 고을을 합쳐 승격된 것이었다.

부이현과 운봉현도 고을 명칭이 변경되었는데, 성종 5년(986)에는 청부현으로 변경되었다. 그리고 현종 9년(1018) 청부현이 지금의 경상북도 영덕군 영해면 일대에 두어졌던 예주의 임내 즉 속현이 되었다. 보성부도 같은 해 예주의 속현이 되었으나 고려 후기 왜구의 침입으로 인하여 관사가 불탔으며, 살고 있던 백성들이 사방으로 흩어지는 수난을 겪었다. 안덕면 일대의 녹무현은 고려 초에 안덕현으로 바꾸었으며, 현종 9년에 안동부에 내속되었다. 또한 공양왕 2년(1390)에는 감무를 두었다.

반면 현재 청송읍 송생리 일대의 송생현은 크게 변하지 않았다. 태조 22년(939) 안동에서 견훤과 치러진 전투 이후 고려와 후백제 사이의 싸움에서 입장이 불분명했던 송생현을 비롯한 안동·영안·하곡·직명 등 30여 군현이 왕건에게 귀부하였다. 그리고 현종 9년(1018)에 예주에 내속되었다가 인종 21년(1143)에 감무가 파견되어 속현의 지위에서 벗어났다. 그러나 송생현은 고종 46년(1259) 몽골 침입으로 화주·등주·정주·장주 등이 함락되자, 경상도의 평해·덕원·영덕 등과 함께 명주도에 소속되었다. 충렬왕 16년(1290)에는 덕원·영덕 등과 함께 동계로 소속되기도 하였다.

태조 왕건이 후삼국을 통일한 이후 왕조 유지의 최대 관건은 호족 세력에 대한 효율적인 통제와 관리였다. 그 과정에서 새로운 제도를 마련하였는데, 토성분정을 통한 본관제(本貫制) 시행이 바로 그것이다. 즉 해당 고을의 유력한 호족들에게 성을 부여하고, 그들의 근거지가 되는 고을을 본관으로 삼게 한 것이다. 이는 중앙에서 지방 세력을 파악하고 통제하는 중요한 수단으로 활용하기 위한 목적이 들어 있었다. 조선 전기에 편찬된 『세종실록지리지』에는 고려시대에 존재하였던 각 고을의 토성들이 망라되어 있어 주목된다.

『세종실록지리지』에 따르면 청송의 경우 청부현의 토성으로 심(沈), 김(金), 전(全), 장(蔣), 신(申)이 확인된다. 송생현의 토성으로 윤(尹), 노(盧), 전(全)과 내성(來姓) 전(全), 박(朴), 이(李) 및 촌성(村姓) 정(鄭)이 나타나 있다. 안덕현의 토성으로 김(金), 이(李), 손(孫), 전(全), 장(蔣)이 확인된다. 진보현의 토성으로 조(趙), 이(李), 김(金), 박(朴), 백(白)과 속성(續姓) 전(全), 춘감부곡과 파질부곡의 부곡성(部曲姓)인 오(吳)가 확인된다.

호족 세력이 주축이 되었던 토성 세력은 고려 전기까지 자신들의 근거지를 실질적으로 장악하였다. 그러나 성종 2년(983) 이직이 크게 개편되면서 향리층을 형성하게 되었다. 이들 향리는 토착적이고 거의 세습적이었으므로 해당 고을의 행정 실무를 장악하였다. 또한 군현의 토성은 과거제도를 매개로 중앙 정계에 진출하였고, 고려시기 동안 급변하는 정세 속에 새로운 예비 관료층으로 존재하였다. 이에 따라 고려 후기부터 청송의 몇몇 토성 가문은 상경종사를 통해 중앙의 관료로 활동하였을 뿐만 아니라, 지역 내에서의 위상도 높이게 되었다. 이러한 과정을 거친 토성 세력은 고려 후기에서 조선 전기의 향리층에서 벗어나 유력한 사족 가문으로 성장하였다.

고려 후기 향리직을 거쳐 명문 사족으로 성장한 대표적인 가문으로는 청부현을 본관으로 하였던 청송심씨를 들 수 있다. 이 가문 출신의 심홍부는 충렬왕 대에 문림랑으로 위위시승을 역임하였던 인물이다. 이때부터 후손들의 중앙으로의 출사가 지속되었고, 고려 후기부터 조선 전기에는 심덕부(1328~1401), 심원부 형제가 배출되었다. 심덕부는 고려 후기 여러 관직을 역임하였고, 조선의 개국공신으로 청성백에 봉해져 일약 조선의 명문대가로 성장하였다. 심원부도 고려 후기 여러 관직을 역임하였으나, 고려가 망하자 관직에 나가지 않은 채 절의를 지켰다고 한다.

진보현의 토성으로는 진보 이씨가 영남 지역의 대표 명문 가문으로 성장하였다. 이 가문 출신의 이자수는 충숙왕 17년(1330) 향공거인으로서 잡과인 명서업에 급제한 후 여러 관직을 역임하였고, 홍건적의 난 때 공을 세워 송안군에 봉해졌다. 그런데 이자수의 선대는 보성의 호장을 세습하던 향리층이었다. 이자수 대에 본격적인 출사가 시작되었고, 이후부터 후손들이 안동과 예안에 세거하며 영남의 대표적인 명문 가문으로 성장하게 되었다. 그 외 공민왕 대에 문과에 급제한 조용(?~1426)이 진보현의 토성 출신이었다. 고려 후기 여러 관직을 역임하고 우왕 때 평양군에 봉해졌던 신예는 영해 출신이었다. 그러나 고려가 망하자 영해의 속현인 보성으로 낙향하였고, 조용의 후손들은 조선시대 동안 진보 지역을 대표하는 재지사족 가문으로 자리매김하였다.

한편, 고려시대에는 특수한 지방 행정구역으로 향·소·부곡이 두어졌다. 이 지역은 경제적으로 낙후되어 있었을 뿐만 아니라 세금과 관련해서 불리한 처우를 받았다. 또한 이 지역의 백성들은 특정한 역을 담당하였다. 고려시대 청송 지역에도 향·소·부곡이 존재했는데, 모두 옛 진보현 지역에 분포하고 있었던 것으로 확인된다. 조선 초기 편찬된 『경상도지리지』와 『세종실록지리지』에는 천숙부곡과 파질부곡 두 곳만 기록되어 있지만, 『신증동국여지승람』 권25, 경상도 진보현, 고적조에는 진보현의 부곡으로 천숙부곡, 춘감부곡, 파질부곡, 고을마부곡, 성부부곡 등 다섯 곳이 기재되어 있다. 이후 편찬되는 지리지류와 읍지류에는 진보현의 부곡을 『신증동국여지승람』과 동일하게 나타내고 있다.

『신증동국여지승람』에는 각 부곡의 위치를 "천숙부곡은 현 동쪽 10리(약 4㎞)에 있다. 춘감부곡은 현 북쪽 10리에 있다. 파질부곡은 현 남쪽 15리(약 6㎞)에 있다. 고을마부곡은 현 동쪽 30리(약 12㎞)에 있다. 성부부곡은 현 북쪽 30리에 있다"라고 기재해 놓았다. 이 가운데 천숙부곡은 진보면 시량리, 춘감부곡은 영양군 입암면 산해리로 비정되고 있으며, 파질부곡은 파천면 송강리로 추정된다. 그러나 고을마부곡과 성부부곡의 위치는 미상이다.

청송 지역에서도 고려 시대의 유적이 발견되었다. 이는 지표조사 및 발굴조사를 통해 이루어졌으며, 성곽유적, 생활유적, 사지 등 다수의 유적이 확인되었다. 현재까지 확인된 청송 지역의 산성 유적은 하의리 산성, 송생리 산성, 주왕산성, 상의리 성지, 신성리 석축, 거성리 성지, 명당리 성지, 수락리 산성 등 모두 8개소이다. 이 가운데 고려시대 유적으로는 주왕산성, 하의리산성, 송생리산성 등의 산성 등지가 확인된다.

Ⅳ. 조선시대 청송군의 탄생과 문화

조선이 건국된 이후 비로소 청송이 주목받았다. 세종 즉위년(1418) 진보현 속현 청부현을 소헌왕후 심씨(1395~1446)의 고향이라는 것을 이유로 청부현과 진보현 두 고을의 명칭에서 한 글자씩을 따서 청보군으로 승격시켰다. 그리고 세종 5년(1423)에 진보현을 분리하고 송생현을 통합하여 '청송군'을 설치하였다. 이때 비로소 '청송'이라는 이름을 가지게 되었다. 그리고 세종 6년(1424)에 청송은 옛 청부현을 본읍으로 삼으라고 하였다. 세조 5년(1459)에는 세조의 모후인 소헌왕후의 내향이라 하여 청송군을 도호부로 승격하고, 아래에 9개의 면을 두었다. 이후 1895년 청송군으로 환원되기까지 437년간 청송도호부로서의 위상을 지켜왔다.

조선시대 지방 행정의 기본구획으로서의 군현은 일정한 구역에 일정한 주민, 그것을 통치하는 행정조직과 관아, 창고 등의 시설을 갖추었다. 특히 군현 관아의 소재지 읍치는 군현 행정의 중심으로 대개 주위는 성곽으로 두르고 그 안에 수령 관아를 비롯하여 각종 관청, 누정, 창고 등이 배치되는 형태였다. 청송도호부와 진보현은 산악 지형에 있었던 관계로 자연 지형을 활용할 수 있어 읍성을 가지고 있지는 않았다.

청송도호부의 관아 건물은 객사인 운봉관, 동헌인 신민헌을 위시하여 향사당, 장관청, 군관청, 부사, 인리청 등이 있었다. 진보현의 관아 건물은 객관, 동헌인 봉서헌, 향사당, 군관청, 장관청, 인리청 등이 있었다. 창고는 청송도호부에 부창, 남창, 현창, 서창, 대동고가 있었고, 진보현에 읍창, 북창이 있었다.

조선 전기의 경우 청송도호부는 부사와 교수 각 1인, 진보현은 현감과 훈도 각 1인을 두었다. 조선 후기의 경우 청송도호부에는 문과 종3품의 도호부사 아래 좌수 1인, 별감 3인, 군관 25인, 인리(人吏) 20인, 지인(知印) 12인, 사령 15명, 관노 58구, 비(婢) 43구를 두었다. 진보현에는 음과 6품의 현감 아래 좌수 1인, 별감 2인, 군관 20인, 인리 19인, 지인 9명, 사령 7명, 관노 26구, 관비 28구를 두었다.

조선시대 지방 군현의 수령은 그 지역의 군사권도 동시에 갖고 있어 일반적으로 군직을 겸임하였는데, 청송도호부사의 경우 보임되는 품계에 따르면 안동진관의 병마동첨절제사를 겸하였으며, 진보현감은 안동진관의 병마절제도위를 겸하였다. 조선 전기의 지방 군사체계인 진관 체제에 따르면 청송도호부와 진보현은 제진에 속하여, 거진인 안동대도호부사의 지휘를 받도록 구성되어 있었다. 한편 청송과 진보는 험준한 산악지역에 위치하고 있어 앞서 언급한 바와 같이 읍성이 없었을 뿐 아니라 성지, 관방, 진보(鎭堡)도 없었다. 다만 진보현에 신법산봉수 1개소가 유일하게 설치되어 있었다. 신법산봉수는 진보현 서쪽 10리[약 4㎞]에 위치하였으며, 동쪽으로 영해 광산봉수, 서쪽으로 안동 약산봉수에 연결되었다. 한편, 『신증동국여지승람』을 비롯해 조선 전기 관찬지리지에는 진보현에 남각산봉수 1개소가 기재되어 있어, 16~17세기 무렵에 남각산에 설치된 봉수가 신법산으로 옮겨진 것으로 보인다.

조선 전기 자료인 『세종실록지리지』에 나타난 청송도호부의 호구에 의하면 옛 청부 36호에 인구 217명, 옛 송생 50호에 인구 343명, 안덕 48호에 인구 255명을 합하여 134호에 815명으로 나타나 있다. 앞서 간행된 『경상도지리지』에는 36호 373명으로 되어 있었다. 이러한 호구 통계는 실제 인구의 일부만 파악된 것으로 보이지만, 실제 호구 수는 『세종실록지리지』의 통계 수보다 그렇게 많지는 않았을 것으로 추정된다. 이는 조선 전기까지 청송도호부의 전신인 청부현이 속현으로 존재할 정도로 규모가 작은 고을에 불과하였고, 소헌왕후의 내향으로서 군으로 승격되는 과정에 송생과 안덕을 합병할 수밖에 없었던 데서 유추해 볼 수 있다.

진보현의 경우 『세종실록지리지』에 78호 526명으로 기록되어 있고, 『경상도지리지』에는 78호 994명으로 되어 있다. 이 경우에는 오히려 과장된 호구 통계일 수도 있다. 즉, 고려시대 왜구의 침입으로 한때 거주민이 거의 없이 비어 있던 진보현 일대가 오히려 청송도호부보다 많은 인구수를 가지고 있는 것으로 조사된 것은 자료의 신뢰성에 의문을 갖게 한다. 조선 후기의 청송 지역 인구에 대해서는 『읍지』 등의 자료에서 확인해 볼 수 있다. 정조 시기에 간행된 청송도호부의 읍지에 정조 10년(1786) 병오년 호적대장의 원호에 의하면 3,241호에 1만 2,409명으로 조사되었다. 진보현의 읍지에 정조 10년(1786) 병오년 호적대장의 원호에 의하면 1,318호에 6,157명으로 조사되었다. 이 통계 수치는 식년에 이루어진 호적대장 작성과정에 조사된 수치나, 당시의 호적대장 작성 경향으로 고려해 보면 실제 호구 수는 더 많았을 것으로 추정되며, 그 수치는 조사된 호구의 2배 이상이었을 것이다.

한편 청송에는 고려시대 이래로 토성을 주축으로 재지적 기반을 갖춘 세력이 성장하였다. 조선 전기에 편찬된 『세종실록지리지』에는 앞서 언급한 토성과 속성이 병존하고 있었다. 남귀여가혼, 균분상속제 등 사회제도에 따라 내성이 유입되었고, 유입된 내성은 부계 친족 가족제도와 맞물려 정착하는 단계에서 성씨의 구성에도 변화를 가져왔다. 이는

18세기에 편찬된 『여지도서』에 청송과 진보 토성을 비롯해 내성인 안동권씨, 의성김씨, 안동김씨, 평산신씨 등 다양한 성씨가 세거하고 있음을 볼 수 있다.

조선시대 남겨진 기록을 통해서 당대 청송 지역의 지역적 특색을 찾아볼 수 있다. 『관풍안』이나 홍여방의 『찬경루기』 등에 청송은 "풍속이 검소하고 솔직한 것을 숭상한다.", "백성들은 순박하고 풍속은 후하다."고 하였다. 또한 "산의 지세는 기복이 있고, 냇물은 서리가 돈다."고 하였으니 전반적인 풍속은 검소하고 부지런한 것을 숭상하며, 백성들은 순박한 데다 습속이 두터운 지역이었음을 확인할 수 있다. 또한 지리지나 읍지에는 토지가 척박할 뿐만 아니라 바람이 찬데다, 세금조차 무거워 백성들이 곤궁하게 살고 있음을 전하고 있어 거주 인구가 많지 않았음을 유추할 수 있다. 이는 『세종실록지리지』에 옛 청부의 호수가 36호, 인구가 217명, 옛 송생의 호수가 50호, 인구 343명, 안덕의 호수가 48호, 인구가 255명으로 기록되어 있음을 통하여 확인할 수 있다.

그러나 이러한 열악한 조건에도 불구하고 청송 지역에는 토착적 기반을 배경으로 다양한 학풍을 수용하며 독자적 위상을 확보한 사족의 세력이 형성되었다. 이는 청송의 빼어난 자연환경이 지역뿐만 아니라 여타 지역 출신 사림이 심신을 연마하며 자연과 합일된 세계관을 확립하는 데 좋은 조건을 제공하고 있었기 때문이다. 그리하여 청송은 세파에 물들지 않고 학문에 매진하며 은둔하기를 바라는 처사형 사림에 적합한 안식처가 되었다.

이와 같은 곳에서 학문에 매진하던 청송 지역의 선비도 국난 극복을 위해 적극적으로 참여하였다. 임진왜란, 병자호란, 이인좌의 난 창의, 항일의병 등이 대표적이라 할 수 있다. 먼저 선조 25년(1592) 발발한 임진왜란은 전국의 대부분이 왜군의 침탈에 시달렸던 데 비해, 청송과 진보는 지리적 위치상 침입 경로에서 벗어나 있어 직접적인 피해는 거의 없었다. 그러나 청송 지역에서도 나라를 위해 창의한 인사들이 직접 전투에 참가하여 전공을 세우거나 또는 순절했고, 군량과 병기 보급에 공헌하였다.

인조 14년(1636) 12월 병자호란 발발로 인조가 남한산성에 고립되는 등 국난을 당하자 청송 지역에서도 창의하여 전투에 참전하거나 지역 내 은거하며 절의를 지킨 인사들이 생겨났다. 또한 영조 4년(1728) 3월 정권에서 배제된 소론과 남인의 과격파가 연합해 무력으로 정권 탈취를 기도한 이인좌의 난이 일어난다. 이때 청송 지역에서도 충군 창의하여 의진을 조직하여 출전하려는 상황에 난이 평정되자 파진했다. 이러한 사실은 유후조가 고종

11년(1874)에 간행한 『무신창의록』 군문좌목에서 찾아볼 수 있다.

조선후기인 19세기 말 청송 지역의 유림 사회는 주변 각 군현과 마찬가지로 영남학파의 분화 과정에서 형성된 독자적인 위상을 가지고 있었다. 당시 남인 계열 퇴계 학맥을 계승하고 있는 정재 학맥과 서인 계열의 노론 학맥을 지향한 청송 심씨는 각처에 세거하고 있었다. 이들 두 계열의 학맥을 지향했던 청송지역의 유림 사회는 상호 보합 관계를 형성하여 사족으로서 재지적 기반이 공고하였다. 청송 유림 사회를 이끌어 간 재지 사족은 이후 의병활동에도 적극 참여하였는데 이에 대해서는 다음 장에서 자세하게 기술하였다.

조선시대 청송 지역 양반의 활동도 주목할 수 있지만 또 놓쳐서는 안 될 중요한 사람들이 있다. 바로 이 지역 역민들의 활동을 주목할 수 있다. 역민이 국가로부터 받은 역토를 경영하면서 농업 수리의 핵심 주체가 되기도 하였는데, 이를 알려주는 것이 바로 주산지이다. 주산지는 산곡형 농업용 수리시설로 해발 365미터 고지에 있다. 주산지의 축조는 1721년에 이루어졌으며 국가로부터 받은 역토를 역리와 역민들이 중심이 되어 축조한 것으로 사족들과는 거리가 있음도 밝혀졌다. 그렇지만 주산지의 이와 같은 역사적 연원보다는 영화 촬영지로 이름이 났으며 계절마다 바뀌는 아름답고 신비한 경치를 보기 위해 수많은 사람들이 찾는 장소로 변했다.

아울러 조선시대에 이르러 비로소 주왕산이 문인들에게 알려졌다. 주왕산이란 이름은 조선시대에도 공식적인 명칭은 아니었던 것으로 짐작된다. 『신증동국승람』, 『여지도서』, 『대동지지』 등에는 모두 주방산으로 기록되어 있고 주왕산이란 명칭은 보이지 않는다. 주왕산이란 이름이 현존 자료에 처음 등장하는 것은 빨라야 16세기 후반으로 추정된다. 이 시기부터 주왕산이란 명칭을 사용한 기록들이 등장하기 때문이다.

지금까지 주왕산을 유람한 조선시대 문인들의 기록 중 최초의 것은 조선 후기 문신 장현광(1554~1637)이 주왕산을 유람하고 기록한 「주왕산록」으로 알려져 있다. 이후 여러 문인들의 주왕산 유람기가 있는데 주왕산이란 이름과 주방산이란 이름이 혼용되어 사용되었다. 주왕산이란 이름이 주왕전설에서 비롯되었다고 하는 것으로 보면 주왕전설이 퍼지게 된 것도 대체로 비슷한 시기일 것으로 보인다. 그러나 주왕과 주왕산은 서로 연결고리가 전혀 없음이 이미 밝혀졌다.

Ⅴ. 근현대 청송군의 변화와 문화

근대의 청송 지역은 고종 32년(1895) 전국을 23부제로 재편한 근대적 지방관제 개편에 따라 당시 안덕현을 편입한 청송도호부는 청송군으로 그리고 진보현은 진보군으로 되어 함께 안동부에 속하였다. 즉 1895년 청송군과 진보군의 등장은 기존에 도호부·목·부·군·현 등으로 구분되어 있던 지방 행정조직을 일률적으로 군으로 개칭하고 전국을 새롭게 개편한 23부 아래 분속시킨 결과였다. 이듬해인 1896년 8월에 23부제가 폐지되어 13도로 개편됨에 따라 청송군과 진보군으로 그 소속이 바뀌게 되었다.

일제시기인 1911년 동리 통폐합에 이어 1914년 3월 1일에 시행된 행정구역 통폐합에 따라 청송 지역에도 통폐합과 함께 지명 개칭도 이루어졌다. 청송군에서는 부내면, 부동면, 부남면, 현동면은 그대로 유지되었다. 반면 현남면과 현서면은 현서면으로, 현북면과 현내면은 안덕면으로, 부서면과 진보군 남면은 파천면으로 통합되었다. 이때 진보군이 폐지되었고, 진보군의 상리면, 하리면, 서면은 진보면으로 폐합되어 청송군에 편입되었다. 청송군의 부내면은 청송면으로 개칭되었다. 이리하여 청송군은 8개 면 86개 리·동으로 행정구역을 개편하였다. 따라서 1914년 통합 청송군의 등장은 1906년 계획했던 진보군의 영양군 편입 계획을 약간 변경한 결과로 이해할 수 있다.

이와 같은 청송 지역의 통폐합 과정은 전통적 행정체계 상 오랫동안 유지되어 왔던 현 청송군의 중부와 북부, 남부를 차지하고 있던 청송도호부, 진보현, 안덕현 지역이 대략 1/3씩 골고루 참여하여 통합 청송군을 형성하는 모습을 보여준다. 특히 8개 면 중 통합 청송군의 소재지 월막동을 포함한 청송 지역은 이곳의 중심지로 성장하여 1979년 청송읍으로 승격하여 현재에 이르고 있다.

개항 이후 한반도에서 일어난 여러 가지 변화는 청송 지역에도 적잖은 영향을 미쳤다. 청송 지역이 비교적 산간 지대에 속한 오지였으나 전국적인 정치적 사건이나 학생운동, 여성운동, 청년운동, 노동운동, 농민운동 등 사회운동이 활발하게 일어났다. 특히 청송 지역에서 의병활동이 활발하게 전개되었는데 이를 잘 알려주는 기록이 『적원일기』이다. 여기에는 청송의진의 창의과정부터 해산까지 참여했던 청송지역 각 면 출신의 유력한 유생들을 빠짐없이 기록되어 있다. 1896년 3월 창의한 청송의진과 진보의진은 퇴계학의 적통인 유치명의 정재학맥과 서인의 학풍을 계승한 인물들이 주축을 형성하고 있었다. 청송의 진에는 유치명을 비롯해 김도화, 김흥락, 이돈우, 서효원 문인들이며, 진보의진에는 서인에서 노론으로 이어지는 성리학적 전통을 계승한 청송심씨 일문의 인사들이다.

청송의진은 부 4면과 현 5면에 외방장을 설치하여 면군체제를 갖추었으며, 흥해출진소와 영덕출진소를 설치하여 주변 의병진과 협조체제를 갖추었다. 이후 감은리 전투, 경주성 전투, 영덕 전투 등 전과를 올렸으나, 7월 20일경 화전등 전투에서 크게 패하고, 고종의 의병 해산조칙에 따라 청송 지역의 의병들은 1896년 8월 해산하였다. 그 후 청송의진 일부와 그 후손들 60여 명이 산남의진에 참여하여 다수가 지도층으로 활동하다가, 1908년 2월 최세윤이 대장으로 취임 후 지역 분대로 편성되어 독자적으로 의병활동을 전개하였다. 그러나 7월 최세윤이 잠복하면서 산남의진은 그 구심력을 잃고 해체되었다. 이에 청송 지역 의병들은 서종락이 이끌던 청송 동부진과 남석구가 이끌던 청송 서부진으로 편성되어 여러 차례 유격전을 전개하며 일본군에 항전하였다. 청송 동부진은 1910년 일본군 수비대의 추격을 피해 청송군 안덕면 고와실에서 마지막 전투를 끝으로 해산하였다.

일제에 대항한 독립운동은 앞서 개항기 의병 운동과 계몽 운동으로 전개된 구국 운동을 선행 단계로 하고 있다. 청송 지역의 계몽 운동은 교육 분야가 상대적으로 활발하였다. 청송군수의 독려와 향교의 지원으로 1909년경 사립낙일학교와 광덕사립학교 등이 설립되어 신지식을 보급하는 중요한 장소가 되었다. 또한 각 지역에 학교를 세워 교육을 진흥할 것을 목표로 활동한 교남학회에는 지역 출신 강래원, 조정식, 이회발 등이 회원으로 활동하였다.

일제강점기 청송 지역 출신으로 국내외에서 활약한 독립운동가들을 살펴보면, 먼저 만주 망명 인사로 진보면 월전리 출신 박영산은 1919년 4월 조직된 한족회에 이어 군정부·정의부 등에서 활동하였다. 현동면 개일리 출신 남우락은 청송에서 일본 순사를 구타하고 지서를 파괴한 뒤 단신으로 망명해 독립운동에 나섰다. 자주독립을 목적으로 1915년 음력 7월 15일 결성된 대한광복회에는 진보 출신 권영만이 본부의 지휘장으로 활동하였다. 권영만은 1915년 12월 24일 동료 우재룡과 함께 경주에서 세금을 수송하는 우편마차를 습격하여 관금 8,700원을 탈취하는 성과를 올렸다. 권영만은 만주로 망명 후 귀국하여 활동하다가 일본 경찰에 잡혀 1922년 9월 징역 8년을 선고받고 옥고를 치렀다. 1919년 3월

서울에서 비롯된 3.1운동은 국내외로 급속히 확산되면서 청송 지역에서도 진보면 진보장터, 현서면 화목장터 그리고 지금의 청송읍에서 6회 정도 일어났다. 군중들이 질서를 지키며 평화적으로 전개하였으나, 일본 경찰의 총격과 탄압으로 해산당하였다.

1945년 8월 15일 일제의 패망으로 광복을 맞았지만, 곧바로 자주독립 국가를 수립하지는 못하였다. 광복 직후 38도선을 경계로 이남 지역에는 미군, 이북 지역에는 소련군이 각각 진주하여 군정을 실시하였다. 한반도는 이념과 체제를 달리하는 미국과 소련이 분할 점령함으로써 첨예한 이념 대결의 장이 되었다. 청송 지역에서도 인민위원회, 민주청년동맹, 대한독립촉성국민회 등 좌우 세력의 정치단체와 사회단체가 결성되어 대립하였다.

광복 이후 청송 지역의 가장 큰 문제는 식량 부족이었다. 그래서 대구에서 시작된 '대구십일사건'이 청송 지역으로 확산되어 좌익 세력이 지서를 점거하는 일이 일어났다. 당시 식량 부족은 전국의 공통적인 문제였지만, 청송 지역은 굶어 죽은 사람이 수백여 명에 달했고, 지역민이 풀뿌리와 나무껍질로 연명하고 있다는 내용이 신문에 보도될 정도로 심각하였다. 일제강점기에 살기 어려워 국외로 떠났던 사람들이 광복 이후 국내로 돌아오고, 전염병과 대홍수가 일어나면서 식량 사정은 더욱 악화되었다. 이 때문에 대구에서 시작된 '10월 사건'이 청송 지역으로 확산되어 좌익 세력이 경찰지서를 점거하는 일이 일어났다.

1946년과 1947년에 미국과 소련이 한국 문제를 해결하기 위해 두 차례 미소공동위원회를 개최했지만 성과 없이 결렬되었고, 국내 좌우 세력의 대립은 더욱 날카로워졌다. 미국은 제2차 미소공동위원회가 결렬되어 무기한 휴회되자 한국 문제를 유엔으로 이관하였다. 1947년 11월 유엔총회에서는 인구 비례에 의한 남북한 총선거를 통해 한국에 정부를 수립하기로 결의하였다. 선거를 감독하기 위해 유엔 한국 임시 위원단을 파견하였으나 북한과 소련은 유엔의 결정에 반발하여 유엔 한국 임시 위원단의 입북을 거부하였다. 결국 1948년 2월 유엔은 소총회를 열어 선거가 가능한 지역, 즉 남한에서만 총선거를 실시하는 것으로 결정하였다. 남한만의 단독선거와 단독정부 수립 결정은 좌우 세력의 대립을 격화시켰다. 이 과정에서 청송 지역에서 활동하던 좌익 세력은 주왕산과 보현산을 근거지로 무장 유격대[빨치산를 조직하여 활동하였다. 사회 혼란 속에서도 5.10 총선거는 예정대로 시행되었고, 청송 지역에서도 선거가 실시되어 국회의원을 선출하였다. 6.25전쟁에서 청송 지역은 낙동강 방어선과 동남부 전선의 치열한 격전지이기도 하였다.

1970년대 이후 청송 지역은 급속한 산업화 속에서 광복 무렵 인구가 5만여 명에서 1968년경 8만여 명으로 증가했으나, 계속 감소하여 2018년 1월 현재 2만 6,000여 명에 머물고 있다. 한편 1979년 5월 1일 청송면에서 청송읍으로 승격되어 2018년 현재 1읍 7면 체제를 유지하고 있다. 1983년 2월 15일 영양군 입암면 일부[흥구동, 방전동]가 진보면에 편입되었으며, 1987년 1월 1일 행정구역 경계 조정으로 주왕산면 상평1리가 부남면 감연1동에 편입되었다. 1988년 5월 1일 군 조례 제1059호로 동을 리로 개칭하였으며, 1993년 12월 30일 군 조례 제1377호로 군청 소재지를 청송읍 군청로 51[월막리 330]로 변경하여 오늘에 이르고 있다.

2023년 10월 현재 현동면 7개 리, 안덕면 12개 리, 현서면 13개 리, 청송읍 9개 리, 주왕산면 10개 리, 부남면 9개 리, 파천면 11개 리, 진보면 15개 리로 구성되어 있다. 주왕산면은 2019년 3월 1일 부동면에서 개칭한 것이다.

【참고문헌】

김희곤 외, 『청송의 독립운동사』(증보판), 2019.
청송문화원 편, 『청송 향토사 연구 논문집』 Ⅰ·Ⅱ, 2021.
청송문화원 편, 『청송군의 역사와 문화』, 2023년 10월 20일 학술대회 발표논문집.

권대웅, 「1896년 청송의진의 조직과 활동」 『한국근현대사연구』 9, 1998.
김수태, 「고려 본관제도의 성립」 『진단학보』 52, 1981.
서영일, 「신라시대 청송 지역의 역사와 문화」 『신라사학보』 29, 2013.
정동락, 「신라말 고려초 청송 지역의 호족」 『신라사학보』 29, 2013.

청송군디지털문화대전(http://cheongsong.grandculture.net/cheongsong)
경상북도 홈페이지_경북의 뿌리_구석기시대(https://url.kr/8cqh6j)

청송지역의 선사문화 : 청동기시대

하 문 식 (연세대학교 사학과 교수)

Ⅰ. 머리말
Ⅱ. 청송지역의 청동기시대 유적
Ⅲ. 청동기시대의 유물 포함층
Ⅳ. 맺음말

청송지역의 선사문화 : 청동기시대

I. 머리말

　청송지역은 경상북도의 동북쪽에 위치하며, 보현산맥의 가지 산맥인 삼도산맥이 중앙을 가로지르면서 동·서로 나누어진다. 산맥의 영향에 의해 동쪽은 서쪽에 비하여 상당히 험준한 산지가 많다. 그리고 이러한 산지의 영향으로 계곡마다 흐르는 작은 하천은 비교적 큰 하천들과 합하여져 큰 물줄기인 낙동강으로 흘러든다. 청송지역에는 용전천을 비롯하여 반변천, 보현천, 용계천, 길안천, 눌인천이 흐르고 있으며, 그 가장자리 곳곳에 넓은 충적대지가 형성되어 있다.

　강가 언저리의 넓은 충적대지와 그 옆의 낮은 구릉지대에는 선사시대 사람들이 터전을 잡고 살림을 꾸리기에 더없이 좋은 조건을 갖추고 있다. 그러나 청송지역은 주변의 안동, 의성, 영덕, 포항보다 매장문화재 관련 발굴조사가 지금까지는 그렇게 활발하게 이루어지지 않았다. 이러한 이유로 선사시대 유적은 조사된 것이 거의 없는 실정이라 전체적인 문화상(文化相)을 이해하는 데에는 어려움이 많은 편이다. 따라서 청송지역의 선사시대 문화 성격을 이해하기 위하여는 주변 지역인 안동, 영덕, 포항지역에서 조사된 몇몇 유적을 살펴보는 것도 나름대로 의미가 있을 것 같다.

　구석기시대는 연모를 만들어 쓰기 시작한 약 330만 년 전부터 빙하가 양극으로 물러간 1만 년 전까지에 해당하며 인류 역사에서 99% 이상을 차지한다. 이 시기 사람들은 짐승을 사냥하고 열매를 채집하면서 먹거리를 마련하기 위하여 일정한 지역 안에서 옮겨 다녔다.

　당시에 사용된 연모는 돌을 떼어서 만든 뗀석기, 짐승 뼈나 뿔로 만든 뼈 연모, 뿔 연모 그리고 나무 연모 등이 있는데 지금 남아 있는 것은 대부분 뗀석기이다. 구석기시대 사람들이 좋은 돌감을 미리 골라 쓰임새에 알맞은 형태의 석기를 만든 것을 보면 그들의

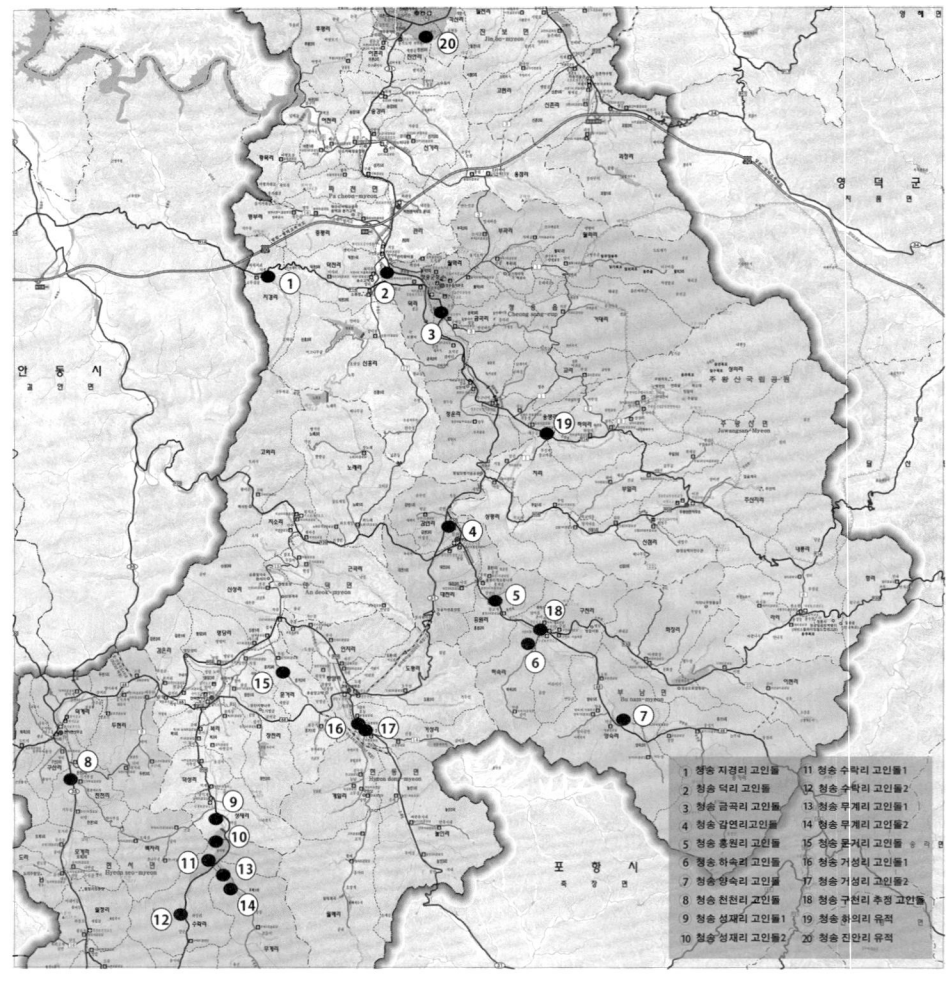

〈지도〉 청송군 유적 분포도

지혜가 뛰어났음을 알 수 있다.

청송지역의 주변인 영덕, 포항, 안동 등지에서도 여러 구석기 유적이 조사되었다. 영덕 오천리 유적에서는 약 5~6만 년 전의 중기 구석기시대에 해당하는 찍개, 긁개 등의 뗀석기가 찾아졌고 삼계리 유적에서는 2~3만 년 전 후기 구석기시대의 긁개, 돌날 몸돌이 발견되었다. 특히 오천리 유적은 동해안 지역에 위치하고 있어 바닷가 근처의 구석기 유적의 입지 조건을 이해하는 데 중요하다. 그리고 포항 산서리 유적과 임곡리 유적에서도 구석기시대의 유물이 조사되었다. 하안 단구에 위치한 산서리 유적은 후기 구석기시대에 해당하며, 돌날 몸돌, 찌르개, 긁개 등이 찾아졌다. 돌날 몸돌이 조사된 임곡리 유적은 바닷가의 해안 단구에 발달한 후기 구석기의 늦은 시기 유적으로 밝혀져 영덕 오천리 유적과 비교된다.[1] 안동 마애동 유적에서는 후기 구석기시대 문화층에서 찍개, 몸돌과 격지 등이 발굴되었다.[2] 이렇게 청송 주변지역의 여러 곳에서 다양한 형태의 구석기 유물이 발견되고 있는 점으로 볼 때 크고 작은 하천이 흐르고 있는 청송지역의 강안 퇴적층에서도 구석기시대의 뗀석기가 찾아질 가능성은 매우 높은 것으로 기대된다.

신석기시대는 약 1만 년 전후에 마지막 빙하가 물러가고 간빙기가 시작되면서 자연환경에 변화가 생기는 시기에 형성되었다. 이 시기의 사람들은 주변의 자연환경에 적응하면서 정착생활, 토기와 간석기의 제작, 농경의 시작 등으로 삶에 새로운 변화를 맞게 되었다.

신석기시대의 유적은 주로 바닷가 근처나 큰 강 옆에서 찾아지고 있으며 영주, 영덕, 포항, 김천지역에서 조사되었다. 포항 오도리 유적에서는 빗살무늬 토기가,[3] 울진 죽변리 유적에서는 많은 토기와 석기가 찾아졌다.[4] 이밖에도 김천 송죽리 유적에서는 신석기시대의 토기 가마터와 야외 화덕자리가 발굴되어 당시 사람들의 생활상을 이해할 수 있는 자료를 얻었다.[5] 울진 후포리 유적에서는 집단무덤이 발굴되어 당시의 장제와 의례에 대한 것을 알 수 있었다.[6]

청동기시대는 서기전 15세기를 전후한 시기에 시작되었으며, 앞 시대와 비교할 수 없을 정도로 삶의 방식이 다원화되면서 복합적으로 발전하게 된다. 이 시기에 해당하는 고인돌 유적은 청송뿐만 아니라 주변지역에서도 널리 찾아지고 있어 어디에서나 청동기시대 사람들이 터전을 잡고 살았음을 알 수 있다.

---

1 홍영호·김상태, 「경북 동해안지역의 새로운 구석기 유적」 『한국구석기학보』 3, 2001, 41~56쪽.
2 경상북도 문화재연구원, 『안동 마애리 구석기 유적』, 2011 참조.
3 성림문화재연구원, 『포항시 북구 흥해읍 오도리 사방기념 공원부지내 문화재 지표조사 결과보고서』, 2004 참조.
4 삼한문화재연구원, 『울진 죽변리 유적』, 2015 참조.
5 계명대학교 행소박물관, 『김천 송죽리 유적』 Ⅰ, 2006 참조.
6 국립경주박물관, 『울진 후포리 유적』, 1991 참조.

청동기시대 집터는 최근 포항과 안동, 영덕지역에서 집중적으로 조사되고 있다. 특히 포항 초곡리 유적, 호동 유적, 대련리 유적에서는 한 곳에서 상당히 많은 집터가 발굴되고 있어 당시 사회 규모를 이해하는 데 도움이 된다.[7] 그리고 안동 저전리 유적에서는 벼농사와 연관된 수로와 저수 시설 등 관개시설이 발굴되어 청동기시대의 벼 재배 관련 기술을 알 수 있게 되었다.[8]

고인돌 유적은 청송지역에서 조사된 것과 비교되는 자료가 영덕 금곡리와 화수리 유적, 영천 용산동 유적, 안동 지례리 유적, 영일 달전리 유적 등에서 조사되었다.

여기에서는 지표조사 과정에 확인된 청동기시대의 고인돌 유적과 시굴조사가 실시된 유물 포함층을 중심으로 청송지역의 청동기문화에 대한 대개를 살펴보도록 하겠다(지도 참조).

Ⅱ. 청동기시대 고인돌 유적

현재까지 청송지역에서 발굴 조사된 선사시대 유적은 매우 드문 편이다. 근래에 성덕댐 건설공사 과정에 청송 성재리와 수락리 고인돌 유적이 조사되었을 뿐 다른 조사는 없었다.[9]

따라서 여기에서는 청송지역에 분포된 고인돌 유적에 대하여 지표조사 된 자료를 중심으로 그 내용을 소개하고 시론적 관점에서 몇 가지 의미를 살펴보도록 하겠다.

1. 고인돌 유적의 현황

청송지역의 고인돌은 비교적 높은 산간지대인 동쪽보다는 물줄기가 있고 지대가 낮은

---

7 영남문화재연구원, 『포항 초곡지구 도시개발사업부지내 포항 초곡리 취락 유적』, 2014 : 경상북도 문화재연구원, 『포항시 호동 쓰레기 매립장 확장부지내 포항 호동 유적』 Ⅰ~Ⅲ, 2005 : 성림문화재연구원, 『포항 대련리 청동기시대 취락 유적』, 2009 참조.
8 동양대학교 박물관, 『안동 저전리 유적』, 2010 참조.
9 안동대학박물관, 『임하댐수침지역문화재지표조사보고서』, 1986 : 안동대학박물관·경북대학교박물관, 『임하댐수몰지역문화유적발굴조사보고서』, 1989.

남쪽과 서쪽에 고르게 분포하는 모습이다.

고인돌 유적이 축조될 당시에는 사람들이 강을 중심으로 터전을 잡고 살림을 꾸려가고 있었으므로 여기에서도 1차적으로 용계천, 용전천, 길안천, 보현천, 눌인천을 기준으로 유적의 현황을 살펴보고자 한다.

지금까지 조사된 분포 현황은 18곳 42기인 것으로 보고되었지만[10] 지표조사에 의한 것이기 때문에 앞으로 변화는 있을 것으로 판단된다.

1) 청송 지경리 고인돌

파천면 지경리 362번지 일원에 분포하며 산 끝자락에 만들어진 사과 과수원에 자리한다. 청송에서 길안으로 가는 길 옆이다. 이곳의 지형은 서남쪽으로 낮아지는 산줄기의 끝자락이고 동쪽에는 동북쪽에서 서남쪽으로 흐르는 작은 개울이 있다.

근래까지 주변에 고인돌 3기가 있었다고 알려져 있지만 과수원 조성 과정에 2기가 멸실된 것으로 보이며 현재 1기만 남아 있는 상태다(사진 1).

조사된 고인돌의 덮개돌은 편암 계통의 암질을 재질로 이용하였으며, 놓인 긴 방향은 동·서쪽이다. 덮개돌의 크기는 380×250×220㎝로 전체적인 모습은 긴 타원형이다. 덮개돌 밑에는 아무런 구조가 없는 것으로 보여 개석식 고인돌인 것 같다.

2) 청송 덕리 고인돌

청송읍 덕리 541번지 일원에 위치하며, 청송 기상관측소에서 남서쪽으로 150m쯤 떨어져 있다. 청송-길안으로 이어지는 지방도 914호선 옆에 자리하는데 도로공사로 인하여 나누어져 있다. 도로의 북쪽에 1기(1호), 남쪽에 2기(2호, 3호)가 있다.[11]

이곳은 북쪽으로 점차 낮아지는 야산의 능선 끝자락으로 주변보다 조금 도드라진 곳이라 조망이 좋은 편이다. 유적의 북쪽에는 용전천이 흐르고 있어 선사시대 사람들이 터

---

10 청송군·안동대학교 박물관, 『文化遺蹟分布地圖-靑松郡』, 2006 ; 조영래, 「청송지역 고인돌의 특징과 분포」 『청송 향토사 연구논문집』 1, 2021, 208~220쪽 참조.
11 덕리 고인돌 유적은 지방도 914호선 공사 때문에 현재 분리되어 있지만 처음에는 기슭을 따라 7기가 분포하였고, 이 고인돌을 "칠성바위"라고 마을 사람들이 불렀다는 이야기가 전해오고 있음(청송문화원 사무국장 김익환 님 제보).

전을 마련하기에는 좋은 입지조건이다.

1호 고인돌은 북쪽에 위치하고 덮개돌은 화강암질 편마암을 재질로 이용하였으며, 크기는 180×150×70cm쯤 된다. 놓여진 긴 방향은 동서쪽으로 산 능선과는 직교한다.

2호 고인돌은 동남쪽에 위치하며, 덮개돌의 크기는 200×160×100cm이며 1호처럼 화강암질 편마암이다. 긴 방향은 동서쪽이고 현재 2조각으로 쪼개져 있는 상태다(사진 2).

3호 고인돌은 남서쪽에 위치하며 덮개돌은 화강암질 편마암을 재질로 이용하였다. 크기는 200×140×140cm이고 긴 방향은 NW 30°이다.

덕리 고인돌 유적은 북쪽으로 흐르는 용전천의 강물 흐름과 나란한 방향으로 물과의 관련성을 시사한다. 또한 산 능선 끝자락의 평평한 곳에 입지하고 있어 조망이 좋을 뿐만 아니라 주변에 당시 사람들의 살림터가 있을 가능성이 높은 곳으로 여겨진다.

3) 청송 금곡리 고인돌

청송읍 금곡리 산 4번지 일원에 위치한다. 청송 소방서에서 동쪽으로 100m쯤 떨어진 산 끝자락이다.

주변의 지형은 서남쪽으로 낮게 이어지는 산 능선의 끝으로 경사는 비교적 완만한 편이다. 유적의 서쪽에는 용전천이 흐르고 있다.

2006년의 지표조사 과정에 4기의 고인돌이 조사되었지만 현재는 정수장 배수 시설공사로 훼손된 상태이며, 능선 아래쪽에 있는 파평 윤씨 묘역에 고인돌의 덮개돌로 보이는 화강암의 큰 돌 2점이 묻혀 있다. 지표조사 당시 확인된 덮개돌의 크기는 150~250×100~150×70~200cm로 보고되었으며 굄돌은 없는 것으로 파악되었다.

금곡리 고인돌 유적은 강 옆의 산 능선 끝자락에 위치하고 있는 점으로 보아 물과의 관련성을 시사한다. 근래까지 주변에 묘역이 조성된 것으로 보아 고인돌 축조 당시에도 사람들이 의도적으로 이곳을 선택하였을 가능성이 큰 것 같다.

4) 청송 감연리 고인돌

부남면 감연리 120-1번지 일원에 위치한다. 지금까지 '청송 대전리 고인돌 유적'으로 알려져 왔지만 이번 조사 과정에서 제자리를 찾게 되었다. 유적은 '원천' 마을의 북동쪽 끝자락에 자리하며, 동쪽으로 100m쯤 떨어져 930번 지방도로가 지나가고 그 길 옆으로 용전천이 흐르고 있다.

고인돌은 마을 북쪽에 있는 얕은 야산의 끝자락과 그 남쪽의 평지(밭)에 분포한다.

1호 고인돌은 현재 평지인 밭에 위치하며 유적의 남쪽에 해당한다. 덮개돌의 재질은 화강암질 편마암이며, 크기는 430×380×170㎝이다. 긴 방향은 NW 30°이고 동쪽으로 기울어져 묻혀 있는 상태다. 고인돌 바로 옆은 콘크리트 포장을 하였는데 이 공사 과정에 부분적으로 훼손된 모습이다(사진 3).

2호 고인돌은 북쪽의 산 능선 끝자락에 위치한다. 덮개돌의 재질은 화강암질 편마암이고 크기는 325×140×220㎝로 상당히 높은 편이다. 놓인 긴 방향은 NE 30°이고 덮개돌 밑에는 길이 40㎝쯤 되는 굄돌이 동쪽에 2점, 서쪽에 1점 놓여 있다.

3호 고인돌은 1호와 같은 재질을 덮개돌로 이용하였고 크기는 240×130×50㎝이다. 제자리에서 서쪽으로 옮겨진 것 같다.

감연리 고인돌 유적이 있는 산 능선 끝자락의 평평한 곳에는 고인돌의 덮개돌로 보이는 길이 1.5~2m 정도의 돌들이 10여 점 곳곳에 흩어져 있다. 이것으로 볼 때 이 유적에는 상당히 많은 고인돌이 있었던 것으로 판단되며 후대에 파괴가 심하게 된 것 같다.

이 유적의 입지를 보면 바로 옆의 용전천 주변에는 넓은 충적대지가 펼쳐져 있어 고인돌 축조 당시에 취락이 형성되기 아주 좋았을 것으로 여겨진다. 앞으로 주변지역에 대한 정밀조사가 이루어지면 당시 사회상을 이해할 수 있는 청동기시대의 유적이 찾아질 수 있을 것으로 기대된다.

5) 청송 홍원리 고인돌

부남면 홍원리 315번지 일원에 위치하며 현재 3기의 고인돌이 분포하지만 근래 과수원을 조성하는 과정에 10여 기가 파괴된 것으로 알려지고 있다.[12]

고인돌 유적은 '돌고개' 마을에서 북쪽으로 200m쯤 떨어진 곳에 분포하는데 68번 지

---

12 대구대학교 중앙박물관, 『청송 돌곡들지구 밭 기반 정비공사 문화재 지표조사 보고서』, 2013, 7~8쪽.

방도를 기준으로 동북쪽에 1기, 남서쪽에 2기가 자리한다. 유적 주변의 지형은 서쪽에서 동쪽으로 점차 낮아지는 산기슭과 동쪽의 산 능선 사이에 있는 야트막한 고갯마루이다. 그리고 1호 고인돌에서 동남쪽으로 200m쯤 떨어져 용전천이 흐르고 있다.

1호 고인돌의 덮개돌은 화강암질 편마암을 재질로 이용하였으며 크기는 460×400×330㎝쯤 된다. 이러한 고인돌의 크기는 주암댐 수몰지역의 순천(승주) 곡천 1호(500×360×230㎝) 및[13] 고창 운곡리 B-1호(550×450×400㎝)와[14] 비교되는데 고인돌의 규모에 있어 동북아시아를 대표하는 고인돌로 여겨진다. 덮개돌 밑에는 60~70㎝쯤 되는 돌들이 괴여 있어 굄돌 역할을 하였던 것으로 여겨지며 바둑판식 고인돌일 가능성이 높다(사진 4).

이 고인돌이 자리한 곳을 마을 사람들은 "돌곳"이라고 부르며 고인돌을 "대왕바위"라고 한다. 1970년대 초까지 정월달에 동네 사람들이 모여 치성을 드렸다고 전하여진다.[15] 또한 고인돌 바로 옆에는 묘역이 조성되어 있다.

2호 고인돌은 1호에서 남서쪽으로 90m쯤 떨어진 밭에 위치한다. 덮개돌의 재질은 화강암질 편마암이며 2조각으로 크게 나누어진 다음 다시 여러 조각으로 깨여져 있는 상태다. 제자리에 놓여진 것으로 보이며 긴 방향은 동서쪽이다(사진 5).

3호 고인돌은 2호에서 남서쪽으로 70m쯤 떨어진 산기슭의 끝자락인 밭에 위치한다. 덮개돌은 화강암질 편마암을 재질로 이용하였고 크기는 285×275×320㎝인데 높이가 상당히 높은 편이다. 전체적인 생김새는 입체형이다.

이 고인돌에는 '밤에 여자가 돌을 던져 떨어지지 않고 덮개돌 위에 놓이면 아들을 낳는다'라는 기자(祈子) 믿음이 전해지고 있다.[16]

홍원리 고인돌 유적은 입지조건, 고인돌의 분포 관계 등으로 볼 때 청송지역에서 중심적인 위치를 차지하고 있는 것으로 여겨진다. 특히 1호 고인돌의 규모와 바둑판식 고인돌의 형식, 고인돌에 대한 민간신앙, 용전천 가장자리의 충적대지와 주변의 낮은 구릉의 입

---

13 이융조·이석린·하문식·우종윤, 「牛山里 곡천 고인돌」『住岩댐 水沒地域 文化遺蹟 發掘調査 報告書』 Ⅱ, 1988, 29~30쪽.
14 전영래, 『高敞·雅山地區 支石墓 發掘報告書』, 전주시립박물관, 1984, 17~18쪽.
15 홍원리에 살고 있는 황진수(55살)님의 제보에 의한다.
16 홍원리에 살고 있는 김금순(60살)님의 제보

지조건 등으로 보아 앞으로 이곳에서 청동기시대의 유적이 조사될 가능성이 많은 것으로 기대된다.

6) 청송 하속리 고인돌

부남면 하속리 527번지에 위치하며, '영농조합 찬솔유통사업단' 신축 창고 입구의 마당에 고인돌 1기가 있다. 장터마을에서 갈미마을로 가는 도로를 따라 700m쯤 가면 등골마을로 가는 삼거리가 있고 그 바로 옆의 평평한 곳에 유적이 자리한다.

이곳은 동북쪽으로 낮아지는 비교적 좁은 곡간 평지이며 유적에서 동쪽으로 80m쯤 떨어져 작은 개울이 흐른다.

고인돌의 덮개돌은 화강암질 편마암을 재질로 이용하였고 크기는 400×300×190cm로 상당히 큰 편에 해당한다. 놓인 긴 방향은 동서쪽인데 유적 옆의 개울 흐름과 나란하다. 덮개돌 아래의 북·서쪽에는 길이 40cm쯤 되는 굄돌이 돌아가면서 6매가 놓여 있어 위석식 고인돌의 구조를 지닌 것으로 보인다. 또한 이들 굄돌은 덮개돌의 수평 유지를 위한 기능도 함께 한 것으로 판단된다(사진 6).

하속리 고인돌은 현재 주변에 울타리가 있고 안내판이 설치되어 보존 조치가 되고 있지만 덮개돌 가장자리의 시멘트 포장공사로 부분적인 파괴가 있었던 것 같다.

7) 청송 양숙리 고인돌

부남면 양숙리 342번지에 위치하며 덕곡 마을에서 동북쪽으로 400m쯤 떨어져 있다.

고인돌 주변의 지형을 보면 동북쪽으로 산 능선이 이어지고 남서쪽에는 용전천이 흐르며 그 사이에는 넓은 경작지가 형성되어 있는데 이곳을 "고량장들(고려장들)"이라고 부른다. 고인돌은 고량장들의 동쪽 산기슭 끝자락인 밭에 1기가 있으며 서쪽으로 200m쯤 떨어져 '양숙리 고분'이 위치한다.

고인돌의 덮개돌은 거정화강암을 재질로 이용하였고 크기는 240×200×105cm이며 평면 생김새는 3각형이다. 놓인 긴 방향은 NW 30°인데 부근의 용전천 흐름과 나란하다.

양숙리 고인돌 유적은 청송지역의 다른 대부분 고인돌처럼 넓은 곡간지대에 위치하면서 주변의 하천과 연관이 있는 것 같다. 인근의 포항지역에도 고인돌이 분포하고 있는 점을 고려해 볼 때 비교가 가능할 것으로 여겨진다.

8) 청송 천천리 고인돌

현서면 천천리 650번지 일원에 위치하며, 신가부실마을 앞의 도로 남쪽에 조성된 사과 과수원에 자리한다. 4기의 고인돌이 분포하는 것으로 보고되었지만 현재 보호 철책이 설치된 2기만 있다.

이곳의 지형을 보면 북쪽으로는 완만한 구릉지가 넓게 펼쳐져 있으며 그 끝자락에는 널따란 들판이 형성되어 있다. 유적의 서쪽에는 길안천이 흐르고 있다.

1호 고인돌의 덮개돌은 석회암 계통의 암질을 재질로 이용하였으며, 크기는 250×150×115㎝이다. 놓인 긴 방향은 NW 60°이고 일정한 꼴을 이루지 못한 모습이며 땅 속에 묻힌 상태다. 덮개돌 밑에는 굄돌이 없는 것으로 보아 2호와 함께 개석식 고인돌일 가능성이 높다.

2호 고인돌은 1호에서 남동쪽으로 30m쯤 떨어져 위치한다. 덮개돌은 화강암질 편마암을 재질로 이용하였으며 크기는 270×255×230㎝이다. 놓여진 긴 방향은 남북쪽이고 땅 속에 많이 묻혀 있는 상태다(사진 7).

한편 남동쪽으로 100m쯤 떨어진 밭둑에 고인돌의 덮개돌로 보이는 커다란 돌이 묻혀 있다. 주변의 지형으로 보아 파괴된 고인돌일 가능성이 있다.

천천리 고인돌은 넓은 평야가 형성된 곡간지대에 위치하며 주변에 길안천이 흐르고 있어 청동기시대 유적이 입지하기 좋은 조건을 갖추고 있다. 이런 점으로 볼 때 주변에서 고인돌과 관련 있는 집터 유적이 찾아질 가능성이 높은 것으로 보인다.

9) 청송 성재리 고인돌 Ⅰ

안덕면 성재리 155-7번지 일원에 위치하며, 약실마을에서 동남쪽으로 100m쯤 떨어진 곳이다.

이곳의 지형은 북서쪽의 산 능선이 점차 낮아지는 기슭의 끝자락으로 주변지역보다 경사가 완만한 곳이다. 서쪽으로 200m쯤 떨어져 보현천이 흐르고 있다. 고인돌은 완만하게 경사진 곳의 산과 밭에 2기가 분포하고 있는 것으로 보고되었다.[17]

1호 고인돌은 덮개돌의 크기가 290×230×200㎝이고 놓여진 긴 방향은 동서쪽이다. 2호는 덮개돌이 200×180×120㎝ 크기고 긴 방향은 남북쪽이다. 2기 모두 덮개돌 아래에 굄돌은 없었던 것으로 알려졌다.

이들 고인돌에 대하여 2023년 5월 현지조사를 실시한 결과 유적을 확인할 수 없었다. 인근 마을 주민의 이야기에 의하면[18] 2007년 성덕 다목적댐 이설도로 개설과 사과 과수원 정비 과정에 없어진 것으로 확인되었다.

10) 청송 성재리 고인돌 Ⅱ

안덕면 성재리 125-3번지 일원에 위치하며 약실마을에서 남쪽으로 400m쯤 떨어져 있는 곳이다. 이곳은 산기슭의 끝자락으로 완만하게 경사가 있는 과수원이다.

기존의 지표조사에서 2기의 고인돌(1호와 2호)이 보고되었고 2006년 성덕 다목적댐 건설에 따른 발굴 과정에 고인돌의 덮개돌로 추정되는 큰 돌(3호)이 1기 추가로 확인되었는데 산 능선을 따라 동서쪽으로 줄을 이루고 있었던 것 같다.

이에 대한 조사 결과를 보면 다음과 같다.[19]

1호는 서쪽 능선의 끝자락에 위치하며, 크기는 610×350×110㎝로 상당히 큰 편이다. 놓인 긴 방향은 남북쪽이며 유물은 출토되지 않았다.

2호는 조사지역의 가운데에 자리하며, 295×265×100㎝ 크기이다. 평면 생김새는 네모꼴이고 굄돌은 확인되지 않았다.

3호는 동쪽에 위치하는데 350×160×80㎝ 크기다. 긴 방향은 동서쪽으로 놓여 있었다. 주변을 조사한 결과 표토 밑 10㎝쯤 되는 곳에서 풍화암반층이 나타났다.

이렇게 3기를 조사한 다음 내린 결론은 "… 추정 지석묘가 노두에서 산 사면을 따라 낙하한 자연석임이 확인되었으며…"으로 고인돌이 아닌 것으로 해석하고 있다. 그렇다면 성재리 고인돌 Ⅱ유적의 덮개돌은 큰 바위에서 깨어져 경사를 따라 굴러 내려온 하나의

---

17 청송군·안동대학교 박물관, 앞의 책, 2006, 291쪽.
18 안덕면 성재리에 살고 있는 윤재화(70살)님의 제보
19 성림문화재연구원, 『청송 성덕 다목적댐 건설사업 부지내(성재리 추정 지석묘군Ⅱ) 유적 문화재 발굴(시굴)조사 중간 결과보고서』, 2006 참조.

돌이었을 가능성이 많다.

11) 청송 수락리 고인돌 Ⅰ

현서면 수락리 32번지 일원에 해당하며, 기존의 지표조사에서 10여 기의 고인돌이 조사되었으며,[20] 그 이후 성덕 다목적댐 건설에 따른 발굴 과정에 고인돌로 추정되는 큰 돌 3기가 추가로 확인되어 모두 13기에 대한 시굴조사가 실시되었다.[21]

이곳의 지형을 보면 동쪽에 있는 대정산(해발 704m)과 북서쪽의 면봉산(해발 1,113m) 사이에 형성된 넓은 곡간지대로 주변의 경사가 완만한 곳에는 과수원과 밭이 있다. 그리고 보현천이 남쪽에서 북쪽으로 흐르고 있다.

시굴조사에 따른 결과를 중심으로 살펴보면 다음과 같다.

조사지역은 과수원으로 이용되고 있었으며 산기슭을 따라 고인돌의 덮개돌로 보이는 커다란 돌 13기가 비교적 불규칙하게 분포하고 있었다. 시굴조사 과정에 확인된 퇴적 층위는 크게 4개 층으로 구분되며 그 대개는 아래와 같다.

    Ⅰ층 : 표토층. 암갈색 모래질 찰흙층(10YR 3/3). 두께 15~30㎝.
         경작층으로 최근의 쓰레기가 퇴적
    Ⅱ층 : 회황갈색 모래질 찰흙층(10YR 4/2). 두께 10~15㎝.
         경작층
    Ⅲ층 : 황갈색 모래질 찰흙층(10YR 5/6). 두께 10~25㎝.
         산기슭의 붕적층(모난 산돌 쌓임)
    Ⅳ층 : 황등색 모래질 찰흙층(10YR 8/6). 두께 20~30㎝.
         풍화암반층

이러한 퇴적 층위와 고인돌의 덮개돌로 추정되는 커다란 돌이 놓인 관계를 보면 고인

---

20 청송군·안동대학교 박물관, 앞의 책, 2006, 292쪽.
21 성림문화재연구원, 『청송 성덕 다목적댐 건설사업 부지내 유적 문화재 발굴(시굴)조사 부분 완료 보고서』, 2007 참조.

돌은 Ⅰ층이나 Ⅳ층에 자리한 것으로 밝혀졌다.

1호의 크기는 220×160㎝이며 평면 생김새는 타원형이다. 놓인 긴 방향은 동남-서북쪽이다. 표토에서 약 45㎝쯤 묻혀 있는 것으로 밝혀졌으며 출토 유물은 없었다.

2호는 260×180㎝ 크기이고 긴 방향은 동서쪽이다.

3호의 크기는 240×180㎝이며, 평면 생김새는 긴 타원형이다. 놓인 긴 방향은 동서쪽이며 ⅓쯤 땅속에 묻혀 있다.

4호는 160×100㎝ 크기로 상당히 작은 편에 해당한다. 평면 생김새는 타원형이고 긴 방향은 동서쪽이다. 조사 결과 암갈색 모래질 찰흙층(Ⅰ층) 위에 놓여진 것으로 밝혀졌다.

5호의 크기는 240×180㎝이며 평면 생김새는 긴 타원형이다. 긴 방향은 남북쪽이다.

6호는 210×110㎝ 크기이고 ½쯤 묻혀 있는 것으로 조사되었다. 평면 생김새는 긴 타원형이고 놓여진 긴 방향은 북동-남서쪽이다.

7호는 5호의 북동쪽과 6호의 남서쪽 사이에 위치하며 대부분 묻힌 상태였다. 크기는 180×140㎝이고 평면 생김새는 타원형이다.

8호의 크기는 360×280㎝이고 평면 생김새는 타원형이다. 긴 방향은 동서쪽이며 ⅔쯤 묻힌 상태였다. 바닥에 10~15㎝ 안팎의 모난돌이 불규칙하게 흩어져 있었으나 고인돌과 직접적인 관련은 없는 것으로 판단하였다.

9호는 280×190㎝ 크기이고 평면 생김새는 긴 타원형이다. 땅속에 상당히 많이 묻힌 (¾쯤) 상태였으며 긴 방향은 남북쪽이다. 옆에서 비교적 큰 돌 2매(170×80㎝, 130×120㎝)가 조사되었는데 추정 덮개돌에서 떨어져 나온 것으로 보인다. 바닥 쪽에 10~15㎝ 크기의 모난돌들이 흩어져 있었다.

10호는 270×220㎝ 크기이며 반쯤 묻혀 있었다. 긴 방향은 남북쪽이었다.

11호의 크기는 190×160㎝이며 평면 생김새는 3각형이다. 긴 방향은 동서쪽이고 남쪽에 모난돌들이 흩어져 있었다.

12호는 200×190㎝ 크기이고 평면 생김새는 타원형이다. 긴 방향은 남북쪽이며 암갈색 모래질 찰흙층 위에 놓여 있었다.

13호의 크기는 180×120㎝이며 평면 생김새는 타원형이다. 긴 방향은 동서쪽이고 주변에 있던 배수로 조성 과정에 파괴가 심하게 된 것으로 보인다.

수락리 고인돌 유적 Ⅰ은 시굴조사 결과 덮개돌로 추정되는 큰 돌들이 표토층이나 풍화암반층 위에 놓여진 것으로 밝혀졌다. 그리고 북쪽의 산기슭에서부터 경사를 따라 굴러와 구지표면에 놓인 것으로 추정하였다.[22]

12) 청송 수락리 고인돌 Ⅱ

현서면 수락리 429-5번지 일원에 위치하며 하당교에서 북서쪽으로 30m쯤 떨어진 곳이다.

이곳의 지형을 보면 동·서쪽에는 매우 가파른 산 능선이 있고 그 사이 남북 방향으로 곡간지대가 기다랗게 이어진다. 대부분 산기슭 끝자락에는 밭이 만들어져 있고 남쪽에서 북쪽으로 보현천에 흘러드는 작은 하천이 있다.

고인돌은 서로 10m 거리를 두고 2기가 분포하는 것으로 기존의 지표조사에서 보고되었다.[23]

남쪽 것은 크기가 280×250×200cm이며 생김새는 육면체이다. 북쪽 것은 판자꼴로 220×200× 85cm 크기다.

2023년 5월 현지조사 결과, 성덕 다목적댐 이설도로 개설 및 마을 사람들에 의한 주변 지형의 변화가 많이 있었던 것으로 밝혀졌다.

13) 청송 무계리 고인돌 Ⅰ

현서면 무계리 203번지에 위치하며 이곳은 말암동 마을의 서북쪽이다.

유적 주변의 지형은 높은 산 사이에 형성된 곡간지대이며 북쪽으로 낮아지는 산기슭의 끝자락이다. 현재 사과 과수원으로 이용되고 있는 곳에 고인돌 1기가 분포한다. 또 고인돌의 동쪽 옆으로는 보현천의 샛강인 무계천이 동남쪽에서 서북쪽으로 흐른다.

덮개돌은 화강암질 편마암을 재질로 이용하였으며 330×250×150cm 크기다. 생김새는 육면체이며 덮개돌 아래에는 길이 50cm 되는 굄돌이 1매 놓여 있다.

---

22 성림문화재연구원, 위의 책, 2007, 8쪽.
23 청송군·안동대학교 박물관, 앞의 책, 2006, 297쪽.

14) 청송 무계리 고인돌 II

현서면 무계리 139-2번지에 자리하며, 개석식 고인돌 1기가 분포하는 것으로 알려져 있다.

이곳의 지형은 동남쪽으로 낮아지는 산기슭의 끝자락에 과수원이 만들어져 있으며, 서쪽으로는 보현천에 합하여지는 무계천이 흐르고 있다. 고인돌은 무계천을 따라 형성된 좁다란 평지의 과수원에 있다.

2007년 성덕 다목적댐 건설공사로 인하여 발굴조사가 실시되었으며, 그 조사 내용은 다음과 같다.[24]

덮개돌의 크기는 310×200×200cm이며 놓여진 긴 방향은 북동-남서쪽이다. 주위에 조사 구덩을 설치한 다음 조사한 결과 아래쪽에 10~40cm 크기의 모난돌이 쌓여 있었고 그 옆에는 최근 경작에 이용된 고무호스 등이 묻혀 있었다. 이러한 정황으로 볼 때 덮개돌은 고인돌의 축조에 이용된 것이 아닌 것으로 판단된다.

따라서 무계리 고인돌 II의 덮개돌은 남서쪽의 가파른 산 능선에서 아래쪽으로 흘러내린 단순한 바위로 보인다.

15) 청송 문거리 고인돌

이곳은 안덕면 문거리 669-2번지에 위치하며, 우질마을에서 동남쪽으로 500m쯤 떨어져 있다.

주변의 지형을 보면 서북-동남 방향의 비교적 넓은 곡간지대가 형성되어 있으며, 남서쪽으로 낮아지는 구릉의 끝자락인 밭에 고인돌 1기가 있다.

덮개돌의 재질은 화강암질 편마암을 이용하였고 크기는 290×200×145cm이다. 놓여진 긴 방향은 동서쪽으로 북동쪽의 산자락 아래에 흐르는 작은 하천과 나란하다(사진 8).

문거리 고인돌은 개석식으로 주변의 어디에서나 바라보이는 널따란 들판에 1기만 분포하는 입지 특성을 가지고 있으며 관련 유적이 있을 가능성이 높다.

---

24 성림문화재연구원, 앞의 책, 2007, 17~18쪽.

16) 청송 거성리 고인돌 I

현동면 거성리 613-15번지에 위치하며, 간동마을에서 동남쪽으로 40m쯤 떨어져 있다. 이곳은 청송에서 포항으로 가는 31번 국도 바로 옆이다.

유적의 주변 지형을 보면 눌인천 동쪽으로는 넓은 평야지대가 형성되어 있으며, 고인돌은 평탄지역의 약간 도드라진 곳의 민묘 옆에 자리한다. 서쪽에는 남쪽에서 북쪽으로 눌인천이 흐르고 있다.

덮개돌은 화강암질 편마암을 재질로 이용하였으며, 260×160×100㎝ 크기다. 놓여진 긴 방향은 동서쪽이며 아래쪽에는 굄돌이 없다(사진 9).

거성리 고인돌 I은 동남쪽으로 250m쯤 떨어져 있는 거성리 고인돌 II와 서로 관련이 있는 것으로 보이며 같은 성격의 유적으로 해석된다.

17) 청송 거성리 고인돌 II

현동면 거성리 453번지 일원에 위치하며 부흥마을에서 북서쪽으로 350m쯤 떨어져 있다. 이곳은 눌인천의 언저리에 형성된 넓은 평야지대이며 유적 바로 옆으로 국도 31호선이 지나가고 있다. 그리고 남서쪽으로 300m쯤 떨어져 동남쪽에서 북서쪽으로 눌인천이 흐르고 있다.

고인돌은 들판 옆의 구릉 끝자락에 있는 도드라진 곳에 분포하는데 민묘들이 있고 그 민묘 조성 과정에 많이 파괴된 것으로 보인다(사진 10).

1호 고인돌은 유적의 동쪽에 자리하며 덮개돌의 재질은 화강암질 편마암을 이용하였다. 부분적으로 근래에 깨어진 흔적이 남아 있으며 현재의 크기는 195×110×40㎝이다. 놓여진 긴 방향은 NW 15°이다.

2호 고인돌은 1호에서 북서쪽으로 7.5m 떨어진 곳에 있다. 덮개돌은 화강암질 편마암을 재질로 이용하였고 크기는 170×70×20㎝이다. 현재 땅속에 많이 묻혀 있는 상태다.

3호 고인돌은 2호에서 북쪽으로 10m쯤 거리를 두고 있다. 유적이 위치한 구릉의 가장자리를 논으로 조성할 때 많이 파괴되었고 현재 경사지게 위치한다. 덮개돌은 깨어졌지만 현재 크기는 길이 140㎝, 너비 80㎝쯤 된다.

이곳의 민묘 주변 곳곳에는 길이 100~150㎝ 안팎의 돌들이 4~5매 정도 흩어져 있는데 후대에 묘역을 조성하면서 고인돌의 덮개돌을 깨뜨려 사용한 것으로 판단된다.

거성리 고인돌 Ⅱ유적은 입지조건으로 볼 때 고인돌을 축조한 사람들이 터전을 잡고 생활하기에 아주 좋은 강가의 구릉지대에 위치하는 점에서 주변에 집터와 관련된 유적이 존재할 가능성이 청송지역에서 가장 높다. 또한 이곳은 홍원리 고인돌 유적, 감연리 고인돌 유적과 더불어 청송지역에서 고인돌이 밀집 분포하고 있는 대표적인 지역이다.

18) 청송 구천리 추정 고인돌

부남면 구천리 940-2번지에 위치한다. 이곳은 장터마을에서 갈미마을로 가는 도로의 갈미교 건너기 직전 길옆이다.

고인돌의 덮개돌로 추정되는 커다란 돌이 도로변에 비스듬히 놓여 있다. 재질은 화강암이고 190×140×100㎝ 크기다. 도로 확장공사 때 이동되었을 가능성이 많다.

이 유적의 주변으로 여러 고인돌이 분포하고 있어 서로 연관이 있을 것 같으며 보호조치가 필요한 것으로 판단된다.

2. 청송지역 고인돌의 성격

청송지역에 분포하고 있는 고인돌은 성덕 다목적댐 건설 과정에 성덕리와 수락리·무계리 고인돌 유적이 조사되었을 뿐 나머지 유적에 대한 시굴 또는 발굴조사는 진행되지 않았다. 이런 점에서 이들 고인돌 유적의 구조와 축조 시기, 껴묻거리 등을 살펴보는 데에는 한계가 있지만 여기에서는 외형적으로 나타나는 몇 가지 특성을 분석해 보도록 하겠다.

지금까지의 시굴조사와 2023년 6월의 현지조사 결과 청송군 내에는 15곳에 25기의 고인돌이 분포하는 것을 알 수 있다.

1) 고인돌의 입지와 분포

고인돌을 축조한 청동기시대 사람들은 살림을 꾸려가던 터전인 집터와 관련하여 그들의 무덤자리도 선택하였을 가능성이 많다. 이런 점에서 보면 고인돌의 축조 장소는 당시 사람들의 생활 영역과 깊은 관련이 있으며, 그들의 활동 범위(radius)를 알 수 있는 자료가 되기도 하므로 중요한 의미가 있다.

　고인돌이 위치한 곳을 주변의 지세와 관련시켜 크게 구분하여 보면 먼저 산 능선이나 산줄기가 흘러내린 산기슭, 주변의 지형보다는 조금 높다란 대지인 구릉지대, 평평한 평지 등으로 나누어 볼 수 있다. 특히 평지나 구릉지대에 고인돌이 있을 경우 거의가 유적 가까이에 물줄기가 있어 유적과의 관련성이 있는 것으로 보인다. 또한 높다란 구릉지대나 산마루에 고인돌이 분포하는 것은 주변이 훤히 보이는 곳에 의도적으로 조망을 고려하여 축조한 것으로 여겨진다.

　청송지역의 고인돌 분포를 여러 지형 조건과 관련시켜 보면 유적 주변의 자연지세가 최대한 고려되었음을 알 수 있다. 거의 대부분 고인돌 유적 옆에는 강이 흐르고 있어 의도적으로 물줄기 근처에 축조하였을 가능성이 많은 것 같다. 특히 덕리 1호 고인돌을 비롯한 하속리와 양숙리 고인돌, 문거리 고인돌의 덮개돌이 놓인 긴 방향은 강물의 흐름과 나란하여 서로의 연관성을 시사하고 있다.

　이번에 조사된 청송지역의 고인돌 25기를 앞에서 분류한 지세에 따라 분포 상황을 나누어 보면 산기슭의 끝자락이 16기(64.0%), 평지 8기(32.0%), 구릉 1기(4.0%)이다.

　청송지역 고인돌이 산기슭의 끝자락에 많이 분포하고 있다는 것은 먼저 이 지역의 지세와의 관련성을 생각해 볼 수 있다. 청송지역은 주변지역과 비교할 때 구릉이나 평지보다 산자락과 같은 높은 산간지대가 비교적 많기 때문에 1차적으로 고인돌 축조 과정에 이러한 입지가 선정된 것으로 여겨진다. 이것은 주변의 포항, 영덕, 안동 영천지역의 고인돌이 구릉이나 평지에 많이 분포하는 것과 비교할 때 좋은 대조를 이루고 있다.[25]

　다음으로 이러한 산간지대의 지세가 고려된 것은 당시 사람들이 고인돌을 만들 때 필요했던 노동력과 관련이 있을 것으로 해석된다. 고인돌의 축조는 덮개돌의 채석과 운반에 많은 노동력이 필요하므로 당시 사회에서는 대역사(大役事)였을 것이다. 그렇다면 여기에는 당연히 축조의 편리성 문제가 논의되었을 것이고 그러한 관점에서 덮개돌의 운반에 따른 노동력 문제가 관심사로 대두되었을 것이다. 따라서 노동력을 절감하기 위해서는 운반의 효율성을 높여야하기에 채석장과 고인돌을 축조할 자리까지의 거리나 운반 과정의 지

25　김권구, 「다. 경상북도」『한국 지석묘(고인돌) 유적 종합 조사 연구』, 1999, 676~677쪽.

세(특히 지형의 경사도)가 검토되었고[26] 이것은 축조할 곳의 지세와 직접적인 관련이 되었을 것으로 판단된다. 이런 점에서 청송지역 고인돌의 입지 가운데 산기슭의 끝자락이 다른 지세보다 상당히 높은 비율을 차지한다는 것이다.

다음으로는 문거리와 거성리 Ⅰ 고인돌 유적의 입지에 관한 것이다. 이들 유적은 구릉이나 평지에 자리하는데 이곳의 고인돌은 주변의 어디에서나 잘 보이며 사방이 훤히 틔어 있어 조망이 좋아 근처를 한눈에 바라볼 수 있다. 따라서 고인돌의 축조 자리를 의도적으로 선택한 것으로 보이며 택지(擇地)의 가능성을 시사한다.[27]

한편 청송지역 고인돌의 입지에서 밝혀진 또 다른 사실은 고인돌이 축조된 곳에 후대의 옛무덤이 자리하고 있다는 것이다. 이러한 경우는 다른 지역에서도 가끔 나타나지만[28] 청송지역에서는 홍원리 유적, 양숙리 유적, 거성리 Ⅰ·Ⅱ유적, 금곡리 유적 등이 있다. 이것은 고인돌의 성격을 무덤으로 볼 때 모두 택지와 밀접한 관련이 있을 것으로 보이며, 전통적으로 전해지고 있는 지세와 연관이 있는 것 같다.

또한 양숙리 고인돌은 '고려장들'이라고 불리는 산기슭의 끝자락에 위치하고 있는데 이곳은 지명이 고려장(高麗葬)과 관련 있는 것으로 알려져 있으며 주변에 관련 무덤이 분포하고 있다. 이것은 고인돌이 자리하는 곳에 실제로 후대의 무덤이 축조된 대표적인 사례로 무덤이라는 공통적인 관점에서 볼 때 서로의 지세를 비교할 수 있는 자료인 것 같다.

청송지역 고인돌의 분포 관계를 보면 현재 조사된 자료가 많지 않아 해석에는 한계가 있지만 지역에 따라 조금씩 차이가 있는 것 같다.

지리적인 분포 모습을 보면 대체로 청송읍의 남쪽 지역에 주로 분포하며, 대부분 하천과 깊은 관계가 있는 것으로 밝혀지고 있다. 크게 용전천 지역의 곡간지대에 형성된 산기슭의 끝자락이나 하천 옆의 충적지대, 길안천·보현천·눌인천 언저리의 구릉이나 곡간 충적지대, 반변천 가장자리의 산기슭 끝자락에 고인돌이 분포하는 것으로 조사되었다.

청송지역 고인돌의 밀집 정도를 보면 1기가 분포하는 곳이 7곳으로 반을 차지하며 2

---

26 하문식·김주용, 「고인돌의 덮개돌 운반에 대한 연구」『韓國上古史學報』 34, 2001, 61~69쪽 ; 하문식, 『기전지역의 청동기시대 무덤 연구』, 주류성, 2021, 115~122쪽.
27 김재원·윤무병, 『韓國支石墓硏究』, 1967, 10쪽 ; 78쪽.
28 이융조·하문식, 「보령지역의 고인돌 문화 연구(Ⅱ)」『考古美術史論』 2, 1991, 21쪽.

기가 4곳, 3기가 3곳, 4기가 1곳으로 조사되었다.[29]

이 자료 가운데 감연리 유적, 홍원리 유적, 거성리 유적에는 현재 있는 고인돌 이외에도 주변에 고인돌의 덮개돌로 보이는 돌들이 많이 있다. 이것은 후대에 무덤의 축조, 경작, 과수원 조성 과정에 파괴된 것으로 보이며 청송지역에도 10여 기 이상이 떼를 이룬 고인돌 유적이 있었을 것으로 추론된다. 또한 이들 유적은 가까운 주변에 하천이 흐르고 있으며 강안 충적지대가 형성되어 있기 때문에 고인돌을 축조한 당시 사람들의 살림터가 있을 가능성이 아주 높은 것으로 판단되기에 앞으로의 조사가 기대된다.

2) 고인돌의 구조와 형식

고인돌에 대한 고고학적 연구에서 관심을 끌고 있는 것은 구조와 형식에 관한 것이다.

고인돌의 구조는 형식에 따라 약간의 차이가 있지만 몇 톤에서 몇 십 톤에 이르는 덮개돌의 채석과 운반 그리고 축조와 관련된 1차적인 문제부터 무덤방의 구조에 이르기까지 고인돌의 성격을 잘 보여주는 중요한 문제이다. 또한 축조와 연관된 구조적인 여러 내용들은 당시 사회에 널리 알려진 건축 방법이나 도량형을 이해하는데 있어 매우 의미가 있다.[30]

고인돌의 축조에서 중요하게 여기는 것은 덮개돌이다. 고인돌의 축조에 있어 덮개돌의 마련과 운반은 많은 노동력을 필요로 하므로 당시 사회상과 깊은 관련이 있다. 덮개돌은 고인돌의 외형을 보여주는 것이므로 상징적인 중요성을 지니고 있다. 또한 덮개돌은 외형적인 중요성 못지 않게 그 자체가 위엄성을 가지고 있어 일찍부터 많은 사람들이 고인돌에 대하여 관심을 갖게 되는 계기가 되기도 하였다.

청송지역 고인돌의 덮개돌 크기와 생김새, 재질에 대한 몇 가지를 살펴보고자 한다.

청송지역 고인돌 가운데 덮개돌 크기를 알 수 있는 것은 22기이다. 이것을 길이에 따라 구분하여 보면 151~200cm가 7기(31.8%)로 가장 많고 그 다음이 251~300cm 5기(22.7%)이다. 그리고 201~250cm가 3기(13.6%), 301~350cm 2기, 351~400cm 2기, 401cm 이상 2

---

29 이러한 분류는 현재 조사된 것을 기준으로 하였고 후대에 파괴된 것은 제외한 자료임.
30 김원룡, 『한국의 고분』, 세종대왕기념사업회, 1974, 44쪽 ; Daniel, G., 1980. "Megalithic Monuments", *Scientific American* 243-1, 1974, p.76.

기, 150㎝ 미만 1기 등으로 크게 나누어진다.

이러한 덮개돌의 길이는 크기와 깊은 관계가 있기 때문에 고인돌의 축조 과정 중 운반에 따른 노동력 문제는 물론 큰 바위에서 채석할 때 필요한 기술 문제가 고려되었을 것이다. 따라서 덮개돌의 크기는 고인돌 사회의 기술 발전 단계를 이해하는데 참고가 될 것이다.[31]

덮개돌의 채석과 관련된 것을 보다 구체적으로 살펴보기 위해 길이와 너비의 상관 관계를 분석해 본 결과는 다음과 같다.

〈표 1〉 덮개돌 길이와 너비의 상관관계

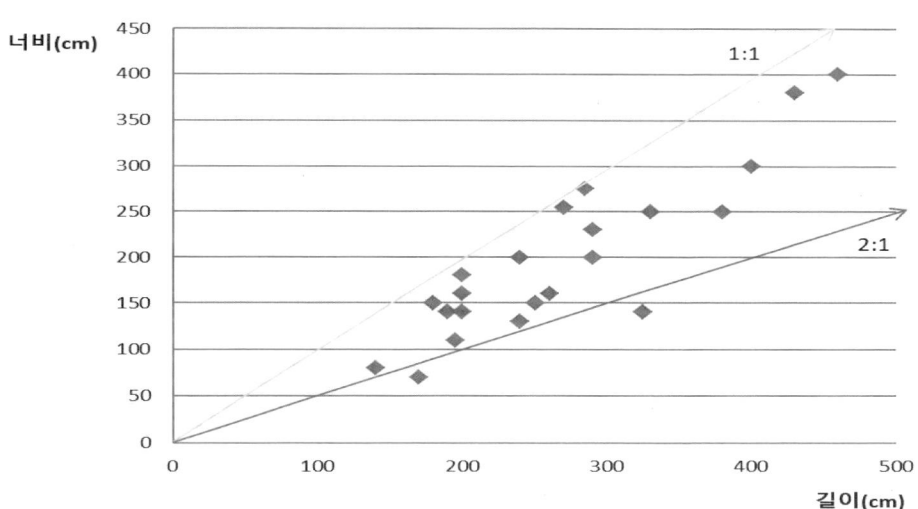

위의 표를 보면 청송지역 고인돌의 덮개돌 길이와 너비는 1:1에서 2:1 사이에 집중 분포하고 있음을 알 수 있다. 특히 1:1.5의 중심축에 모여 있다. 이렇게 길이와 너비가 일정한 범위의 비율 안에 있다는 것은 고인돌을 축조한 당시 사람들이 목적을 가지고 의도적으로 덮개돌의 규모를 결정하였을 가능성을 시사해주는 것이다.

또한 덮개돌은 외형적인 상징성 이외에도 무덤의 기능을 가질 때 무덤방을 보호하는 역할도 한다. 그렇다면 덮개돌의 길이는 무덤방의 크기(특히)와 직접적인 관련성을 가지고

---

31 하문식, 『古朝鮮 地域의 고인돌 硏究』, 백산자료원, 1999, 182~183쪽.

있었던 것은 아닐까 한다.

한편 청송지역 고인돌의 덮개돌을 보면 다른 지역보다 비교적 큰 편이고 높이가 높은 점이 주목된다.

이러한 특성의 구분을 위하여 덮개돌의 길이·너비·두께를 가지고 징(Zingg, T. H.)에 의하여 분석·연구된 사각 다이아그램을 이용하였다.[32] 이 분석 방법은 덮개돌의 생김새를 객관적으로 구분할 수 있는 하나의 기준이 된다. 분석의 기준은 덮개돌의 길이와 너비, 두께와 너비에 대한 비율을 가지고 등방 모양(equant), 길쭉한 모양(blade-shape), 막대기 모양(rod-shape), 원반 모양(discoidal) 등 4가지로 구분하는 것이다.

〈표 2〉 고인돌의 덮개돌 생김새

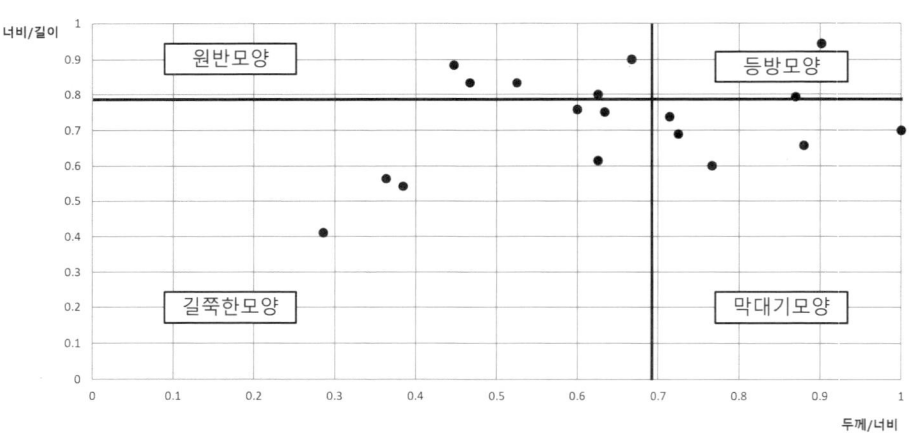

이렇게 구분한 결과 청송지역 고인돌의 덮개돌은 주류를 이루는 일정한 형태가 없는 것으로 보인다. 이 분석 자료에서 알 수 있는 것은 먼저 길쭉한 모양과 막대기 모양이 많은 것이다. 이것은 덮개돌의 길이에 비하여 두께가 두껍기 때문인 것으로 보이며 암질의

---

32 Zingg, T. H., *Beitrage zur schotter analyse*, Schweizer Mineralog U. Petrog Mitt. Bd. 15, 1935, 39~140쪽(김주용·양동윤·홍세선·이진영·김태훈·김진관, 「이천지역 제4기 지질 및 고인돌 조사」 『이천지역 고인돌 연구』, 세종대학교 박물관·이천시, 2000, 184~187쪽에서 재인용).

성인에 따른 채석과도 관련이 있는 것으로 짐작된다.

다음은 덮개돌의 재질에 관한 문제다. 덮개돌을 비롯하여 고인돌의 축조에 사용된 암석은 일정하게 정해진 것이 아니고 고인돌 유적의 주변 지질과 깊은 관계가 있다. 따라서 유적 부근에서 쉽게 구할 수 있는 암질을 선택하여 채석하고 그 다음 운반했을 것으로 추론된다.

청송지역 고인돌의 축조에 이용된 암질은 화강암질 편마암이 가장 많고 거정화강암, 편암, 석회암계 등으로 구분된다. 이러한 암질은 이곳의 지질과도 서로 연관성이 있는 것 같다. 고인돌의 덮개돌로 화강암질 편마암이 절대적으로 많이 사용된 것은 암질 그 자체의 속성과도 깊은 관계가 있는 것으로 보인다. 이 암질은 그 속성으로 볼 때 층을 이루고 있어 큰 바위에서 채석할 때 켜를 따라 떨어지기 때문에 다른 암질보다 떼어내기 쉬워서 많이 선택되었을 것이다. 이런 점으로 볼 때 고인돌을 축조한 당시 사람들은 채석 과정에 소요된 노동력 문제는 물론 운반까지도 고려하였을 가능성이 많다.

고인돌의 축조 과정에 중요한 것은 덮개돌이 쓰러지지 않고 처음의 모습을 유지하는 것이다. 무거운 덮개돌이 내려앉지 않고 축조 당시의 모습으로 있기 위하여는 수평을 유지하여 균형을 이루는 것이 중요하다.

지금까지 여러 고인돌 유적에서 수평 문제가 조사되었으며[33] 청송지역의 하속리 고인돌에서도 이러한 자료가 조사되었다. 하속리 고인돌의 경우 덮개돌 밑에 6매의 굄돌이 돌아가면서 놓여 있는데 높낮이가 모두 차이가 있어 수평과 연관이 있는 것으로 해석된다.

다음은 고인돌의 형식에 관한 문제이다.

고인돌의 형식은 일반적으로 지상에 드러난 모습에 따라 1차 분류를 하고 그 다음은 무덤방의 구조나 묘역에서 나타나는 속성에 의하여 다시 나누는 것이 대부분이었다. 이러한 분류에 따르면 탁자식, 개석식, 바둑판식, 위석식 등으로 나눌 수 있다.[34]

청송지역의 고인돌은 발굴 조사된 자료가 없기 때문에 먼저 분류가 가능한 25기를 대상으로 외형적인 기준에 의하여 1차 분류를 하였다. 그 결과 개석식이 22기(88.0%)로 거의

---

33 하문식, 앞의 책, 2021, 153쪽.
34 이영문, 『韓國支石墓社會研究』, 학연문화사, 2002, 96~100쪽.

대부분을 차지하고 바둑판식이 2기, 위석식(?) 1기로 나누어진다. 이 분석 자료를 보면 청송지역에는 탁자식 고인돌이 없고 전국적으로 많은 분포를 하고 있는 개석식이 대부분임을 알 수 있다. 이것은 경북지역의 고인돌 분류에서도 비슷한 것으로 나타나고 있어 일반적인 것으로 볼 수 있다.[35] 또한 바둑판식 고인돌은 감연리 2호와 홍원리 1호에서 조사되었는데 외형적으로 덮개돌 밑에 몇 매의 굄돌이 놓여 있어 이렇게 분류하였지만 앞으로 정밀조사가 실시되면 보다 자세한 정황을 알 수 있을 것이다. 또한 하속리 고인돌을 위석식으로 구분하였는데 그 근거는 덮개돌 밑을 보면 6매의 굄돌이 덮개돌 주위를 돌아가고 있어 그렇게 분류하였다. 하속리의 고인돌은 일반적으로 제주지역에서 조사되고 있는 둘레돌의 높이와는 차이가 있지만[36] 잠정적으로 위석식으로 분류하였다.

3) 고인돌과 민간 신앙과의 관계

고인돌을 선사시대 사람들이 세운 구조물로 볼 때 이것이 지니는 사회적인 의미는 상당히 중요한 것으로 판단된다. 선사시대의 어느 유적보다도 축조에 많은 노동력이 필요하므로 당시 사회 구조나 전통·믿음에 관한 것이 잘 나타나 있다.

고인돌은 선돌과 함께 거석문화(巨石文化)에 해당하며, 그 숭배의 한 표현으로 고인돌을 '위(爲)'하는 경우가 있는데 홍원리 1호와 3호 고인돌이 대표적이다. 마을 사람들에 의하면 홍원리 1호는 "대왕바위"라고 부르며 최근까지 음력 정월 보름에 간단한 음식을 마련하여 제사를 지내왔다고 한다. 이것은 고인돌을 축조한 다음에도 후대의 사람들이 거석을 숭배의 대상으로 여긴 전통적인 민간신앙의 한 표시로 여겨진다. 또한 이것은 보존을 위하여 고인돌 그 자체에 경외감을 가지도록 하기 위한 하나의 방법일 가능성도 있다. 이렇게 고인돌을 제사의 대상으로 여겨 제의를 행하였다는 사실은 고인돌이 기능적인 관점에서 무덤뿐만 아니라 제단의 기능도 가졌던 것임을 뜻한다고 볼 수 있다.[37] 특히 홍원리 1호 고인돌은 그 규모가 청송지역에서 제일 크고 외형적으로 경외감 내지 위엄성이 느껴지기에 이러한 사실을 뒷받침한다.

---

35 김권구, 앞의 글, 1999, 698쪽.
36 제주시·제주고고학연구소, 『제주시 지석묘』, 2015, 113~125쪽.
37 이융조·하문식, 「한국 고인돌의 다른 유형에 관한 연구」 『東方學志』 63, 1989, 29~66쪽.

홍원리 3호 고인돌에는 '아들 낳기를 바라는 기자(祈子) 신앙'과 관련된 이야기가 전해져 오고 있다. 이것은 고인돌에 관련된 칠성신앙이나[38] 아들을 얻기 위하여 같은 거석문화의 한 가지인 선돌에 비는 행위와[39] 서로 비교된다.

이러한 기자 믿음이 청송지역의 고인돌에 전해지고 있다는 것은 다른 지역 칠성바위와 관련지어 검토해 볼 여지가 있다.

Ⅲ. 청동기시대 유물 포함층

청송지역에서 지금까지 발굴된 청동기시대 유적은 없지만 역사시대 유적의 조사 과정에 청동기시대의 유물이 출토된 유물 포함층이 확인된 경우가 있다. 여기에서는 이러한 자료를 소개하여 이 지역의 청동기시대 문화상의 대개를 살펴보고자 한다.

1. 청송 하의리 유적

주왕산면(부동면) 하의리 703번지에 위치하며, 2007년 대동문화재연구원에서 숙박·휴양 거점 관광지 조성사업 예정지역에 대하여 시굴조사를 실시하였다. 조사 결과 자연적으로 만들어진 도랑[溝]의 퇴적층에서 청동기시대의 다양한 유물이 찾아졌다.[40]

1) 유적 주변의 지형과 층위

유적이 위치한 곳의 지형을 보면 남쪽과 북쪽으로는 주왕산(해발 722.1m)에서 서쪽을 향하여 뻗어 내려온 해발 400m 이상 되는 산줄기가 둘러져 있다. 물줄기는 주방천이 동쪽에서 서쪽으로 흘러 용전천과 합하여지는데 그 언저리에 형성된 넓은 충적대지에 유적이 자리하고 있다(사진 11).

---

38 최삼용,. 「古小說에 나타난 星宿의 性格 考察」 『古小說研究論叢』, 1988, 92~96쪽.
39 한규량, 「한국 선돌의 기능 변천에 대한 연구」 『白山學報』 28, 1984, 297쪽.
40 대동문화재연구원, 『靑松 下宜里 703 遺蹟』, 2009, 1~18쪽.

유적이 위치한 곳은 남쪽이 높고 북쪽이 낮은 곳으로 구릉이 경사져 있다. 여기에 높은 곳은 과수원, 낮은 곳은 밭으로 경작되고 있어 부분적으로 훼손된 상태였다.
이러한 점을 고려하여 조사 트랜치를 설치한 다음 시굴을 하였으며 조사지역의 층위는 다음과 같다.

　　Ⅰ층 : 회갈색 모래질 찰흙층, 두께 10㎝
　　　　　경작층
　　Ⅱ층 : 갈회색 모래질 찰흙층, 두께 15㎝
　　　　　고운 찰흙이고 단단함.
　　Ⅲ층 : 갈색 모래질 찰흙층, 두께 15㎝
　　　　　고운 찰흙+망간 알갱이
　　Ⅳ층 : 갈회색 니질 찰흙층, 두께 20㎝
　　　　　점성이 강한 고운 흙
　　　　　청동기시대 유물 포함층
　　Ⅴ층 : 갈회색 모래질 찰흙층, 두께 10~25㎝
　　　　　망간이 섞인 찰흙
　　　　　자연 도랑·청동기시대 유물 포함층
　　Ⅵ층 : 생토층

이렇게 나누어진 층위 가운데 Ⅳ층과 Ⅴ층에서 청동기시대 유물이 출토되었으며, 6개의 조사 트랜치(18, 29, 38, 40, 44, 51)에 걸쳐 유물 포함층이 있는 것으로 밝혀졌다. 또한 38·44·51 조사 트랜치는 북동-남서 방향으로 기다랗게 형성된 도랑에서 유물이 찾아졌다.

2) 유물 포함층의 양상과 출토 유물

유물 포함층은 유적이 자리한 곳의 지형에 따라 북동-남서쪽으로 경사진 방향을 따라 만들어진 도랑과 연결되어 있다. 이 도랑은 북쪽으로 가면서 점차 넓어지는 양상이며 구릉의 남쪽 기슭에서 만들어진 것으로 보이는데 지형의 경사와 직접적인 관련이 있는 것으로 보인다. 이 도랑은 지형의 경사, 굴곡면의 유물 출토 정황 등을 고려해 볼 때 인위적으로 만들어졌다기보다 자연적으로 형성된 것으로 판단된다.

그렇다면 자연 도랑 안에서 조사된 청동기 유물은 남쪽의 높은 지역에 조성되었던 과수원 자리가 후대에 인위적으로 훼손되면서 지형이 변화되고 그에 따라 청동기시대 유물이 아래쪽으로 쓸려 내려와 도랑 안에 쌓였던 것으로 해석된다.

여기에서는 유물 포함층의 퇴적이 비교적 잘 남아 있고 자세한 조사가 진행된 44번 조사 트랜치를 살펴보고자 한다.

유적의 가운데에 위치하며 긴 방향은 북동-남서쪽으로 등고선과 직교되게 설치하였다. 크기는 길이 25m, 너비 24m, 깊이 0.4~0.6m이다. 이 조사 트랜치는 벽면과 바닥에서 여러 가지의 청동기시대 유물이 출토되었고 자연 도랑 위의 퇴적 모습을 잘 보여주고 있다. 유물은 단면이 U자 모양의 포함층에서 경사면을 따라 민무늬 토기 바닥, 돌도끼, 돌그물추, 격지 등이 찾아졌다(사진 12).

- 민무늬 토기 바닥(3점) : 바탕흙은 굵은 모래와 가는 모래가 섞인 찰흙
  색깔은 암갈색과 적갈색
  바깥면은 물손질을 하였음.
  일부는 바닥과 몸통이 이어지는 부분에 손누름 자국이 남아 있음.
- 돌도끼(2점) : '주상석부(柱狀石斧)'. 길쭉한 모양의 자갈돌 이용
  평면은 긴 네모꼴, 단면은 말각 장방형
  전면적으로 손질
  날 부분이 이그러진 모습
- 돌그물추(1점) : 둥근 자갈돌의 양쪽 끝에 홈을 만들었음.
  단면은 렌즈 모양
- 격지 석기(3점) : 몸돌에서 떼어낸 격지를 이용한 연모
  전면에 타격할 때 생긴 물결무늬(방사상) 있음.
  부분적으로 자연면이 남아 있음.

•뗄된 석기(1점) : 평면은 부채꼴
　　　　　　　　1차 떼기를 베풀고 2차로 잔손질하여 날 만듦.
　　　　　　　　부분적으로 자연면 관찰

　이와 같이 하의리 유적의 유물 포함층에서 조사된 유물로는 청동기시대의 대표적인 민무늬 토기와 여러 석기가 있다. 이 유적의 조사에서 당시의 유구(遺構)는 확인되지 않았지만 여러 종류의 유물이 있는 것으로 보아 청동기시대 사람들의 살림터가 있었던 것은 분명할 것으로 보인다. 그렇다면 이 유적은 청송지역의 청동기시대 문화상의 한 단면을 보여주는 것으로 앞의 고인돌 축조와 관련 있을 가능성이 대단히 많은 것 같다. 따라서 앞으로 이 지역에서 청동기시대의 다양한 성격을 지닌 유적이 발견될 것을 믿어 의심치 않는다.

2. 청송 진안리 유적

　이 유적은 진보면 진안리 1-1번지에 일원에 위치하며, 면 소재지의 북쪽 지역이다. 주민 여가활동을 위한 생활체육공원 건립에 앞서 2006년 대경문화재연구원에서 발굴조사하였다.[41]

　유적이 위치한 곳은 북동쪽에서 남서쪽으로 흐르는 반변천과 남동쪽에서 북서쪽으로 흐르는 서시천 사이에 형성된 하안단구의 끝부분에 해당하는 해발 190m쯤의 낮은 구릉지대이다(사진 13).

　발굴조사는 하안단구면의 꼭대기와 기슭에서 이루어졌는데 삼국시대 돌덧널무덤, 고려시대 건물지가 찾아졌으며 이 과정에 지표에서 청동기시대의 골아가리 토기(刻目文土器) 조각, 화살촉, 갈돌과 갈판이 찾아졌다(사진 14).

•골아가리 토기조각(1점) : 곧은 입술이며 윗면은 평평함.

41　대경문화재연구원, 『靑松 眞安里 遺蹟』, 2008, 136~140쪽.

　　　　　　　　　바탕흙은 가는 모래가 많이 섞인 찰흙을 이용하였고 명황
　　　　　　　　　갈색임.
　　　　　　　　　골아가리 무늬의 길이는 0.7㎝, 깊이 0.3㎝쯤.
・화살촉(1점) : 이암을 재질로 이용하였고 1단의 슴베가 있는 화살촉
　　　　　　　몸통의 등날은 슴베까지 이어짐.
　　　　　　　단면을 보면 몸통은 마름모, 슴베는 긴 네모꼴
・갈돌(1점) : 화강암을 재질로 이용.
　　　　　　평면 모습은 타원형. 가장자리는 간 흔적
・갈판(1점) : 갈돌과 같은 화강암제. 평면 모습은 오각형
　　　　　　움푹 들어간 모습이며 간 흔적

　진안리 유적에서는 삼국시대의 무덤과 고려시대 건물지 조사과정에 위와 같은 청동기시대의 살림살이 관련 유물이 수습되었다. 비록 유구가 조사되지는 않았지만 유물의 종류로 볼 때 주변에 청동기시대 집터가 있었던 것은 분명하다. 무엇보다 주변의 지형 조건을 볼 때 청동기시대 마을 유적이 입지하기 좋은 조건과 환경을 갖추고 있기 때문에 앞으로 이 지역에서 관련 유적이 찾아질 가능성이 아주 높은 것으로 여겨진다.

Ⅳ. 맺음말

　산지성 지형을 이루고 있는 청송지역에는 용전천, 반변천, 길안천 등 여러 물줄기가 흐르고 있으며 그 옆으로는 충적대지가 발달하였다.
　지금까지의 조사 결과, 청동기시대에 축조된 고인돌과 유물 포함층이 조사되었을 뿐 구석기시대나 신석기시대의 관련 유적이 확인되지 않았다. 이것은 다른 지역보다 조사가 미흡한 것이 1차적인 요인이고 그 다음으로는 경작과 과수원 조성 과정에 많은 유적이 파괴되었을 가능성이 있기 때문이다.
　청송지역의 청동기시대 문화상을 알 수 있는 고인돌과 유물 포함층을 중심으로 몇 가

지를 정리하면 다음과 같다.

1. 청송지역에서 조사된 고인돌 유적은 15곳이고 25기가 확인되었다.
2. 청송지역 고인돌의 분포 관계를 보면 축조 과정에 주변의 자연지세가 최대한 고려된 것으로 밝혀졌다. 거의 대부분 산기슭의 끝자락에 자리하는데 이러한 양상은 주로 평지나 구릉지대에 위치하는 주변의 안동, 영덕, 영천지역과는 차이가 있다.
3. 이들 고인돌의 덮개돌에 이용된 재질은 유적 주변에서 쉽게 구할 수 있는 화강암질 편마암이 대부분이고 편암, 거정화강암, 석회암 계통도 있다. 이러한 암질 선택은 고인돌을 축조한 당시 사람들이 채석과 운반에 따른 노동력을 고려하여 정하였을 가능성을 시사한다.
4. 덮개돌의 크기를 보면 길이가 151~200㎝ 되는 것이 가장 많고, 400㎝ 이상도 2기나 된다. 생김새는 Zingg T. H.의 분류 기준인 사각 다이아그램을 이용한 결과, 길쭉한 모양과 막대기 모양이 많은 것으로 나타났다. 이것은 덮개돌이 길이에 비하여 상대적으로 두껍다는 의미로 해석된다.
5. 고인돌의 축조 과정에 수평의 개념이 있었던 것 같다. 덮개돌이 쓰러지지 않으면서 처음의 모습을 유지하기 위해서는 수평으로 놓여 있어야 한다.
   하속리 고인돌은 덮개돌 밑으로 높이가 서로 다른 6매의 굄돌이 괴여 있어 수평 유지를 위한 구조로 판단된다.
6. 청송지역 고인돌의 형식은 거의 대부분 개석식이고 바둑판식(감연리 2호, 홍원리 1호 고인돌)과 위석식(하속리 고인돌)으로 분류할 수 있는 것도 조사되었다.
7. 고인돌을 축조한 다음 후대의 사람들이 민간신앙과 연관시켜 숭배의 개념으로 제사를 지내는 경우가 있는데 홍원리 1호가 대표적이다. 또한 홍원리 3호 고인돌은 아들 낳기를 바라는 기자 믿음과 관련된 이야기가 전해오고 있어 칠성신앙과 비교된다.
8. 청동기시대의 유물 포함층이 조사된 유적은 하의리 유적과 진안리 유적이다. 이들 유적에서는 청동기시대의 골아가리 토기, 민무늬 토기 바닥, 화살촉, 돌도끼, 돌그물추, 격지 석기, 갈돌과 갈판이 찾아져 청송지역의 청동기시대 유적 성격을 이해하는 단서가 되고 있다.

앞으로 청송지역의 물줄기 언저리에 있는 충적지대나 강안 단구를 중심으로 조사가 실시되면 선사시대 사람들의 살림터가 찾아질 것 같다. 이러한 자료가 모아지면 이 지역 옛사람들의 실체가 보다 구체적으로 밝혀질 것으로 기대된다.

〈사진 1〉 청송 지경리 1호 고인돌 모습

〈사진 2〉 청송 덕리 2호, 3호 고인돌 모습

〈사진 3〉 청송 감연리 1호 고인돌 모습

〈사진 4〉 청송 홍원리 1호 고인돌 모습

사진 5. 청송 홍원리 2호, 3호 고인돌 모습

〈사진 6〉 청송 하속리 고인돌 모습

〈사진 7〉 청송 천천리 2호 고인돌 모습

〈사진 8〉 청송 문거리 고인돌 원경

〈사진 9〉 청송 거성리 1호 고인돌 모습

〈사진 10〉 청송 거성리 고인돌군Ⅱ 전경

〈사진 13〉 청송 하의리 유적 전경

〈사진 14〉 청송 하의리 유적 출토 유물

〈사진 15〉 청송 진안리 유적 전경

〈사진 16〉 청송 진안리 유적 출토 유물

【참고문헌】

경상북도 문화재연구원, 『포항시 호동 쓰레기 매립장 확장부지내 포항 호동 유적』Ⅰ~Ⅲ, 2005.
경상북도 문화재연구원, 『안동 마애리 구석기 유적』, 2011.
계명대학교 행소박물관, 『김천 송죽리 유적』Ⅰ, 2006.
국립경주박물관, 『울진 후포리 유적』, 1991.
김권구, 「다. 경상북도」『한국 지석묘(고인돌) 유적 종합 조사 연구』, 1999.
김원룡, 『한국의 고분』, 세종대왕기념사업회, 1974.
김재원·윤무병, 『韓國支石墓研究』, 국립박물관, 1967.
김주용·양동윤·홍세선·이진영·김태훈·김진관, 「이천지역 제4기 지질 및 고인돌 조사」『이천지역 고인돌 연구』, 세종대학교 박물관·이천시, 2000.
대경문화재연구원, 『靑松 眞安里 遺蹟』, 2008.
대구대학교 중앙박물관, 『청송 돌곡들지구 밭 기반 정비공사 문화재 지표조사 보고서』, 2013.
대동문화재연구원, 『靑松 下宜里 703 遺蹟』, 2009.
동양대학교 박물관, 『안동 저전리 유적』, 2010.
삼한문화재연구원, 『울진 죽변리 유적』, 2015.
성림문화재연구원, 『포항시 북구 흥해읍 오도리 사방기념 공원부지내 문화재 지표조사 결과 보고서』, 2004.
성림문화재연구원, 『청송 성덕 다목적댐 건설사업 부지내(성재리 추정 지석묘군Ⅱ) 유적 문화재 발굴(시굴)조사 중간 결과보고서』, 2006.
성림문화재연구원, 『청송 성덕 다목적댐 건설사업 부지내 유적 문화재 발굴(시굴)조사 부분 완료 보고서』, 2007.
성림문화재연구원, 『포항 대련리 청동기시대 취락 유적』, 2009.
영남문화재연구원, 『포항 초곡지구 도시개발사업부지내 포항 초곡리 취락 유적』, 2014.
이영문, 『韓國支石墓社會研究』, 학연문화사, 2002.
이융조·이석린·하문식·우종윤, 「牛山里 곡천 고인돌」『住岩댐 水沒地域 文化遺蹟 發掘調査 報告書』Ⅱ, 1988.
이융조·하문식, 「한국 고인돌의 다른 유형에 관한 연구」『東方學志』63, 1989.
이융조·하문식, 「보령지역의 고인돌 문화 연구(Ⅱ)」『考古美術史論』2, 1991.
전영래, 『高敞·雅山地區 支石墓 發掘報告書』, 전주시립박물관, 1984.

제주시·제주고고학연구소, 『제주시 지석묘』, 2015.
조영래, 「청송지역 고인돌의 특징과 분포」 『청송 향토사 연구논문집』 1, 2021.
청송군·안동대학교 박물관, 『文化遺蹟分布地圖 - 靑松郡』, 2006.
최삼용,. 「古小說에 나타난 星宿의 性格 考察」 『古小說硏究論叢』, 1988.
하문식, 『古朝鮮 地域의 고인돌 硏究』, 백산자료원, 1999.
하문식, 『기전지역의 청동기시대 무덤 연구』, 주류성, 2021.
하문식·김주용, 「고인돌의 덮개돌 운반에 대한 연구」 『韓國上古史學報』 34, 2001.
한규량, 「한국 선돌의 기능 변천에 대한 연구」 『白山學報』 28, 1984.
홍영호·김상태, 「경북 동해안지역의 새로운 구석기 유적」 『한국구석기학보』 3, 2001.
Daniel, G., 1980. "Megalithic Monuments", *Scientific American* 243-1, 1974.
Zingg, T. H., *Beitrage zur schotter analyse*, Schweizer Mineralog U. Petrog Mitt. Bd. 15, 1935.

고대 청송 지역의 역사적 변천과 영역(領域)

김희만 (서강대학교 디지털역사연구소 연구교수)

Ⅰ. 머리말
Ⅱ. 진한(辰韓) 12국의 판도와 청송 지역
Ⅲ. 『삼국사기』 지리지의 '본고구려군현(本高句麗郡縣)'과 청송 지역
Ⅵ. 『삼국사기』 직관지의 '이화혜정(伊火兮停)'과 청송 지역
Ⅴ. 『삼국사기』・『고려사』 지리지의 보성부(甫城府)와 청송 지역
Ⅵ. 맺음말

고대 청송지역의 역사적 변천과 영역(領域)

I. 머리말

  이 글은 고대 청송 지역의 역사적 변천과 영역(領域)을 분석하여 청송 지역에 관한 새로운 역사상을 만들어보고자 기초(起草)한 것이다. 한국 고대 사회를 이해하는데 있어서 겪는 어려움의 원인은 사료의 절대적인 부족 때문이다. 그나마 『삼국사기』와 『삼국유사』 그리고 중국 정사(正史)에 전하는 기록은 고대 사회의 실상을 재구성하기 위한 기초 사료가 된다. 지금까지 이와 같은 사료를 근간으로 해서 한국 고대사 연구에 많은 진척이 이루어졌다. 그러나 이 사료들은 국왕의 거주지였던 수도나 중앙의 역사적 상황에 관하여는 비교적 자세한 정보를 담고 있지만, 지방의 역사적 상황을 전달하는 데는 미흡하다. 사료의 부족을 극복하고 고대 지역사회의 역사를 밝히기 위해서는 새로운 방법론을 모색할 필요가 있다.

  이를 위해 기존의 연구 성과를 충분히 활용함과 동시에, 청송 지역과 연관된 자료를 새롭게 재해석해 볼 것이다. 첫째로, 고대 청송 지역에서 초기 역사 단계의 청송 지역사라고 할 수 있는 진한(辰韓) 12국의 판도를 살펴보려고 한다. 기존의 연구에서는 진한 12국의 면모를 신라사의 전신(前身)인 사로국(斯盧國)의 발전과정을 중심으로 언급해 왔지만, 여기서는 상대적으로 청송 주변 지역을 중심으로 진한 12국의 판도와 그 형상을 추출해 보려고 한다.

  둘째로, 『삼국사기』 지리지에는 고대 청송 지역의 역사적 실상을 파악할 수 있는 자료가 담겨 있다. 지리지의 '신라' 조와 '고구려' 조에서 그 실체를 파악할 수 있는데, 여기서는 『삼국사기』에 등장하는 청송 지역사에 관하여 분석하고 그를 통해 역사적 의미를 규명해 보려고 한다. 특히, 「고구려지」의 내용과 「신라지」의 '본고구려군현(本高句麗郡縣)'이라는 서술 가운데 청송 지역의 녹무현(綠武縣), 진안현(眞安縣), 적선현(積善縣) 등을 어떻게 이해하는 것이 바람직한지 검토하여 볼 것이다.

셋째로, '본고구려군현(本高句麗郡縣)'의 녹무현(綠武縣)에는 '본래 고구려의 이화혜현(伊火兮縣)'이라는 언급이 있다. 그리고 『삼국사기』 직관지에는 이화혜현(伊火兮縣)과 연관된 '이화혜정(伊火兮停)' 관련 기사가 서술되어 있는데, 그 역사적 의미를 살펴보고자 한다. 이와 관련하여 지금까지 10정(停) 및 삼천당(三千幢)에 관한 연구가 주로 진행되었지만, 왜 청송 지역의 이화혜현에 '이화혜정'을 설치했는지 주목하지 않았다. 삼국시대 청송 지역에 설치된 '이화혜정'의 성격을 통해서 청송 지역의 중요성에 주목해 보고자 한다.

넷째로, 고대 청송 지역의 역사상을 재구성하기 위해서는 '보성부(甫城府)'와 관련된 사항을 빠뜨릴 수 없을 것이다. 나말여초에 등장하는 보성부(甫城府) 관계 기사는 의성부(義城府)와 서로 섞여서 나타나므로 그 실체를 파악하는 데 어려움을 주고 있다. 여기서는 먼저 그동안 '보성부'와 관련된 연구의 문제점을 제기하고, '보성부' 관련 자료를 올바로 이해함으로써 고대 청송 지역의 역사적 실상에 다가가 보려고 한다.

이상의 검토를 통해, 전체적으로 볼 때, 비록 청송 지역에 관한 초기의 역사 기록과 삼국시대, 통일신라 그리고 신라말 고려 초까지의 기록이 영성한 것은 사실이지만, 시대의 흐름에 따라 변화하였던 청송 지역의 역사적 실체에 다가감으로써 고대 청송 지역사의 일면을 밝혀볼 수 있을 것이다.

Ⅱ. 진한(辰韓) 12국의 판도와 청송 지역

고대 청송 지역의 역사와 문화를 이해하기 위해서는 당시 그 지역과 관련된 고고학(考古學) 자료나 문헌 자료를 통해서 확인할 수밖에 없다. 그러나 지금까지 확인된 여러 연구 성과에서 이렇다 할 내용을 찾을 수 없는 것은 결국 자료의 부족에서 기인하는 것으로 볼 수 있다.[1]

---

1 서영일, 「신라시대 청송 지역의 역사와 문화」 『신라사학보』 29, 2013에서 청송 지역의 역

한국 고대 사회를 연구하는 데 있어서 중심적인 위치를 차지한 것으로는 삼한(三韓) 사회에 등장하는 여러 소국의 정복과 복속을 통해 강력한 왕권(王權)을 형성하는 대국으로 탄생하게 되며, 그를 중심으로 새로운 고대국가가 성립하는 과정을 주로 연구해왔다.[2] 따라서 연구의 중심은 당연히 고대국가의 성립과정이 주류를 이루었다. 문제는 이러한 연구가 고대국가를 이룩한 고구려, 백제, 신라라는 큰 틀에서의 역사연구는 가능하였지만, 실제 그 안에서 활동하였던 소국(小國)들의 모습을 이해하는 데는 한계가 없지 않았다.

그러나 사료상으로 확인할 수는 없지만, 진한 사회를 구성하는 다양한 소국들은 교통의 편리성, 물산의 집적, 인구의 증가, 도시의 발달이라는 다양한 함수가 작용함으로써 점차 발전하였으며, 그를 계기로 지역 단위체를 형성하였을 것이다. 청송 지역 또한 진한 사회를 구성하였던 지역 중의 하나였을 것이므로, 진한 12국 관련 기록을 중심으로 청송 지역의 초기 역사를 추적해 볼 수 있을 것이다. 다시 말해, 역사의 이면(裏面)에 나타나는 현상을 파악함으로써 고대 청송 지역의 실체에 가까이 접근할 수 있다고 본다.

여기서는 그 대안으로 진국(辰韓) 12국의 판도와 구조를 분석하면서, 그와 함께『삼국사기』의 내항/복속(來降/服屬) 관계 기사와 연계해서 그 실체를 파악하고자 한다. 그것은 이들 자료가 청송 지역의 지역사를 연구하는데 가장 이른 시기의 자료일 뿐만 아니라, 그 지명을 통해서 진한의 역사와 아울러 신라사를 연구하는 데 도움이 되고 있기 때문이다. 이에 힘입어 청송 지역의 실체에 다가가려고 한다.

먼저『삼국사기』와 중국 정사(正史)에 전하는 삼한 사회 관련 자료를 검토하면서, 그를 토대로 진한 12국의 판도와 청송 지역의 역사상을 마련해 보고자 한다. 사로국과 신라사를 중심으로 청송 지역을 바라본 기왕의 연구에서 벗어나, 청송 지역을 중심으로 역으로

사와 문화에 대해서 언급하고 있으며, 관련 자료에 대한 다양한 접근을 시도하고 있다.
[2] 삼한 사회에 관한 연구 성과를 살펴보면, 천관우,「진·변한제국의 위치 시론」『백산학보』 26, 1976 ; 이현혜,『삼한사회형성과정연구』, 일조각, 1984 ; 천관우,『고조선사·삼한사연구』, 일조각, 1989 ; 박대재,「진한 제국의 규모와 정치발전단계」『한국사학보』 2, 1997 ; 최해룡,「진한연맹의 형성과 변천」『대구사학』 53, 1997 ; 문창로,『삼한시대의 읍락과 사회』, 신서원, 2000 ; 노중국 외,『진·변한사연구』, 경상북도·계명대학교 한국학연구원, 2002 ; 전진국,「진한의 범위에 대한 재검토」『한국고대사연구』 91, 2018 ; 남혜민,「삼한 소국 네트워크의 위계 구조와 사로국」『한국고대사연구』 92, 2018 ; 김지현,「진한의 대외교역과 사로국의 성장」『한국고대사연구』 109, 2023 등이 참고된다.

사로국과 신라사를 되짚어보는 작업을 수행하고자 한다. 사로국과 신라국은 한반도 남동쪽에 위치하였으며, 그를 중심으로 해서 부채꼴 모양의 발전과정을 형상화했다면, 여기서는 청송 지역을 중심으로 신라 사회와 어떻게 대응해 왔는지를 살펴보고자 하는 것이다.[3]

이를 위해서, 진한 사회의 형성 과정을 보여주는 자료를 검토하고, 아울러 『삼국사기』 신라본기와 지리지에 보이는 신라사의 내항/복속 관계 기사를 중심으로 고대 청송 지역의 역사를 역으로 추적해보려고 한다. 이를 통해서 청송 지역의 1~4세기의 역사상을 수립해 보려고 한다.

먼저, 진한 12국을 이해하는데 있어서 주요한 사항은 각국의 명칭, 규모, 위치 등 다양한 형태로 인식해왔다. 이들 12국 가운데 사로국이 어떠한 방식으로 발전해 갔으며, 이후 신라국으로 통합되는 과정에 주로 초점이 맞추어졌다. 우선 진한 12국과 연관된 기사를 살펴보자.

> A-1. 이에 앞서 조선(朝鮮)의 유민이 산골짜기 사이에 나누어 살면서 6촌(六村)을 이루고 있었는데, (중략) 이들이 바로 진한(辰韓)의 6부이다.[4]
>
> A-2. 『후한서』에 이르기를, "진한의 늙은이[耆老]들이 스스로 말하기를 '진나라 망명자들이 한국으로 오매 마한이 동쪽 지역 땅을 떼어 주었다. 서로를 부를 때 도(徒)라고 하니, 진나라 말과 비슷하였으므로 혹은 진한(秦韓)으로 이름했다.'라고도 하며 12개의 작은 나라가 있어 각각 1만 호로써 나라를 일컬었다."라고 하였다.[5]
>
> A-3. 진한(辰韓)은 마한(馬韓)의 동쪽에 위치하고 있다. [辰韓의] 노인들은 대대(代代)로 전(傳)해 말하기를, "[우리들은] 옛날의 망명인으로 진(秦)의 고역(苦役)를 피하여 한국(韓國)으로 왔는데, 마한(馬韓)이 그들의 동쪽 땅을 분할하여 우리에게 주었다."라고 하였다. (중략) 지금도 [辰韓을] 진한(秦韓)이라고 부르는 사람이 있다. [辰韓은] 처음에는

---

3 이를 이해하기 위한 하나의 방편으로 조선 후기의 지도와 현재의 구글 지도를 활용해 보았다. [사진 1~5] 참조.
4 『삼국사기』 권1, 신라본기1 시조 혁거세 거서간 1년 조. 先是, 朝鮮遺民分居山谷之間, 爲六村 (中略) 是爲辰韓六部.
5 『삼국유사』 권1, 기이1 진한 조. 後漢書云 "辰韓耆老自言, '秦之亡人來適韓國而馬韓割東界地以與之. 相呼爲徒有似秦語故或名之爲秦韓.' 有十二小國, 各萬戶稱國."

6국이었으나, 차츰 12국으로 나누어졌다.[6]

A-4. 변진(弁辰)도 12국으로 되어 있다. 또 여러 작은 별읍(別邑)이 있어서 제각기 거수(渠帥)가 있다. [그 중에서] 세력이 큰 사람은 신지(臣智)라 하고, 험측(險側)이 있고, 번예(樊濊)가 있고, (殺奚)가 있고, (邑借)가 있다. (중략-國名은 각주 참조) 변한(弁韓)과 진한(辰韓)의 합계가 24국이나 된다. 대국(大國)은 4~5천 가(家)이고, 소국(小國)은 6~7백 가로, 총 4~5만호(萬戶)이다.[7]

사료 A의 기사는 먼저, 『삼국사기』에 전하는 기사를 보면, 조선의 유민이 남쪽으로 내려와 산골짜기에 살았다는 내용을 전하며, 다음에 보이는 『삼국유사』 내용을 보면, 『후한서』를 인용하면서 진한(辰韓)은 진한(秦韓)과 연관이 있으며, "12개의 작은 나라가 각각 1만 호로써 나라를 일컬었다"라고 하였다. 그리고 그다음의 『삼국지』 기사를 보면, 위의 『후한서』의 내용과 큰 차이가 없으나, "[진한은] 처음에는 6국이었으나, 차츰 12국으로 나누어졌다"라는 부분에서 차이를 보여주고 있다.

이를 종합해 보면, 진한이라는 곳에 고조선의 유민이 남쪽으로 내려와 살았으며, 또한 진나라 망명자들도 이곳에 와서 살았는데, 12개의 작은 나라를 이루면서 각각 1만 호의 규모였다고 하였으며, 이들은 처음에는 6국이었으나, 차츰 12국으로 확대되었다는 사실을 알려주고 있다. 이러한 사실은 삼한의 역사를 언급할 때 대국과 소국, 그리고 그 안에 형성되었던 78국을, 다시 이를 마한 54국과 진한과 변한의 각 12국으로 이해하는 토대가 되었다.

한편, 『삼국사기』에 수록된 사로국 또는 신라사 중심의 내항/복속 관계 기사는 다양한 형태로 전승되어 오고 있다. 비록 그 기년(紀年) 문제가 없는 것은 아니지만, 사로국 또는

---

6 『삼국지』 위서 30, 동이전 한 조. 辰韓在馬韓之東, 其耆老傳世, 自言古之亡人避秦役 (中略) 今有名之爲秦韓者. 始有六國, 稍分爲十二國.

7 『삼국지』 위서 30, 동이전 한조. 弁辰亦十二國, 又有諸小別邑, 各有渠帥, 大者名臣智, 其次有險側, 次有樊濊, 次有殺奚, 次有邑借. 有已柢國・不斯國・弁辰彌離彌凍國・弁辰接塗國・勤耆國・難彌離彌凍國・弁辰古資彌凍國・弁辰古淳是國・冉奚國・弁辰半路國・弁[辰]樂奴國・軍彌國(弁軍彌國)・弁辰彌烏邪馬國・如湛國・弁辰甘路國・戶路國・州鮮國(馬延國)・弁辰狗邪國・弁辰走漕馬國・弁辰瀆盧國・斯盧國・斯盧. 弁・辰韓合二十四國, 大國四五千家, 小國六七百家, 總四五萬戶.

신라사 중심으로 구성된 기사를 영남 북부 지역사 중심으로 거꾸로 되돌려서 살펴보면, 새로운 역사상이 드러난다. 이를 위해서『삼국사기』신라본기에 전하는 내용을 참고로 하되, 특히 영남 북부 지역사의 한 축이라고 할 수 있는 '개계립령로(開雞立嶺路)'와 '개죽령(開竹嶺)'의 내용을 주요한 기준으로 삼고자 한다. 청송 지역의 북쪽과 관련된 기사는 사로국 또는 신라사 중심의 역사에서도 중요성이 있지만, 청송을 포함한 영남 북부 지역사에서 북쪽과 남쪽의 교류사와 관련해서 매우 중요한 자료라고 보기 때문이다.

이를 위해서『삼국사기』신라본기에 전하는 사로국 또는 신라사 중심의 내항/복속 관계 기사를 살펴보자.

> B-1. 23년(102) 가을 8월에 음즙벌국(音汁伐國)과 실직곡국(悉直谷國)이 영토를 놓고 다투다가 王에게 와서 결정해 줄 것을 청하였다. (중략) 왕이 분노하여 군사를 일으켜 음즙벌국을 정벌하니, 그 主가 자신의 무리와 함께 스스로 항복하였다. 실직과 압독(押督) 두 나라 왕도 와서 항복하였다.[8]
>
> B-2. 장산군(獐山郡)은 지미왕(祇味王) 때에 압량소국(押梁小國)을 쳐서 취하고 군을 두었다.[9]
>
> B-3. [25년(104)] 가을 7월에 실직(悉直)이 반란을 일으키니, 병사를 출동시켜 토벌하여 평정하고, 남은 무리를 남쪽 변경으로 옮겼다.[10]
>
> B-4. 27년(106) 봄 정월에 압독(押督)에 행차하여 가난하고 곤궁한 자들을 구휼하였다.[11]
>
> B-5. [29년(108) 여름 5월] 병사를 보내어 비지국(比只國), 다벌국(多伐國), 초팔국(草八國)을 정벌하여 병합하였다.[12]
>
> B-6. 나령군(奈靈郡)은 본래 백제 날이군(奈已郡)이었는데[13] 파사왕이 이를 취하였다. 경덕

---

8 『삼국사기』권1, 신라본기1 파사이사금 23년 조. 二十三年, 秋八月, 音汁伐國與悉直谷國爭疆, 詣王請決. (中略) 王怒, 以兵伐音汁伐國, 其主與衆自降. 悉直·押督二國王來降.
9 『삼국사기』권34, 雜志3 지리 신라 조. 獐山郡, 祇味王時, 伐取押梁 一作督·小國, 置郡.
10 『삼국사기』권1, 신라본기1 파사이사금 25년 조. 秋七月, 悉直叛, 發兵討平之, 徙其餘衆於南鄙.
11 『삼국사기』권1, 신라본기1 파사이사금 27년 조. 二十七年, 春正月, 幸押督, 賑貧窮.
12 『삼국사기』권1, 신라본기1 파사이사금 29년 조. 遣兵伐比只國·多伐國·草八國幷之.

왕이 이름을 고쳤다. 지금은 강주(剛州)이다. 영현(領縣)은 2개이다.[14]

B-7. 〔27년(106)〕 가을 8월에 마두성주(馬頭城主)에게 명을 내려 가야(加耶)를 정벌하게 하였다.[15]

B-8. 29년(108) 여름 5월에 홍수가 나서 백성들이 굶주렸다. 사자(使者)를 10개 방면(道)으로 보내 창고를 열어 구제할 곡식을 나누어주게 하였다.[16]

B-9. 13년(146) 겨울 10월에 압독(押督)이 반란을 일으키니, 군사를 출동시켜 토벌하여 평정하였다. 그 남은 무리를 남쪽 지방으로 옮겼다.[17]

위의 사료 B의 기사는 신라의 파사이사금 때인 23년부터 29년에 걸친 내항/복속 관계 기사이다. 이들 기사의 기년(紀年)에 대한 신뢰성 문제는 이미 여러 연구가 제시되고 있지만, 필자는 그 가운데 이들 지역이 경주 인근과 무관치 않다는 점을 지적하고자 한다. 물론 실직곡국(悉直谷國) 또는 실직(悉直)의 위치 비정이나 그 지역성에 관한 견해도 다기(多岐)하지만, 큰 틀에서 볼 때 사로국 또는 신라사의 범주에서 볼 때 부챗살 모양의 형상을 띠고 있는 것도 확인할 수 있다.

그런데 B-7과 B-8은 다소 엉뚱한 면도 없지 않다. 그렇지만 이들 기사 또한 사로국 또는 신라사의 발전상을 그려내는 데 도움이 되는 자료이다. 즉, "마두성주(馬頭城主)에게 명을 내려 가야(加耶)를 정벌"하라고 하였거나, "사자(使者)를 10개 방면(道)으로 보내 창고를 열어 구제할 곡식을 나누어주게 하였다"라는 내용은 어떻게 해석할 것인가 고민이 되는 부분이다. 또한 B-9에 보이는 내용도 의미를 부여할 만하다. 즉, "압독(押督)이 반란을 일으키니, 군사를 출동시켜 토벌하여 평정하였다. 그 남은 무리를 남쪽 지방으로 옮겼다."

---

13 백제의 나이군 관계 사항으로는, 『삼국사기』 권37, 雜志6, 지리, 무진주 조. 武珍州 一云奴只.. 未冬夫里縣, (中略) 奈已郡의 내용을 확인할 수 있다.
14 『삼국사기』 권35, 雜志4, 지리, 신라 조. 奈靈郡, 本百濟奈已郡, 婆娑王取之. 景德王改名. 今剛州. 領縣二.
15 『삼국사기』 권1, 신라본기 1, 파사이사금 27년 조. 秋八月, 命馬頭城主, 伐加耶.
16 『삼국사기』 권1, 신라본기 1, 파사이사금 29년 조. 二十九年, 夏五月, 大水, 民飢. 發使十道, 開倉賑給.
17 『삼국사기』 권1, 신라본기 1, 일성이사금 13년 조. 十三年, 冬十月, 押督叛. 發兵討平之. 徙其餘衆於南地.

라는 내용인데, 이 기사에서 주목되는 부분은 바로 '그 남은 무리를 남쪽 지방으로 옮겼다'라고 한 것이다. 압독에서 반란을 일으키니 이를 평정하여 그 남쪽으로 보냈다고 하는 것은, 아직 북쪽에 대한 영토 확장이 활발하게 이루어지고 있지 않았다는 하나의 반증으로 보아도 좋을 듯하다. 문제는 위와 같은 사료 A의 기사를 어느 시기의 역사적 사실로서 인식할 것인가 하는 문제가 숙제로 남는다.

한편, 파사이사금 때의 다양한 내항/복속 관계 기사에 이어서, 또 다른 기사들이 보인다. 분명 이들 기사는 파사이사금 때의 다양한 내항/복속 기사와는 그 성격이 전혀 달라진다는 점이다. 그와 관련된 몇 개의 사료를 살펴보기로 하자.

C-1. [5년(138)] 겨울 10월에 북쪽으로 순행하여 태백산(太白山)에 친히 제사를 지냈다.[18]
C-2. 3년(156) 여름 4월에 서리가 내렸다. 계립령로(鷄立嶺路)를 개척하였다.[19]
C-3. 5년(158) 봄 3월에 죽령(竹嶺)을 개척하였다. 왜(倭)의 사신이 예물을 가지고 방문하였다.[20]

위의 사료 C의 기사를 살펴보면, "북쪽으로 순행하여 태백산(太白山)에 친히 제사를 지냈다"라거나, "계립령로(鷄立嶺路)를 개척"하거나, "죽령(竹嶺)을 개척"하였다고 하는 내용이다. 이들 기사도 그 기년(紀年)에 문제가 있지만, 앞에서 살펴본 단순한 내항/복속 관계 기사와는 그 성격이 전혀 달라지고 있다는 점을 확인할 수 있다. 다시 말해, 신라가 156년에 계립령을, 158년에는 죽령을 개척했다는 위의 기사는[21] 신라본기의 초기 기록 가운데 신라의 주변 소국 복속 기사 등과 함께 일찍부터 기년 문제가 제기된 바가 있다. 이를 입증할 수 있는 합리적 대안이 없는 상태지만, 그 선후관계를 엿볼 수 있는 기사라고 하겠다.

---

18 『삼국사기』 권1, 신라본기 1, 일성이사금 5년 조. 冬十月, 北巡親祀太白山.
19 『삼국사기』 권2, 신라본기 2, 아달라이사금 3년 조. 三年, 夏四月, 隕霜. 開雞立嶺路.
20 『삼국사기』 권2, 신라본기 2, 아달라이사금 5년 조. 五年, 春三月, 開竹嶺. 倭人來聘.
21 이와 관련하여, 이 사료의 내용 자체에는 잘못이 있을 것으로는 보이지 않으나 紀年은 문제가 있다고 하면서, 이를 3세기 중엽에서 4세기 중엽 사이의 어느 시점에 새롭게 죽령과 계립령을 중요한 국가적인 교통로로 삼았다(주보돈, 『신라 지방통치체제의 정비과정과 촌락』, 신서원, 1998, 29~36쪽)라고 보기도 한다.

아울러 이와 같은 맥락에서 다음에 보이는 기사들은 분명 새로운 사실을 전하고 있는 자료들이다. 앞의 사료 A와 B의 내용과는 사뭇 그 차이를 실감할 수 있을 것이다.

D-1. [2년(185)] 2월에 파진찬 구도(仇道)와 일길찬 구수혜(仇須兮)를 좌·우군주(左·右軍主)로 임명하여 조문국(召文國)을 공격하였다. 군주(軍主)라는 이름이 이때부터 사용되었다.[22]

D-2. 2년(231) 가을 7월에 이찬 우노(于老)를 대장군에 임명하여 감문국(甘文國)을 공격해 격파하고, 그 땅을 [신라의] 군(郡)으로 만들었다.[23]

D-3. 7년(236) 봄 2월에 골벌국왕(骨伐國王) 아음부가 휘하 무리를 거느리고 항복해 왔으므로, 그에게 집과 토지를 하사하여 안치하고, 골벌국 지역을 [신라의] 군(郡)으로 하였다.[24]

D-4. 임천현(臨川縣)은 조분왕 때에 골벌소국(骨伐小國)을 쳐서 얻어서 현(縣)을 두었다. 경덕왕이 이름을 고쳤다. 지금은 영주(永州)에 합하여 속해 있다.[25]

D-5. 첨해왕이 왕위에 있을 때, 옛날부터 우리나라에 속해 있던 사량벌국(沙梁伐國)이 홀연 배반하고 백제에 귀의하였다. 석우로(昔于老)가 병사를 거느리고 가서 토벌하여 그 나라를 멸망시켰다.[26]

D-6. 10년(293) 봄 2월에 사도성(沙道城)을 고쳐 쌓고 [그곳으로] 사벌주(沙伐州)의 호민(豪民) 80여 집을 이주시켰다.[27]

D-7. 이서고국(伊西古國)이 금성을 공격해 왔다. 우리가 많은 병력을 동원해 방어했으나, 물리치지 못하였다.[28]

---

22 『삼국사기』 권2, 신라본기 벌휴이사금 2년 조. 二月, 拜波珍湌仇道·一吉湌仇須兮爲左·右軍主, 伐召文國. 軍主之名, 始於此.
23 『삼국사기』 권2, 신라본기 조분이사금 2년 조. 二年, 秋七月, 以伊湌于老爲大將軍, 討破甘文國, 以其地爲郡.
24 『삼국사기』 권2, 신라본기 조분이사금 7년 조. 七年, 春二月, 骨伐國王阿音夫奉衆來降, 賜第宅·田莊安之, 以其地爲郡.
25 『삼국사기』 권34, 雜志3, 지리, 신라 조. 臨川縣, 助貴王時, 伐得骨伐小國, 置縣. 景德王改名. 今合屬永州.
26 『삼국사기』 권45, 열전 5, 석우로 조. 沾解王在位, 沙梁伐國舊屬我, 忽背而歸百濟. 于老將兵, 往討滅之.
27 『삼국사기』 권2, 신라본기 유례이사금 10년 조. 十年, 春二月, 改築沙道城, 移沙伐州豪民八十餘家.

D-8. 건호(建虎) 18년에 이서국(伊西國)을 정벌해 멸하였고, 이 해에 고구려 군사가 와서 침범하였다.[29]

사료 D의 기사들은 신라의 중앙행정조직에 편제되거나, 또는 신라화라는 지역 편제를 작동하는 과정을 보여주고 있는데, 예를 들면, 〔신라의〕 군(郡), 골벌소국(骨伐小國)을 현(縣), 사벌주(沙伐州)의 호민(豪民) 80여 집 이주, 이서(고)국(伊西(古)國)의 공격과 정벌 등이 그것이다. 앞에서 살펴본 사료 A와 B의 사안과는 차이를 엿볼 수 있는 과정이라고 할 수 있다.

이상에서 살펴본 내용을 알기 쉽게 정리하면 〈표 1〉과 같다.

〈표 1〉『삼국사기』에 보이는 사로국의 복속 활동[30]

순서	소국명	기록 시기	위치 비정	관계/내용	전거	비고
1	音汁伐國	파사 23년(102)	안강(흥해)	정복	本紀 1	
2	悉直(谷)國	파사 23년(102) 파사 25년(104)	삼척	내항 반란/진압	本紀 1	
3	押督國 (押梁國)	파사 23년(102) 일성 13년(146)	경산	내항 반란/진압	本紀 1	지마(112~134) 정복 (地理1, 獐山郡)
4	比只國	파사 29년(108)	창녕	정복	本紀 1	
5	多伐國	파사 29년(108)	대구(?)	정복	本紀 1	
6	草八國	파사 29년(108)	합천	정복	本紀 1	
7	召文國	벌휴 2년(185)	의성	정복	本紀 2	
8	甘文國	조분 2년(231)	김천	정복	本紀 2	列傳5, 昔于老
9	骨伐國	조분 7년(236)	영천	내항	本紀 2	조분 7년 정복 (地理1, 臨川縣)[31]
10	沙(梁)伐國	첨해(247~261)	상주	정복	列傳5, 昔于老	
11	伊西(古)國	유례 14년(297) 이전	청도	정복	本紀 2	노례19년(42)정복. (『三國遺事』 紀異1)

---

28 『삼국사기』 권2, 신라본기 유례이사금 14년 조. 伊西古國來攻金城. 我大擧兵防禦. 不能攘.
29 『삼국유사』 권1, 紀異, 제3 노례왕 조. 建虎十八年伐伊西國滅之. 是年高麗兵來侵.
30 남혜민, 「삼한 소국 네트워크의 위계 구조와 사로국」 『한국고대사연구』 92, 2018, 35쪽의 내용을 참고해서 작성하였다.

위의 〈표 1〉을 살펴보면, 크게 두 시기로 나눌 수 있다. 하나는 파사왕 23년(102), 파사왕 25년(104), 파사왕 29년(108) 등으로 대개 2세기 초반에 해당하는 내용이다. 다른 하나는 벌휴왕 2년(185), 조분왕 2년(231)과 조분왕 7년(236), 그리고 첨해왕 대(247~261)와 유례왕 14년(297) 이전 등으로 대개 2세기 말부터 3세기에 해당하는 내용이다. 이렇게 둘로 나눈 데는 신라를 중심으로 전자가 서남쪽에 해당하는 경산, 창녕, 대구, 합천 지역이라면, 후자는 의성, 김천, 상주 등 서북쪽 지역으로 정복을 단행하고 있는 점을 고려한 것이다. 다시 말해, 신라의 성장과 그에 따른 영토 확보과정의 양상을 읽어볼 수 있는 내용이라는 점이다.

그렇다면 여기서 청송 지역에 관한 사항을 어떻게 이해할 수 있을 것인가? 물론 이에 대한 구체적인 정보를 제공하는 자료는 발견하기가 어렵다. 그러나 청송 지역과 가까이 접하고 있었던 조문국(召文國)의 존재는 의미하는 바 적지 않다. 당시 의성지역에 있었던 조문국은 벌휴왕 2년(185)에 신라에 의해서 복속을 당한다.

이에 대한 기사를 다시 살펴보자.

> D-1. [2년(185)] 2월에 파진찬 구도(仇道)와 일길찬 구수혜(仇須兮)를 좌·우군주(左·右軍主)로 임명하여 조문국(召文國)을 공격하였다. 군주(軍主)라는 이름이 이때부터 사용되었다.[32]

위의 D-1의 기사에서 보듯이, 파진찬 구도(仇道)와 일길찬 구수혜(仇須兮)를 좌·우군주(左·右軍主)로 임명하여 조문국(召文國)을 공격하였으며, 이때부터 군주(軍主)라는 이름이 사용되었을 정도로, 사로국 또는 신라에서 조문국을 공격하는데 대국적인 차원에서 이루어진 결정이었으며, 그로부터 사로국 또는 신라사에서 군주의 활약상을 찾아볼 수 있다. 이처럼 당시 의성지역에 있었던 조문국은 벌휴왕 대에 신라에 의해서 정복을 당하지만, 결

---

31 臨川縣에 해당하는 것을, 남혜민, 위의 논문, 35쪽에서 臨皐郡이라 하였으나, 정확하게는 臨川縣이 맞으므로, 이에 수정한다.
32 『삼국사기』권2, 신라본기 벌휴이사금 2년 조. 二月, 拜波珍湌仇道·一吉湌仇須兮爲左·右軍主, 伐召文國. 軍主之名, 始於此.

코 그 정복이 용이(容易)하지 않았음을 알 수 있다. 청송과 가까운 의성의 조문국의 실상과 비교해 본다면, 청송 지역의 역사상을 이해하는 데 도움이 된다.

요컨대, 고대 청송 지역의 실체를 파악할 수 있는 구체적 자료를 찾기가 쉽지 않은 형편이다. 이를 극복하기 위한 대안으로, 진한 관련 기사와 진한 12국의 판도를 살펴보았으며, 아울러『삼국사기』에 수록된 사로국 또는 신라사 중심의 내항/복속 관계 기사에 주목해 보았다. 이 기사들은 비록 기년상(紀年上) 문제가 없는 것은 아니지만, 사로국 또는 신라사 중심으로 구성된 역사 관계 기사를 거꾸로 된 시각, 곧 영남 북부 지역사, 특히 청송 지역에서 바라본 사로국 또는 신라사를 이해해 보려고 하였다.

Ⅲ.『삼국사기』 지리지의 '본고구려군현(本高句麗郡縣)'과 청송 지역

2장에서는 고대 청송 지역을 이해하기 위한 기초 작업의 성격으로 진한 사회의 구조와 성격, 그리고 사로국 또는 신라사의 접근 방식에서 벗어나 청송 지역 중심의 역사상을 마련해 보려고 하였다. 이 장에서는『삼국사기』 지리지에 보이는 '본고구려군현(本高句麗郡縣)' 이라는 기록에 주목해 보고자 하는데, 그것은 여기에 청송 지역의 지명인 녹무현(綠武縣), 진안현(眞安縣), 적선현(積善縣) 등이 포함되어 있기 때문이다.[33]

『삼국사기』 권35, 잡지4 지리2 신라 조에 보이는 곡성군과 야성군에는 '본고구려군현 (本高句麗郡縣)'이라는 기사가 보인다. 아울러『삼국사기』 권37, 잡지6 지리4 고구려 조에는 신라 조와는 다르게, 조람군(助攬郡), 청이현(靑已縣), 이화혜현(伊火兮縣)에 대한 기록이 수록되어 있다. 이들 항목에 대한 차이점이 어디서 발생했으며, 각각의 구성 요소는 어떻게 이해하는 것이 바람직한 지 등에 대해서 살펴보려고 한다.

먼저,『삼국사기』 권35, 잡지4 지리2 신라 조에 보이는 곡성군과 야성군에 대한 기록부터 살펴보자.[34]

---

33 이 장에서 사용하는 '本高句麗郡縣'을 구체적으로 이해하기 위한 하나의 방편으로『삼국사기』지리지의 내용을 활용해 보았다. [사진 6] 참조.
34 曲城郡과 野城郡에 대한 기록이 담겨 있는『삼국사기』지리지의 내용을 활용해 보았다. [사

E-1. 곡성군(曲城郡)은 본래 고구려 굴화군(屈火郡)이었는데, 경덕왕이 이름을 고쳤다. 지금의 임하군(臨河郡)이다. 영현(領縣)은 1개이다.

E-2. 녹무현(綠武縣)은 한편 재(梓)라고 쓴다.[35] 본래 고구려의 이화혜현(伊火兮縣)이었는데, 경덕왕이 이름을 고쳤다. 지금의 안덕현(安德縣)이다.[36]

E-3. 야성군(野城郡)은 본래 고구려 야시홀군(也尸忽郡)이었는데, 경덕왕이 이름을 고쳤다. 지금의 영덕군(盈德郡)이다. 영현(領縣)은 2개이다.

E-4. 진안현(眞安縣)은 본래 고구려의 조람현(助欖縣)이었는데, 경덕왕이 이름을 고쳤다. 지금의 보성부(甫城府)이다.

E-5. 적선현(積善縣)은 본래 고구려의 청이현(靑已縣)이었는데,[37] 경덕왕이 이름을 고쳤다.

[진 7] 참조.

[35] 『삼국사기』 권35, 雜志 4, 지리 2, 신라 曲城郡 조에 보면, "綠武縣 한편 椽이라고 쓴다"라고 기재되어 있어서 지금까지 이를 緣武縣으로 지칭해 왔다. 그러나 이는 『삼국사기』의 판본을 刻字하면서 생긴 오류임이 분명하다. 다시 말해, 緣武縣이 아니라 綠武縣인데, 緣 자와 綠 자가 비슷한 관계로 誤刻한 것이다. 이는 뒤에서 살펴볼 10정의 경덕왕 대 改名 내용을 보면 이해가 가능할 것이다. 또한 細註에 보이는 "한편 椽이라고 쓴다"에서도 글자체를 자세히 보면 梓 자에 가깝다. 따라서 이 글에서는 비록 緣武縣으로 표시가 되었더라도 綠武縣이 사실에 가깝다는 점을 인지하면서 논지를 전개하고자 한다. 이와 유사한 내용 가운데 같은 지리지에 "靑正縣은 본래 백제의 古良夫里縣이었는데, 경덕왕이 이름을 고쳤다. 지금의 靑陽縣이다"라는 구절에서, 靑正縣으로 표기가 되어 있지만, 실상 이것도 靑武縣이 사실에 가깝다. 여기서 正 자도 武 자의 誤刻인데, 그것은 武 자의 避諱에서 빚어진 결과물이다. [사진 8] 참조.

[36] 『삼국사기』 권35, 雜志 4, 지리 2, 신라 조. 曲城郡, 本高句麗屈火郡, 景德王改名. 今臨河郡. 領縣一. 緣 一作椽 武縣, 本高句麗伊火兮縣, 景德王改名. 今安德縣.

[37] 『삼국사기』 권35, 雜志 4, 지리 2, 신라 野城郡 조에 보면, 靑已縣이라고 기재되어 있어서 지금까지 이를 靑已縣으로 지칭해 왔다. 그런데 靑已縣에서 己 자와 근 자는 『삼국사기』의 판본을 刻字하면서 생긴 오류일 수도 있을 것이다. 『삼국사기』와 『고려사』에는 靑巳縣이라고 기재되어 있는 곳도 찾아진다. 이 글에서는 『삼국사기』의 판본에 따라 靑已縣이라는 명칭을 사용하려고 한다.
그런 연유 가운데 중요한 사료가 확인되는데, 그것은 바로 『삼국유사』 권3, 제4 탑상, 낙산이대성 관음 정취 조신(洛山二大聖 觀音 正趣 調信) 조에 보이는 다음과 같은 구절이다. "溟州 㮌李郡 按地理志, 溟州無㮌李郡 唯有㮌城郡, 本㮌生郡今寧越. 又牛首州領縣有㮌靈郡, 本㮌已郡今剛州. 牛首州今春州. 今言㮌李郡 未知孰是"라는 내용에서 주목되는 것은 '今言㮌李郡'에서 '李'라는 부분이다. 다시 말해, 『삼국유사』가 찬술된 고려 후기에 㮌郡은 㮌李郡으로 읽히고 있었다는 방증이 된다. 후대의 식견으로 이를 다른 음으로 읽어내려고 하는 것은

지금의 청부현(靑鳧縣)이다.[38]

위의 자료 E의 원문에 의하면, '본고구려군현(本高句麗郡縣)'으로 기재되어 있다. E-1의 기록에 보이는 임하군(臨河郡)은 현재의 안동시 임하면을 지칭하는 것으로 볼 때, 청송 지역하고는 차이가 있다. E-2의 기록에 보이는 녹무현(綠武縣)은 청송군 안덕면을 지칭하고 있다. 이를 근거로 볼 때, 『삼국사기』 지리지를 편찬할 때는 위의 두 지역이 같은 행정 구역으로 묶여 있었음을 확인할 수 있다. 다시 말해, 임하군(臨河郡)의 영현인 녹무현(綠武縣)은 청송을 중심으로 서북쪽의 행정 구역이라고 할 수 있다.

자료 E-3에는 또 다른 내용이 보인다. E-3에 보이는 야성군(野城郡)은 현재의 영덕군 영덕읍을 지칭하는 것으로 볼 때, 청송 지역하고는 차이가 있다. E-4의 진안현(眞安縣)은 청송군 진보면을 지칭하고 있다. E-5의 적선현(積善縣)은 청송군 청송읍을 지칭하고 있다. 이로써 볼 때, E-3의 야성군은 영덕읍을 지칭한다고 본다면 청송 지역하고는 차이가 있다. 그렇지만 E-4의 진안현과 E-5의 적선현은 청송 지역이다. 이를 근거로 볼 때, 『삼국사기』 지리지를 편찬할 때는 위의 두 지역이 같은 행정 구역으로 묶여 있었음을 알 수 있다. 다시 말해, 영덕군의 영현인 진안현과 적선현은 청송을 중심으로 동북쪽의 행정 구역이라고 할 수 있다.

그런데 『삼국사기』 권37, 잡지6 지리4 고구려 조에는 위와는 다른 내용이 전하고 있다. 그것은 조람군(助攬郡), 청이현(靑已縣), 이화혜현(伊火兮縣)[39]에 대한 기록이며, 이들 내용은 「고구려지」를 중심으로 작성한 것으로 본다. 이를 구체적으로 살펴보자.

아무래도 이치에 합당하지 않다. 다만 '靑己縣'에서 '己' 자가 "城의 古訓「기」의 音借"라고 하였는데(신태현, 『삼국사기 지리지의 연구』, 우종사, 1958, 70쪽), 그 근거가 무엇인지 알 수가 없으므로, 이에 대해서는 추후 다른 연구를 기다리는 것으로 대신한다. [사진 9] 참조.

38 『삼국사기』 권35, 雜志4 지리2 신라 조. 野城郡, 本高句麗也尸忽郡, 景德王改名. 今盈德郡. 領縣二. 眞安縣, 本高句麗助攬縣, 景德王改名. 今甫城府. 積善縣, 本高句麗靑己縣, 景德王改名. 今靑鳧縣.

39 『삼국사기』에는 '伊火兮縣'을 '伊伐兮停'으로 잘못 판각하거나, 조선 후기의 鑄字本에서는 '倂火兮縣'으로 잘못 판각한 사례가 보인다. [사진 10] 참조.

F. 하슬라주(何瑟羅州) 하서량(河西良)이라고도 하고 하서(河西)라고도 한다. 내매현(乃買縣), 동토현(東吐縣), 지산현(支山縣), 혈산현(穴山縣), 수성군(𣵠城郡)가아홀(加阿忽)이라고도 한다., 승산현(僧山縣) 소물달(所勿達)이라고도 한다., 익현현(翼峴縣) 이문현(伊文縣)이라고도 한다., 달홀(達忽), 저수혈현(猪𣵠穴縣) 오사압(烏斯押)이라고도 한다., 평진현현(平珍峴縣) 평진파의(平珍波衣)라고도 한다., 도림현(道臨縣) 조을포(助乙浦)라고도 한다., 휴양군(休壤郡) 김뇌(金惱)라고도 한다., 습비곡(習比谷) 탄(呑)이라고도 한다., 토상현(吐上縣), 기연현(岐淵縣), 곡포현(鵠浦縣) 고의포(古衣浦)라고도 한다., 죽현현(竹峴縣) 내생어(奈生於)라고도 한다., 만약현(滿若縣) 만혜(沔兮)라고도 한다., 파리현(波利縣), 우진야군(于珍也郡), 파차현(波旦縣) 파풍(波豐)이라고도 한다., 야시홀군(也尸忽郡), 조람군(助攬郡) 재람(才攬)이라고도 한다., 청이현(青已縣), 굴화현(屈火縣), 이화혜현(伊火兮縣), 우시군(于尸郡), 아혜현(阿兮縣), 실직군(悉直郡) 사직(史[40]直)이라고도 한다., 우곡현(羽谷縣). 이상은 고구려의 주·군·현으로 모두 164곳이다. 그 신라에서 고친 이름과 지금[고려]의 이름은 「신라지(新羅志)」에서 볼 수 있다.[41]

다소 장황하지만, 위의 사료 F의 기사를 모두 채록한 것은 청송 지역에 해당하는 '본고구려군현(本高句麗郡縣)'의 위치와 그 명칭을 자세히 살펴보고자 했기 때문이다. 다시 말해, 하슬라주에 설치된 청송 지역의 지명이 '본고구려군현'에는 어떠한 체제로 편성되어 있으며, 그 내용은 무엇인지 확인해 보고자 하였기 때문이다.

이를 위해 하슬라주에 소속된 '주·군·현'의 내용을 알기 쉽게 정리하면 〈표 2〉와 같다.

---

40 『삼국사기』 권37, 잡지6 지리4 고구려 조 판본에 의하면, 사직(史直)으로 되어 있지만, 이는 실(失) 자의 오각으로 판단하여 이를 고쳤다.

41 『삼국사기』 권37, 雜志6 지리4 고구려 조. 何瑟羅州 一云河西良, 一云河西.. 乃買縣, 東吐縣, 支山縣, 穴山縣, 𣵠城郡 一云加阿忽., 僧山縣 一云所勿達., 翼峴縣 一云伊文縣., 達忽, 猪𣵠穴縣 一云烏斯押., 平珍峴縣 一云平珍波衣., 道臨縣 一云助乙浦., 休壤郡 一云金惱., 習比谷 一作呑., 吐上縣, 岐淵縣, 鵠浦縣 一云古衣浦., 竹峴縣 一云奈生於., 滿若縣 一云沔兮., 波利縣, 于珍也郡, 波旦縣 一云波豐., 也尸忽郡, 助攬郡 一云才攬., 青已縣, 屈火縣, 伊火兮縣, 于尸郡, 阿兮縣, 悉直郡 一云失直., 羽谷縣. 右高勾麗州郡縣, 共一百六十四. 其新羅改名及今名, 見新羅志.

〈표 2〉 하슬라주(何瑟羅州)의 주·군·현 편성 내용

주·군·현 명칭	異表記 명칭	비 고
하슬라주(何瑟羅州)	河西良이라고도 하고, 河西라고도 한다.	
내매현(乃買縣)		
동토현(東吐縣)		
지산현(支山縣)		
혈산현(穴山縣)		
수성군(㲱城郡)	加阿忽이라고도 한다.	
승산현(僧山縣)	所勿達이라고도 한다.	
익현현(翼峴縣)	伊文縣이라고도 한다.	
달홀(達忽)		
저수혈현(猪㲱穴縣)	烏斯押이라고도 한다.	
평진현현(平珍峴縣)	平珍波衣라고도 한다.	
도림현(道臨縣)	助乙浦라고도 한다.	
휴양군(休壤郡)	金惱라고도 한다.	이상은 고구려의 주·군·현으로 모두 164곳이다. (右高勾麗州郡縣, 共一百六十四) 그 신라에서 고친 이름과 지금 [고려]의 이름은 「新羅志」에서 볼 수 있다. (其新羅改名及今名, 見新羅志)
습비곡(習比谷)	呑이라고도 한다.	
토상현(吐上縣)		
기연현(岐淵縣)		
곡포현(鵠浦縣)	古衣浦라고도 한다.	
죽현현(竹峴縣)	奈生於라고도 한다.	
만약현(滿若縣)	沔兮라고도 한다.	
파리현(波利縣)		
우진야군(于珍也郡)		
파차현(波且縣)	波豐이라고도 한다.	
야시홀군(也尸忽郡)		
조람군(助攬郡)	才攬이라고도 한다.	
청이현(青已縣)		
굴화현(屈火縣)		
이화혜현(伊火兮縣)		
우시군(于尸郡)		
아혜현(阿兮縣)		
실직군(悉直郡)	失直이라고도 한다.	
우곡현(羽谷縣)		

위의 〈표 2〉를 자세히 살펴보면, 고구려의 주·군·현 체제 아래 청송 지역과 관련된 지명은 야시홀군(也尸忽郡) 밑에 조람군(助攬郡)과 청이현(靑已縣)이 기재되어 있으며, 굴화현(屈火縣) 다음에 이화혜현(伊火兮縣)이 나란히 기재되었다. 이러한 내용은 앞에서 살펴본 『삼국사기』 권35, 잡지4 지리2, 신라 조에 보이는 곡성군과 야성군의 내용과 차이를 발견할 수 있다. 위의 내용이 『삼국사기』 신라 조에는 어떻게 서술되어 있는지 비교하기 위하여 '본 고구려군현'의 내용을 알기 쉽게 정리하면 〈표 3〉과 같다.

〈표 3〉 명주(溟州)의 주·군·현 편성 내용

주·군·현 명칭	'本高句麗郡縣' 명칭	비고
명주(溟州)	本高句麗河西良 一作何瑟羅, 後屬新羅	賈耽古今郡國志云, "今新羅北界溟州, 蓋濊之古國." 前史以扶餘爲濊地, 蓋誤. 善德王時爲小京, 置仕臣. 太宗王五年, 唐顯慶三年, 以何瑟羅地連靺鞨, 罷京爲州, 置軍主以鎭之. 景德王十六年, 改爲溟州. 今因之. 領縣四
정선현(旌善縣)	本高句麗仍買縣, 景德王改名. 今因之	
속一作棟제현(梀隄縣)	本高句麗束吐縣, 景德王改名. 今未詳	
지산현(支山縣)	本高句麗縣, 景德王因之. 今連谷縣	
동산현(洞山縣)	本高句麗穴山縣, 景德王改名. 今因之	
곡성군(曲城郡)	本高句麗屈火郡, 景德王改名. 臨河郡	領縣一
녹一作梓무현(綠武縣)	本高句麗伊火兮縣, 景德王改名. 今安德縣	
야성군(野城郡)	本高句麗也尸忽郡, 景德王改名. 今盈德郡	領縣二
진안현(眞安縣)	本高句麗助攬縣, 景德王改名. 甫城府	
적선현(積善縣)	本高句麗靑已縣, 景德王改名. 靑鳧縣	
유린군(有鄰郡)	本高句麗于尸郡, 景德王改名. 今禮州.	領縣一
해아현(海阿縣)	本高句麗阿兮縣, 景德王改名. 淸河縣	
울진군(蔚珍郡)	本高句麗于珍也縣, 景德王改名. 今因之	
해곡一作西현(海曲縣)	本高句麗波旦縣, 景德王改名. 今未詳	領縣一
나성군(奈城郡)	本高句麗奈生郡, 景德王改名. 今寧越郡	領縣三
자춘현(子春縣)	本高句麗乙阿旦縣景德王改名. 今永春縣	
백오현(白烏縣)	本高句麗郁烏縣景德王改名. 今乎昌縣	
주천현(酒泉縣)	本高句麗酒淵縣, 景德王改名. 今因之	

삼척군(三陟郡)	本悉直國, 婆娑王世來降.	智證王六年, 梁天監四年爲州, 以異斯夫爲軍主. 景德王改名. 今因之. 領縣四
죽령현(竹嶺縣)	本高句麗竹峴縣, 景德王改名. 今未詳	
만경一作鄉현(滿頭縣)	本高句麗滿若縣, 景德王改名. 今未詳	
우계현(羽谿縣)	本高句麗羽谷縣, 景德王改名. 今因之	
해리현(海利縣)	本高句麗波利縣, 景德王改名. 今未詳	
수성군(守城郡)	本高句麗㐶城郡, 景德王改名. 今杆城縣	領縣二
동산현(童山縣)	本高句麗僧山縣, 景德王改名. 今烈山縣	
익령현(翼嶺縣)	本高句麗翼峴縣, 景德王改名. 今因之	
고성군(高城郡)	本高句麗達忽.	眞興王二十九年爲州, 置軍主. 景德王改名. 今因之. 領縣二
환가현(豢猳縣)	本高句麗猪𨚖穴縣, 景德王改名. 今因之	
편험현(偏嶮縣)	本高句麗平珍峴縣, 景德王改名. 今雲巖縣	
금양군(金壤郡)	本高句麗休壤郡, 景德王改名. 今因之	領縣五
습계현(習谿縣)	本高句麗習比谷縣, 景德王改名. 今歙谷縣	
제상현(隄上縣)	本高句麗吐上縣, 景德王改名. 今碧山縣	
임도현(臨道縣)	本高句麗道臨縣, 景德王改名. 今因之	
파천현(派川縣)	本高句麗改淵縣, 景德王改名. 今因之	
학포현(鶴浦縣)	本高句麗鵠浦縣, 景德王改名. 今因之	

위의 〈표 2〉를 보면, 여기에는 '본고구려군현'이라는 내용이 전혀 기재되어 있지 않다. 다만 "이상은 고구려의 주·군·현으로 모두 164곳이다. 그 신라에서 고친 이름과 지금고려의 이름은 「신라지」에서 볼 수 있다"라고 표현함으로써 164개 고구려의 주·군·현 명칭을 기록해 놓으면서 아울러 신라와 고려의 명칭은 「신라지」에서 볼 수 있다고 하였다. 그렇다면 「고구려지」와 「신라지」에서는 어떠한 변화를 살펴볼 수 있는지를 파악하기 위해서 위의 〈표 3〉을 만들어본 것이다.

이를 통해서 볼 때, 분명 그 차이를 실감할 수 있다. 특히, 「고구려지」에 서술된 하슬라주에 대한 표현을 보면, "하서량(河西良)이라고도 하고, 하서(河西)라고도 한다"라고 기재하고 있는데, 「신라지」에 서술된 내용을 보면, "명주(溟州)는 본래 고구려의 하서량(河西良) 한편 하슬라(何瑟羅)라고 쓴다. 인데, 후에는 신라에 속하였다"라고 기재되어 있다. 이로써 명주가 고구려의 하슬라였으며, 나중에 신라에 복속되었음을 파악할 수가 있다. 이러한 측면을 고려한다면, 앞의 〈표 2〉에 보이는 「고구려지」의 내용이 시간상 앞선 고구려의 주·군·현이 설치되었던 사실을 반영하고 있음을 확인하는 동시에, 뒤의 〈표 3〉에 보이는 내용은 신라통일 이후부터 고려 때까지의 변화를 수록한 내용임을 파악할 수 있게 된다.

필자는 『삼국사기』 지리지에 전하는 내용을 크게 둘로 나눈다면, 전자는 광개토왕 대나 장수왕 대의 역사적 사실이 반영된 것이며,[42] 후자는 신라의 삼국통일 이후 9주의 설치와 밀접한 관련이 있다고 보고 싶다. 물론 이러한 기록이 전하는 것은 『삼국사기』 편찬자가 어느 시점을 기준으로 해서 이를 일괄 작성, 편찬하였을 것으로 보인다. 또한 「고구려지」의 서술 순서에 맞춰서 「신라지」 또한 그렇게 작성되고 있으며,[43] 이들 자료를 통해서 그 과정을 확인할 수 있다는데 그 의미가 깊다.[44]

그렇다면 위의 두 〈표 2〉와 〈표 3〉에서 새롭게 확인할 수 있는 것으로는, 앞의 「고구려

---

[42] 『삼국사기』 지리지의 '本高句麗郡縣' 기사를 역사적 사실의 반영이 아니라 통일 이후 신라가 '一統三韓'이라는 관념 의식을 현실에서 구현하기 위해 전국을 9州로 재편하면서 의도적으로 부회한 산물로 보는 견해(이인철, 『고구려의 대외정복 연구』, 백산자료원, 2000 ; 강종훈, 「5세기 후반 고구려와 신라의 국경선」 『한국 고대 사국의 국경선』, 서경문화사, 2008 ; 박현숙, 「5~6세기 삼국의 접경에 대한 역사지리적 접근」 『한국고대사연구』 58, 2010 ; 박성현, 「5~6세기 고구려·신라의 경계와 그 양상」 『역사와 현실』 82, 2011 ; 윤경진, 「『삼국사기』 지리지 수록 군현의 삼국 분속」 『한국사학보』 47, 2012)가 있다. 그러나 중요한 것은 신라가 통일 이후 전국을 9州로 재편하면서 신라사 전개 과정에 결코 도움이 되지 않는 고구려 郡縣 관련 내용을 굳이 '本高句麗郡縣' 기사라고 하면서까지 지리지에 편성할 어떤 필요성도 찾아지지 않는다. 따라서 이는 『삼국사기』 지리지의 편찬자가 당시까지 존재했던 '本高句麗郡縣' 기사를 중심으로 지리지에 수록한 것이라 보는 것이 합리적이다.
반면 이를 긍정적으로 보는 견해(김현숙, 「4~6세기경 소백산맥 이동지역의 영역향방-삼국사기 지리지의 경북지역 '高句麗郡縣'을 중심으로-」 『한국고대사연구』 26, 2002 ; 임기환, 「고구려·신라의 한강유역 경영과 서울」 『서울학연구』 18, 2002 ; 임기환, 「『삼국사기』 지리지에 나타난 고구려 군현의 성격」 『한성백제사』 2, 서울특별시시편찬위원회, 2008 ; 장창은, 「『삼국사기』 지리지 '高句麗故地'의 이해방향」 『한국학논총』 33, 2010 ; 장창은, 「4~5세기 고구려의 남하와 삼국의 영역향방-『삼국사기』 지리지 '高句麗故地'의 실제(Ⅰ)」 『한국학논총』 34, 2010)도 다양하다.

[43] 이에 대한 논거로는, "이상은 고구려의 주·군·현으로 모두 164곳이다. 그 신라에서 고친 이름과 지금[고려]의 이름은 「신라지」에서 볼 수 있다(右高勾麗州郡縣, 共一百六十四. 其新羅改名及今名, 見新羅志)"라고 한 대목에서 이를 추정할 수 있다.

[44] 임기환, 「『삼국사기』 지리지에 나타난 고구려 군현의 성격」 『한성백제사』 2, 서울특별시시편찬위원회, 363쪽.

지」에 서술된 내용과 뒤의 「신라지」에 서술된 내용 사이에 어떠한 변화가 있었는지를 살펴볼 수 있게 되었다. 이는 지금까지 단순하고 평면적으로 이해해온 「고구려지」와 「신라지」의 변화상을 검토할 수 있을 뿐만 아니라, 그 가운데 포함하고 있는 새로운 신라 주·군·현의 변화상을 검토할 수 있는 계기로 작용한다는 점에서, 위의 〈표 2〉와 〈표 3〉은 시사하는 바 크다고 할 수 있다.[45]

실제 청송 지역이 위치한 영남 북부 지역에서 '본고구려군현'은 4개 군, 곡성군, 야성군, 유린군, 울진군이며, 5개 현, 녹무현, 진안현, 적선현, 해아현, 해곡현 등이다. 특히, 청송 지역은 곡성군과 야성군에 포함되어 있으며, 그 가운데 녹무현, 진안현, 적선현이 그에 해당한다. 이와 같은 내용을 「고구려지」에서 찾아보면, 조람군(助攬郡), 청이현(青已縣), 이화혜현(伊火兮縣) 등을 통해 확인할 수 있다. 이 지역이 일찍이 고구려의 군현이 설치되었다는 사실은 청송 지역의 역사와 문화를 이해하는데 하나의 시금석(試金石)으로 작용할 것이다. 하나는 고구려의 선진문화를 빠른 시기에 접촉, 수용할 수 있었다는 징표가 될 것이며, 다른 하나는 신라에서 그 이점(利點)을 계승해서 '이화혜정(伊火兮停)'을 설치하고 있다는 점에서, 청송 지역의 군사사학사적(軍事史學史的) 의의 또한 매우 높다고 하겠다.

이상에서 언급한 내용을 알기 쉽게 정리하면 〈표 4〉와 같다.

〈표 4〉『삼국사기』 지리지의 영남 북부 '본고구려군현(本高句麗郡縣)'의 내용[46]

소속주	신라지		'本高句麗郡縣'	고구려지(이칭)	현재 지명
	郡	縣			
朔州 (牛首州)	奈靈郡		奈已郡		영주시
		善谷縣	買谷縣	買谷縣	안동시 도산면, 예안면
		玉馬縣	古斯馬縣	古斯馬縣	봉화군
	岌山郡		及伐山郡	及伐山郡	영주시 순흥면
		隣豊縣	伊伐支縣	伊伐支縣(自伐支)	영주시 풍기읍

---

45 사실 이 부분을 다루면서 궁금한 것은, 왜 하필 「신라지」에서는 '本高句麗郡縣'의 내용이 3州에 해당하는 漢山州, 牛首州, 何瑟羅州에만 표현되어 있는지 하는 점이다. 이 부분에 대해서는 추후 다루어 볼 예정이다.
46 장병진, 「5세기 고구려의 영남 북부 지역 지배에 관한 새로운 접근-영남 북부 '本 高句麗 郡縣' 기록의 이해-」『고구려발해연구』 72, 2022, 112쪽의 내용을 참고해서 작성하였다.

溟州 (河瑟羅州)	曲城郡	屈火郡	屈火縣	안동시 임하면
	綠武縣	伊火兮縣	伊火兮縣	청송군 안덕면
	野城郡	也尸忽郡	也尸忽郡	영덕군 영덕읍
	眞安縣	助攬縣	助攬郡(才攬)	청송군 진보면
	積善縣	靑己縣	靑己縣	청송군 청송읍
	有鄰郡	于尸郡	于尸郡	영덕군 영해면
	海阿縣	阿兮縣	阿兮縣	포항시(영일) 청하면
	蔚珍郡	于珍也郡	于珍也郡	울진군 울진읍
	海曲縣	波旦縣	波旦縣(波豊)	울진군 원남면

위의 〈표 4〉를 살펴보면, 영남 북부에서 '본고구려군현'의 형태를 띠고 있는 지역은 영주, 안동, 봉화, 청송, 영덕, 포항과 울진 일대에 해당한다. 청송 지역을 중심으로 북쪽과 동쪽 지역에 놓여 있다. 이들 지역이 『삼국사기』 지리지에서 '본고구려군현'으로 편재되고 있는 것은 고구려와 신라의 관계성과 무관하지 않다고 할 수 있다. 특히, 청송 지역은 녹무현, 진안현, 적선현 등 다른 지역과 비교해서 차지하는 비중은 적지 않다. 그 이유는 무엇일까가 궁금해진다.

요컨대, 『삼국사기』 지리지에서 '본고구려군현'으로 서술된 내용을 통해 볼 때, 삼국시대 당시 각국의 군현 편제는 영역 위주가 아니라 거점 위주로 편성되었을 것이다. 따라서 청송 지역의 '본고구려군현', 즉 현재 청송군의 옛 지역인 이화혜현은 고구려가 신라로 향할 수 있는 경주 서북쪽의 요충지였고, 조람현과 청이현은 경주 동북쪽의 요충지였다는 점을 확인시켜준다.

Ⅵ. 『삼국사기』 직관지의 '이화혜정(伊火兮停)'과 청송 지역

앞 장에서 살펴본 바와 같이, 『삼국사기』 지리지에는 청송 지역과 연관된 지명으로 세 지역을 찾을 수 있다. 그 가운데 사료 A-2의 기록에 보이는 녹무현(綠武縣)은 본래 고구려의 이화혜현이라는 단서가 달려 있다. 고대 청송 지역을 알려주는 또 다른 기록이 『삼국사기』 직관지에 보이는 이화혜현과 관련된 '이화혜정(伊火兮停)'이며, 이에 주목해 보려고 한다.

먼저, 『삼국사기』 직관지에 보이는 '이화혜정'과 관련된 기사를 살펴보자. 그 가운데 '이화혜정'의 성격을 잘 보여주는 기사로는, 10정이라고 서술된 부분에서의 '이화혜정'이라고 할 수 있다.

> G. 십정(十停). 혹은 삼천당(三千幢)이라고도 이른다. 첫째는 음리화정(音里火停), 둘째는 고량부리정(古良夫里停), 셋째는 거사물정(居斯勿停)으로 금장은 청색(靑色)이다. 넷째는 참량화정(參良火停), 다섯째는 소참정(召參停), 여섯째는 미다부리정(未多夫里停)으로 금장은 흑색(黑色)이다. 일곱째는 남천정(南川停), 여덟째는 골내근정(骨乃斤停)으로 금장은 황색(黃色)이다. 아홉째는 벌력천정(伐力川停), 열째는 이화혜정(伊火兮停)으로 금장은 녹색(綠色)이다. 모두 진흥왕 5년(544)에 두었다.[47]

위의 사료 G의 기사를 살펴보면, 10정은 크게 넷으로 구분되는데, 그것은 금색(衿色)에 따라 청색(靑色), 흑색(黑色), 황색(黃色), 녹색(綠色) 등으로 나누어진다. 이 기사에서 관심의 대상이 되는 부분은 끝부분에 서술된 '병진흥왕오년치('並眞興王五年置')의 내용이다. 이러한 사실을 확인하기 위해서는 각 정(停)의 설치 시기와 연관된 내용을 찾아보는 것이 합리적이다. 이를 알기 쉽게 정리하면 〈표 5〉와 같다.

〈표 5〉 10정 군단의 소재지[48]

순서	10정	지리지 지명	경덕왕대 改名	고려 지명	현재 지명
1	音里火停	音里火縣	尙州 靑驍縣	靑理縣	경북 상주군 청리면
2	古良夫里停	古良夫里縣(百濟)	熊州 任城郡 靑武縣	靑陽縣	충남 청양군 청양면
3	居斯勿停	居斯勿縣(百濟)	全州 任實郡 靑雄縣	巨寧縣	전북 남원군 산동면

---

47 『삼국사기』 권40, 雜志 9, 武官 조. 十停 或云三千幢. 一曰音里火停, 二曰古良夫里停, 三曰居斯勿停, 衿色靑. 四曰參良火停, 五曰召參停, 六曰未多夫里停, 衿色黑. 七曰南川停, 八曰骨乃斤停, 衿色黃. 九曰伐力川停, 十曰伊火兮停, 衿色綠. 並眞興王五年置.
48 이문기, 『신라병제사연구』, 1997, 일조각, 144쪽의 내용을 참고해서 작성하였다.

4	參良火停	推(三)良火縣	良州 火王郡 玄驍縣	玄豊縣	경북 달성군 현풍면
5	召參停	召三縣	康州 咸安郡 玄武縣	召彡部曲	경남 함안군 죽남면
6	未多夫里停	未冬夫里縣(百濟)	武州 玄雄縣	南平郡	전남 나주군 남평면
7	南川停	南川縣(高句麗)	漢州 黃武縣	利川縣	경기 이천군 이천면
8	骨乃斤停	骨乃斤縣(高句麗)	漢州 沂川郡 黃驍縣	黃驪縣	경기 여주군 여주면
9	伐力川停	伐力川縣(高句麗)	朔州 綠驍縣	洪川縣	강원 홍천군 홍천면
10	伊火兮停	伊火兮縣(高句麗)	溟州 曲城郡 綠武縣	安德縣	경북 청송군 안덕면

위의 〈표 5〉에서 보면, 지리지의 명칭에서 백제로 표시된 내용이 셋인데, 고량부리정(古良夫里停), 거사물정(居斯勿停), 미다부리정(未多夫里停) 등이며, 고구려로 표시된 내용이 넷인데, 남천정(南川停), 골내근정(骨乃斤停), 벌력천정(伐力川停), 이화혜정(伊火兮停) 등이며, 신라와 관련된 지역, 즉 음리화정(音里火停), 참량화정(參良火停), 소참정(召參停) 등이었음을 확인할 수 있다.[49]

이 10정에 대해서 좀 더 자세히 그 내용을 살펴보자면, 두 부분으로 나누어 볼 필요가 있다. 하나는 10정에 대한 다른 표기를 확인할 수 있는데, 그것은 10당(幢)의 표현이다.

> H. 모든 군사의 칭호는 23개이다. 첫째는 육정(六停), 둘째는 구서당(九誓幢), 셋째는 십당(十幢), 넷째는 오주서(五州誓), 다섯째는 삼무당(三武幢), 여섯째는 계금당(罽衿幢), 일곱째는 급당(急幢), 여덟째는 사천당(四千幢), 아홉째는 경오종당(京五種幢), 열째는 이절말당(二節末幢), 열한째는 만보당(萬步幢), 열두째는 대장척당(大匠尺幢), 열셋째는 군사당(軍師幢), 열넷째는 중당(仲幢), 열다섯째는 백관당(百官幢), 열여섯째는 사설당(四設幢), 열일곱째는 개지극당(皆知戟幢), 열여덟째는 삼십구여갑당(三十九餘甲幢), 열아홉째는 (仇七幢), 스무째는 이계(二罽), 스물한째는 이궁(二弓), 스물두째는 삼변수(三邊守), 스물셋째는 신삼천당(新三千幢)이다.[50]

---

49 伊火兮停의 의미를 자세히 살펴보기 위한 하나의 방편으로 『삼국사기』 지리지의 6停 관련 내용을 활용해 보았다. [사진 11] 참조.

50 『삼국사기』 권40, 雜志9 武官 조. 凡軍號二十三. 一曰六停, 二曰九誓幢, 三曰十幢, 四曰五州誓, 五曰三武幢, 六曰罽衿幢, 七曰急幢, 八曰四千幢, 九曰京五種幢, 十曰二節末幢, 十一曰萬步幢, 十二曰大匠尺幢, 十三曰軍師幢, 十四曰仲幢, 十五曰百官幢, 十六曰四設幢, 十七曰皆知

위의 내용 가운데 셋째는 십당(十幢)이라고 하는 것인데, 이 10당(幢)이라고 하는 표현과 10정이라는 표기는 분명 같은 듯하지만 다르다. 이를 뒷받침해 주는 표현을 찾아볼 수 있는데 10정 아래에 세주(細註)로 '혹운삼천당(或云三千幢)'이라는 내용이 바로 그것이다. 10정(停)을 10당(幢)으로도 사용하였으며, 또한 삼천당(三千幢)의 당(幢)으로도 표현하였다는 것으로 이해한다. 이는 정(停)과 당(幢)이라는 표현이 어느 시기에 변화를 보였음을 알려주는 내용이라고 판단된다. 그렇다면 그 시기는 언제쯤으로 볼 수 있을까. 이를 알려주는 단서가 있는데, 그것은 10정의 서술 끝부분에 기재된 '병진흥왕오년치(並眞興王五年置)'의 내용으로 보고 싶다. 다시 말해, 위의 10정의 설치 시기를 살펴보면, '병진흥왕오년치'에 부합하는 사항을 찾기가 쉽지 않다.

여기서 다시 다른 방법을 통해서 그 실체에 접근해 보고자 한다. 우선 정(停)의 개념에 대해서『삼국사기』지리지의 편찬자는 다음과 같은 세주(細註)에서 그 의미를 전달하고 있다.

> I. 제군관(諸軍官). 장군(將軍)은 모두 36명이다. 대당(大幢)을 관장하는 것은 4명이고, 귀당(貴幢) 4명, 한산정(漢山停) 신라인은 영(營)을 정(停)이라 하였다. 3명, 완산정(完山停) 3명, 하서정(河西停) 2명, 우수정(牛首停) 2명이다.

위의 기사를 보면, 대당(大幢)과 귀당(貴幢)에 이어서 '한산정(漢山停) 신라인은 영(營)을 정(停)이라 하였다'를 언급하면서 세주(細註)를 통해서 "신라인은 영을 정이라 하였다"라고 표기하고 있다. 이는 다시 말하자면 당시의 군영[營]을 정(停)이라고 불렀다는 것인데, 여기서 중요한 부분은 대당(大幢)과 귀당(貴幢)은 당시로서는 정(停)에 포함되지 않고 있다는 점이다. 다시 말하자면, 대당과 귀당의 설치시기나 그 장군의 구성 인원을 따져 볼 때 차이가 있다는 점이다. 이를 조금 더 자세히 접근해 보자면, 다음의 6정 관계 기사는 어느 정도 정과 당의 차이에 대해서 도움이 될 수 있을 것이다.

戟幢, 十八日三十九餘甲幢, 十九日仇七幢, 二十日二罽, 二十一日二弓, 二十二日三邊守, 二十三日新三千幢.

J. 6정(六停). 첫째는 대당(大幢)이다. 진흥왕 5년(544)에 처음 두었고 금색은 자백(紫白)이다. 둘째는 상주정(上州停)이다. 진흥왕 13년(552)에 두었다. 문무왕 13년(673)에 귀당(貴幢)으로 고쳤다. 금색은 청적(靑赤)이다.

셋째는 한산정(漢山停)이다. 본래 신주정(新州停)이었는데, 진흥왕 29년(568)에 신주정(新州停)을 없애고 남천정(南川停)을 설치했다. 진평왕 26년(604)에 남천정(南川停)을 없애고 한산정(漢山停)을 두었다. 금색은 황청(黃靑)이다.

넷째는 우수정(牛首停)이다. 본래 비열홀정(比烈忽停)이었는데, 문무왕 13년(673)에 비열홀정(比烈忽停)을 없애고 우수정(牛首停)을 설치했다. 금색은 녹백(綠白)이다.

다섯째는 하서정(河西停)이다. 본래 실직정(悉直停)이었는데, 태종왕 5년(658)에 실직정(悉直停)을 없애고 하서정(河西停)을 두었다. 금색은 녹백(綠白)이다.

여섯째는 완산정(完山停)이다. 본래 하주정(下州停)이었는데, 신문왕 5년(685)에 하주정을 없애고 완산정(完山停)을 두었다. 금색은 백자(白紫)이다.

위의 기사 가운데 6정에서 첫째는 대당(大幢)이라고 하였으며, 그 설치 시기를 진흥왕 5년(544)이라고 명기하고 있다. 이러한 시기는 앞에서 살펴본 10정의 끝부분에 기재된 그 설치 시기와 같다. 문제는 6정이라고 하면서 그 첫째가 대당이라고 하였으므로, 6정 가운데 대당의 의미는 중요한 요소임에 틀림이 없다. 이와 유사한 사례가 있으므로, 그 기사를 살펴보자.

K. 구서당(九誓幢). 첫째는 녹금서당(綠衿誓幢)이다. 진평왕 5년(583)에 처음 두었는데, 다만 서당(誓幢)이라고만 하였다. (진평왕) 35년(613)에 녹금서당(綠衿誓幢)으로 고쳤다. 금색은 녹자(綠紫)이다.

둘째는 자금서당(紫衿誓幢)이다. 진평왕 47년(625)에 낭당(郎幢)을 처음 설치하였다. 문무왕 17년(677)에 자금서당(紫衿誓幢)으로 고쳤다. 금색은 자록(紫綠)이다.

위의 기사는 구서당(九誓幢)을 설명하는 내용인데, 그 가운데 서당(誓幢)과 낭당(郎幢)이 보인다. 진평왕 5년(583)과 진평왕 47년(625)에는 그냥 서당과 낭당으로 사용하다가 그 후 녹금서당(綠衿誓幢)과 자금서당(紫衿誓幢)으로 고쳤다는 것이다. 이를 보면 9서당 가운데 초기에 신설된 서당과 랑당은 간단한 명칭으로 사용되다가, 점차 9서당 체제에 맞는 녹금서당과 자금서당 등으로 틀을 만들어 갔다고 볼 수 있다. 이를 통해서 보면 10정이라고 하는 용어에서도 10당이 사용되었으며, 다시 세주(細註)를 통해서 삼천당(三千幢)이라는 용어가 부가된 것은 정과 당의 변화과정을 보여주는 실례라고 보인다. 필자는 10정의 끝부분에 서술된 '병진흥왕오년치(並眞興王五年置)'의 내용을 긍정적으로 해석해 보고자 한다. 그것은 앞에서도 언급한 바와 같이, 6정과 9서당 그리고 10정의 각각의 설치 시기가 다르지만, 6정의 대당(大幢)이 진흥왕 5년(544)에 처음 두었고, 10정에 부가된 '병진흥왕오년치'의 내용은 긍정적인 접근이 가능하다고 본다. 비록 10정의 모든 사항이 '병진흥왕오년치'라는 사안에 연결될 수 없을지라도, 그 가운데 어느 부분은 그에 해당할 수 있다고 보고 싶다.

그렇다면 이를 증빙할 수 있는 자료를 찾아보자. 그런데 위의 기사 가운데 청송 지역과 연관된 내용으로 '이화혜정(伊火兮停)'이 보인다. 따라서 청송 지역에 대한 이해를 심화시키기 위해서는 이 '이화혜정'에 대한 위치 비정과 아울러 진흥왕 5년에 설치되었다고 하는 사실에 대한 여부에 접근할 필요성이 제기된다.

여기서 주목되는 것이 『삼국사기』 권37, 잡지6 지리4 고구려 조의 조람군(助攬郡), 청이현(青已縣), 이화혜현(伊火兮縣)에 대한 기록이다. 앞에서 살펴보았듯이, 이들 지명은 고대 청송 지역을 나타내는 것으로, 그 가운데 이화혜현에 대한 기록은 중시되어도 좋다고 본다. 그것은 이 지명이 그대로 신라의 군관조직에 사용되고 있기 때문이다. 이에 대해서 좀 더 자세히 살펴보기 위해서 해당 지명과 연관된 군관조직을 검토해 보기로 하자.

첫째로, 대대감 영마병(隊大監 領馬兵)[51], (소감) 영기병((少監) 領騎兵)[52], (화척) 영기병(火尺 領騎兵)[53]에는 모두 '이화혜정(伊火兮停)'이 포함되어 있다. 따라서 이를 기(마)병(騎(馬)兵) 부대

---

51 『삼국사기』 권40, 雜志 9, 武官 조. 隊大監. 領馬兵, 闕衿一人, 音里火停一人, 古良夫里停一人, 居斯勿停一人, 參良火停一人, 召參停一人, 未多夫里停一人, 南川停一人, 骨乃斤停一人, 伐力川停一人, 伊火兮停一人, 綠衿幢三人, 紫衿幢三人, 白衿幢三人, 黃衿幢三人, 黑衿幢三人, 碧衿幢三人, 赤衿幢三人, 靑衿幢三人, 菁州誓一人, 漢山州誓一人, 完山州誓一人.
52 『삼국사기』 권40, 雜志 9, 武官 조. 領騎兵, 音里火停二人, 古良夫里停二人, 居斯勿停二人, 參良火停二人, 召參停二人, 未多夫里停二人, 南川停二人, 骨乃斤停二人, 伐力川停二人, 伊火兮停二人, 緋衿幢三人, 碧衿幢六人, 綠衿幢六人, 白衿幢六人, 黃衿幢六人, 黑衿幢六人, 紫衿幢六人, 赤衿幢六人, 靑衿幢六人, 闕衿幢一人, 菁州誓三人, 漢山州誓三人, 完山州誓三人.
53 『삼국사기』 권40, 雜志 9, 武官 조. 闕衿七人, 音里火停二人, 古良夫里停二人, 居斯勿停二人,

라 지칭하면서 이와 연관된 내용을 살펴보기로 한다. 위의 기사 내용을 보면, 대대감(隊大監) 영마병(領馬兵)에서는 계금(罽衿)이 10정 앞에 1인으로 기재되어 있다. 이러한 형식은 (화척) 영기병에서도 볼 수 있다. 이것이 무슨 의미인지 검토의 대상이 될 수 있다. 다음으로, (소감) 영기병에서는 10정이 나열되고 이어서 다른 금당(衿幢)이 6인인데 비해서 비금당(緋衿幢)이 3인, 계금당(罽衿幢)이 1인으로 서술되어 있다. 이에 대한 검토도 필요하다. 그리고 (화척) 영기병에서는 계금이 10정 앞에 7인으로 기재되어 나타나고 있다. 다시 말해, 10정 앞에 계금이 1인과 7인, 또는 10정 뒤에 비금당(緋衿幢)이 3인, 계금당(罽衿幢)이 1인으로 서술된 연유가 궁금하게 된다. 이에 대한 검토가 요망된다. 이상의 내용을 알기 쉽게 정리하면 〈표 6〉과 같다.

〈표 6〉 영기(마)병(領騎(馬)兵)의 구성과 인원

순서	領騎(馬)兵 지명	領騎(馬)兵 통솔자 인원수			비고
		隊大監	少監	火尺	
1	계금(罽衿)	1인		7인	隊大監 領馬兵
2	음리화정(音里火停)	1인	2인	2인	(少監) 領騎兵
3	고량부리정(古良夫里停)	1인	2인	2인	(火尺) 領騎兵
4	거사물정(居斯勿停)	1인	2인	2인	
5	삼량화정(參良火停)	1인	2인	2인	
6	소삼정(召參停)	1인	2인	2인	
7	미다부리정(未多夫里停)	1인	2인	2인	
8	남천정(南川停)	1인	2인	2인	
9	골내근정(骨乃斤停)	1인	2인	2인	
10	벌력천정(伐力川停)	1인	2인	2인	
11	이화혜정(伊火兮停)	1인	2인	2인	
12	비금당(緋衿幢)		3인		
13	벽금당(碧衿幢)	3인	6인	6인	
14	녹금당(綠衿幢)	3인	6인	6인	
15	백금당(白衿幢)	3인	6인	6인	

參良火停二人, 召參停二人, 未多夫里停二人, 南川停二人, 骨乃斤停二人, 伐力川停二人, 伊火兮停二人, 碧衿幢六人, 綠衿幢六人, 白衿幢六人, 黃衿幢六人, 黑衿幢六人, 紫衿幢六人, 赤衿幢六人, 青衿幢六人, 菁州誓二人, 漢山州誓二人, 完山州誓二人, 領騎兵.

16	황금당(黃衿幢)	3인	6인	6인	
17	흑금당(黑衿幢)	3인	6인	6인	
18	자금당(紫衿幢)	3인	6인	6인	
19	적금당(赤衿幢)	3인	6인	6인	
20	청금당(靑衿幢)	3인	6인	6인	
21	계금당(罽衿幢)		1인		
22	청주서(菁州誓)	1인	3인	2인	
23	한산주서(漢山州誓)	1인	3인	2인	
24	완산주서(完山州誓)	1인	3인	2인	
합계		38인	81인	81인	

위의 〈표 6〉을 통해서 확인할 수 있는 것은, 대대감은 10정의 바로 위에 계금이 있는데, 대대감은 1인으로, 어떤 연유인지는 몰라도 비금당 3인은 구성에서 빠지며, 계금당은 계금이 대신함으로써 빠지게 된다. 소감은 계금이 빠진 대신 계금당 1인이 기재되어 있다. 그리고 아래에는 비금당 3인이 소감에만 수록되어 있다. 화척은 첫머리에 계금(罽衿) 7인이 기재되어 있으며, 대신 계금당은 빠져 있다. 이것은 당시 화척 영기병(領騎兵)의 구성에 작은 변수가 발생한 것으로 볼 수 있다.

또한 위의 〈표 6〉을 통해서 파악할 수 있는 것은, 크게 세 가지가 있는데, 첫째는 10정(停), 둘째는 당명(幢名), 셋째는 서명(誓名)이다. 이 가운데 청주서, 한산주서, 완산주서는 오주서(五州誓)에 포함되는 내용이다. 이들 오주서는 위에서 살펴본 대대감(隊大監) 영마병(領馬兵), (소감) 영기병(少監 領騎兵), (화척) 영기병((火尺) 領騎兵) 등의 설치시기의 하한을 이해하는 데 도움이 된다. 관련 자료를 제시해 보면,

> L. 오주서(五州誓). 첫째는 청주서(菁州誓), 둘째는 완산주서(完山州誓), 셋째는 한산주서(漢山州誓)로 금색은 자록(紫綠)이다. 넷째는 우수주서(牛首州誓), 다섯째는 하서주서(河西州誓)로 금색은 녹자(綠紫)이다. 모두 문무왕 12년에 두었다.[54]

---

54 『삼국사기』 권40, 雜志 9, 武官 조. 五州誓. 一曰菁州誓, 二曰完山州誓, 三曰漢山州誓, 衿色紫綠. 四曰牛首州誓, 五曰河西州誓, 衿色綠紫. 竝文武王十二年置.

위의 기사에서 마지막 문장에 '병문무왕십이년치(並文武王十二年置)'라고 하여, 문무왕 12년(672)에 설치되었음을 알 수 있다. 따라서 대대감 영마병, (소감) 영기병, (화척) 영기병 등의 설치 시기의 하한으로 추정할 수 있는 하나의 단서를 확인할 수가 있다.

다음으로 주목할 수 있는 것으로, 군관조직에 해당하는 삼천당주(三千幢主), 삼천감(三千監), 삼천졸(三千卒)의 구성과 인원 및 자격 요건에 대해서 살펴보자. 먼저, 삼천당주와 삼천감의 기사에 대해서 살펴보고, 이어서 삼천졸의 내용도 아울러 검토해 보자.

> M-1. 삼천당주(三千幢主). 음리화정(音里火停)에 6명, 고량부리정(古良夫里停)에 6명, 거사물정(居斯勿停)에 6명, 참량화정(參良火停)에 6명, 소참정(召參停)에 6명, 미다부리정(未多夫里停)에 6명, 남천정(南川停)에 6명, 골내근정(骨乃斤停)에 6명, 벌력천정(伐力川停)에 6명, 이벌혜정(伊伐兮停)에 6명이다. 모두 60명으로 착금(著衿)하였다. 관등이 사지(舍知)로부터 사찬(沙湌)까지인 사람을 임명한다.[55]
>
> M-2. 삼천감(三千監). 음리화정(音里火停) 6명, 고량부리정(古良夫里停) 6명, 거사물정(居斯勿停) 6명, 참량화정(參良火停) 6명, 소참정(召參停) 6명, 미다부리정(未多夫里停) 6명, 남천정(南川停) 6명, 골내근정(骨乃斤停) 6명, 벌력천정(伐力川停) 6명, 이화혜정(伊火兮停) 6명이다. 모두 60명이며 착금(著衿)하였다. 관등이 (사지)로부터 대나마(大奈麻)까지인 사람을 임명한다.[56]

사료 M의 기사를 살펴보면, 삼천당주(三千幢主)와 삼천감(三千監)의 인원은 모두 60명씩 구성되어 있으며, 다만 자격 요건이 '사지(舍知)로부터 사찬(沙湌)'과 '사지(舍知)로부터 대나마(大奈麻)'라고 되어 있으므로, 구성원 사이에 관등에서 차이를 보일 뿐이다. 이상의 내용을 알기 쉽게 정리하면 〈표 7〉과 같다.

---

55 『삼국사기』 권40, 雜志 9, 武官 조. 三千幢主. 音里火停六人, 古良夫里停六人, 居斯勿停六人, 參良火停六人, 召參停六人, 未多夫里停六人, 南川停六人, 骨乃斤停六人, 伐力川停六人, 伊伐兮停六人. 共六十人, 著衿. 位自舍知至沙湌爲之.

56 『삼국사기』 권40, 雜志 9, 武官 조. 三千監. 音里火停六人, 古良夫里停六人, 居斯勿停六人, 參良火停六人, 召參停六人, 未多夫里停六人, 南川停六人, 骨乃斤停六人, 伐力川停六人, 伊火兮停六人. 共六十人, 著衿. 位自舍知至大奈麻爲之.

〈표 7〉 삼천당주·삼천감(三千幢主·三千監)의 구성과 인원

순서	삼천당주·삼천감의 구성	인원		비고
		삼천당주	삼천감	
1	음리화정(音里火停)[57]	6인	6인	
2	고량부리정(古良夫里停)	6인	6인	
3	거사물정(居斯勿停)	6인	6인	
4	삼량화정(參良火停)	6인	6인	※三千幢主 : 著衿 位自舍知至沙湌爲之
5	소삼정(召參停)	6인	6인	
6	미다부리정(未多夫里停)	6인	6인	
7	남천정(南川停)[58]	6인	6인	※三千監 : 著衿 位自舍知至大奈麻爲之
8	골내근정(骨乃斤停)	6인	6인	
8	벌력천정(伐力川停)	6인	6인	
10	이화혜정(伊火兮停)[59]	6인	6인	
합계		60인	60인	

다음으로, 삼천졸(三千卒)의 구성 인원과 자격 요건을 살펴보자. 이와 관련된 자료를 보면, 위의 기사와는 다소 차이가 있음을 알 수 있다.

N. 삼천졸(三千卒)은 150명이다. 관등이 대내마(大奈麻) 이하인 사람을 임명한다.[60]

이처럼 간단하게 구성 인원은 150명이며, 자격 요건은 '대내마(大奈麻) 이하인 사람'으로 규정하고 있다. 따라서 150명의 인원을 각 정에 10명씩 두었다고 하는 것인지 알 수 없지만, 그리 추정해도 좋을 듯한데, 자격 요건은 '대내마 이하인 사람'으로 규정하고 있

---

57 『삼국사기』 권40, 雜志 9, 武官 조의 삼천당주에는 '音里水停'이라 하여, 火가 아닌 水로 표기되어 있다.
58 『삼국사기』 권40, 雜志 9, 武官 조의 삼천당주에는 '南州停'이라 하여, 川이 아닌 州로 표기되어 있다.
59 『삼국사기』 권40, 雜志 9, 武官 조의 삼천당주에는 '伊伐兮停'이라 하여, 火가 아닌 伐로 표기되어 있다. 또한 『삼국사기』鑄字本, 學習院大學 東洋文化硏究所, 1986, 299쪽에서는 '倂火兮縣'으로 고쳐서 판각하고 있다. 이는 '伊' 자를 잘못 판독해서 발생한 오류라고 할 수 있다. 판각의 중요성을 보여주는 실례라고 하겠다. [사진 10] 참조.
60 『삼국사기』 권40, 雜志 9, 武官 조. 三千卒百五十人. 位自大奈麻已下爲之.

으므로 그 이하가 어디까지인지는 자세히 알 수 없다. 그러나 삼천졸의 자격 요건에서 하한선을 누락하고 있지만, 졸(卒)의 관등을 언급한 사례가 있으므로 참고된다. 그것은 시위부(侍衛府)의 졸에 관한 규정인데, "졸은 117명으로 관등은 선저지(先沮知)로부터 대사(大舍)까지로 삼았다"라는 내용이 이를 보완해 준다. 졸의 하한선이 선저지로, 이는 17관등에 해당하는 조위(造位)라는 사실을 확인할 수 있게 된다.

이에 더하여 주목되는 것으로 삼천졸의 인원이 150명이라는 점이다. '삼천(三千)'이라는 수식어로 인해 마치 3,000명을 추상할 수 있지만, 이러한 기재를 통해 그럴 개연성은 없다고 본다. 삼천졸의 구성 인원으로 삼천당주 6인, 삼천감 6인 그리고 삼천졸 15명으로 구성된 10정의 면모를 이해할 수 있게 되었다. 다시 말해, 전체 구성원은 삼천당주와 삼천감이 120명이고, 삼천졸은 150명이므로 합해서 270명이라는 사실을 파악할 수 있다. 따라서 그 가운데 하나인 '이화혜정(伊火兮停)'의 구성 인원은 27명이라는 사실도 인지하게 된다. 이상의 내용을 알기 쉽게 정리하면 〈표 8〉과 같다.

〈표 8〉 10정의 군관조직

10停名	隊大監	少監	火尺	三千幢主	三千監	三千卒
音里火停	1인	2인	2인	6인	6인	15인
古良夫里停	1인	2인	2인	6인	6인	15인
居斯勿停	1인	2인	2인	6인	6인	15인
參良火停	1인	2인	2인	6인	6인	15인
召參停	1인	2인	2인	6인	6인	15인
未多夫里停	1인	2인	2인	6인	6인	15인
南川停	1인	2인	2인	6인	6인	15인
骨乃斤停	1인	2인	2인	6인	6인	15인
伐力川停	1인	2인	2인	6인	6인	15인
伊火兮停	1인	2인	2인	6인	6인	15인

다음으로, 10정을 이해하는데 있어서 중요한 사항은 이들 각 정이 동시에 설치되었느냐 하는 점일 것이다. 그 끝부분에 붙어 있는 "모두 진흥왕 5년(544)에 두었다"라는 기사를 그대로 따른다면, 이들을 같은 시기에 설치된 것으로도 볼 수 있겠지만, 그러한 설정 자체

에 의문이 없지는 않다. 또한 10정의 역할에 대한 논의도 주목된다. 신삼천당(新三千幢)과 연관하여 이를 구삼천당으로 보는 견해가 있는데, 이에 대해서는 재고의 여지가 있다고 본다. 그것은 신삼천당과 구삼천당의 위치나 설치 시기 등으로 볼 때, 이것은 선후관계라 기보다는 보완관계로 이해하는 것이 타당하다고 보이기 때문이다.

> O. 신삼천당(新三千幢). 한편 외삼천(外三千)이라고도 이른다. 첫째는 우수주삼천당(牛首州三千幢) 이고, 둘째는 내토군삼천당(奈吐郡三千幢)으로 문무왕 12년에 두었다. 셋째는 내생군삼 천당(奈生郡三千幢)으로 (문무왕) 16년에 두었다. 금색은 알 수 없다.[61]

위의 기사를 살펴보면, 신삼천당(新三千幢)은 외삼천(당)(外三千(幢))으로도 볼 수 있으며, 각기 우수주삼천당(牛首州三千幢), 내토군삼천당(奈吐郡三千幢), 내생군삼천당(奈生郡三千幢) 등인데, 문무왕 12년(672)과 16년(676)에 설치되었다. 현재의 춘천과 제천 및 영월로 비정되는 지역에 설치한 신삼천당(新三千幢)은 구삼천당으로 치환되는 요소는 아니라고 본다. 그것은 당시 신라 사회에서 문무왕 12년과 16년 사이에 여러 군사 조직에 변화가 보이고 있기 때문이다. 예를 들면, 문무왕 13년(673)에 6정에서 상주정과 우수정이 설치되거나, 문무왕 12년(672)에 9서당의 백금서당을 백제민으로 당(幢)을 만들거나 비금서당에 장창당(長槍幢)을 처음 설치하였으며, 문무왕 17년(677)에는 낭당(郎幢)을 자금서당으로 고쳤다. 이러한 일련의 상황을 본다면, 앞에서 언급한 신삼천당(新三千幢)은 새로운 군사 조직의 편성이라고 볼 수 있다. 이는 아마도 당(唐)과의 전쟁이 끝난 후 그 여진(餘震)에 대비하려는 움직이라고도 할 수 있을 것이다.

또 하나 참고되는 것은, 「고선사 서당화상비(高仙寺 誓幢和上碑)」에 보이는 '음리화삼천 당주급찬고김□전('音里火三千幢主級湌高金□鐫')'의 내용이다. '음리화삼천당주(音里火三千幢主)'에 대해서 주목하여 그 내용 분석이 이루어졌으나, 필자는 여기서 관심을 지니는 부분은 이 비문의 건립 연대일 것이다. 대개 신라 애장왕대(800~808)로 보고 있는데, 이를 보면,

---

61 『삼국사기』 권40, 雜志 9, 武官 조. 新三千幢 一云外三千. 一曰牛首州三千幢, 二曰奈吐郡三千幢, 文武王十二年置. 三曰奈生郡三千幢, 十六年置. 衿色未詳.

'음리화삼천당주'가 이 시기까지 활동하고 있음을 보여주는 내용이라는 것이다. 삼천당과 신삼천당의 관계를 이해하는 잣대로서 중요한 내용이다.

위 〈표 8〉의 10정 군관조직을 살펴보면, 대대감, 소감, 화척으로 이루어진 조직과 삼천당주, 삼천감, 삼천졸로 이루어진 조직으로 구성되어 있다. 각 정의 구성 인원이 같은 점으로 보아 10정의 우열을 찾아보기는 어렵다. 그런데 대대감, 소감, 화척으로 이루어진 조직은 그 구성 인원이 적은 데 반해서, 삼천당주, 삼천감, 삼천졸로 이루어진 조직은 구성 인원에 있어서 많은 인원수를 볼 수가 있다. 이는 앞에서 살펴본 바와 같이, 전자가 기(마)병(騎馬兵)으로 이루어진 조직이라면, 후자는 보병(步兵)으로 이루어진 조직이라는 면에서 차이를 보인다.

이러한 이해를 돕기 위해서 앞에서 살펴본 영기(마)병(領騎(馬)兵)의 군관조직과 구분되는 영보병(領步兵)의 군관조직에 대해서도 살펴볼 필요가 있다. 그것은 '이화혜정(伊火兮停)'이 소속된 10정의 구성이 영기(마)병의 군관조직이었기 때문이다. 이와 비교를 위해서 영보병(領步兵)의 군관조직에 대해서도 자료의 검토를 통해서 그 차이점을 파악하고자 한다. 그 구성 내용을 살펴보면, 대대감(隊大監) 영보병(領步兵)[62], 소감(少監) 영보병[63], 화척(火尺) 영보병[64] 등이다.

위의 기사 내용을 보면 영보병 부대의 구성과 인원을 통해서 볼 때, 그 구성은 크게 6정(停), 금당(衿幢), 주서(州誓) 및 무당(武幢) 등으로 이루어졌으며, 6정에서는 대당(大幢), 한산정(漢山停), 귀당(貴幢), 우수정(牛首停), 완산정(完山停) 등이 주축을 이루고 있으며, 금당(衿

---

[62] 『삼국사기』 권40, 雜志 9, 武官 조. (隊大監) 領步兵, 大幢三人, 漢山停三人, 貴幢二人, 牛首停二人, 完山停二人, 碧衿幢二人, 綠衿幢二人, 白衿幢二人, 黃衿幢二人, 黑衿幢二人, 紫衿幢二人, 赤衿幢二人, 靑衿幢二人, 緋衿幢四人, 共七十人, 並著衿. 位自奈麻至阿湌爲之.

[63] 『삼국사기』 권40, 雜志 9, 武官 조. (少監) 領步兵, 大幢六人, 漢山停六人, 貴幢四人, 牛首停四人, 完山停四人, 碧衿幢四人, 錄衿幢四人, 白衿幢四人, 黃衿幢四人, 黑衿幢四人, 紫衿幢四人, 赤衿幢四人, 靑衿幢四人, 緋衿幢八人, 菁州誓九人, 漢山州誓九人, 完山州誓九人. 共三百七十二人, 六停無衿, 此外皆著衿. 位自大舍已下爲之.

[64] 『삼국사기』 권40, 雜志 9, 武官 조. (火尺) 大幢六人, 漢山停六人, 貴幢四人, 牛首停四人, 完山停四人, 碧衿幢四人, 錄衿幢四人, 白衿幢四人, 黃衿幢四人, 黑衿幢四人, 紫衿幢四人, 赤衿幢四人, 靑衿幢四人, 緋衿幢八人, 白衿武幢八人, 赤衿武幢八人, 黃衿武幢八人, 領步兵. 共三百四十二人, 位與少監同.

幢의 인원에서 차이가 발생하는 것으로 비금당(緋衿幢)이 해당한다는 점을 파악할 수 있다. 그리고 영보병 부대의 구성에서 위의 영기(마)병(領騎(馬)兵) 부대의 구성과 다른 점은 백금무당(白衿武幢), 적금무당(赤衿武幢), 황금무당(黃衿武幢) 등 3무당(武幢)이 등장한다는 점이다. 이상에서 언급한 내용을 알기 쉽게 정리하면 〈표 9〉와 같다.

〈표 9〉 영보병(領步兵)의 구성과 인원

일련번호	부대명	領騎兵 통솔자 인원수			비고
		隊大監	少監	火尺	
1	대당(大幢)	3인	6인	6인	
2	한산정(漢山停)	3인	6인	6인	
3	귀당(貴幢)	2인	4인	4인	
4	우수정(牛首停)	2인	4인	4인	
5	완산정(完山停)	2인	4인	4인	※ 隊大監 共七十人, 並著衿. 位自奈麻至阿湌爲之
6	벽금당(碧衿幢)	2인	4인	4인	
7	녹금당(綠衿幢)	2인	4인	4인	
8	백금당(白衿幢)	2인	4인	4인	
9	황금당(黃衿幢)	2인	4인	4인	※ 少監 共三百七十二人, 六停無衿, 此外皆著衿. 位自大舍已下爲之.
10	흑금당(黑衿幢)	2인	4인	4인	
11	자금당(紫衿幢)	2인	4인	4인	
12	적금당(赤衿幢)	2인	4인	4인	
13	청금당(靑衿幢)	2인	4인	4인	
14	비금당(緋衿幢)	4인	8인	8인	※ 火尺 領步兵. 共三百四十二人, 位與少監同.
15	청주서(菁州誓)		9인		
16	한산주서(漢山州誓)		9인		
17	완산주서(完山州誓)		9인		
18	백금무당(白衿武幢)			8인	
19	적금무당(赤衿武幢)			8인	
20	황금무당(黃衿武幢)			8인	
합계		32인	91인	88인	

이상에서 '이화혜정('伊火兮停')'이 소속된 〈표 6〉의 내용으로 볼 때, 영기(마)병(領騎(馬)兵)의 군관조직이었음을 확인할 수 있었으며, 상대적으로 〈표 9〉의 영보병의 군관조직과는 차이가 있었음을 파악할 수 있었다. 특히, 〈표 6〉의 10정 군관조직과 〈표 9〉의 6정 군관조직의 구성체제는 앞으로 연구 대상이 될 수 있다는 점을 확인하는 계기가 되었다. 또한 〈표 9〉의 백금무당(白衿武幢)(문무왕 5년, 675) 적금무당(赤衿武幢)(신문왕 7년, 687), 황금무당(黃衿武幢)(신문왕 9년, 689) 등 3무당(武幢)의 신설과 운영은 통일 이후의 군사 개편을 주목하게 된다.

요컨대, 『삼국사기』 직관지에 보이는 이화혜현(伊火兮縣)과 관련된 '이화혜정(伊火兮停)'에 주목해서 그 성격을 파악해 보았다. 지금까지 '이화혜정'만을 단독으로 다룬 연구가 없으므로 그와 관련된 기사를 중심으로 내용을 분석하는데 신중하였다. 그것은 당시 청송 지역의 역사성을 파악하는데 주요한 자료라고 판단하였기 때문이며, 그 결과 '이화혜정'이 소속된 10정 또는 삼천당은 영기(마)병의 군관조직과 밀접한 연관이 있었으며, 6정 소속의 영보병(領步兵)의 군관조직과는 차이가 있었음을 밝힐 수 있었다. 또한 '이화혜정'을 고구려의 이화혜현에서 차용되었다는 점도 흥미롭다. 앞서 3장에서 이화혜현(伊火兮縣)과 조람군(助攬縣) 및 청이현(靑已縣)은 고구려가 경주로 진입할 수 있는 군사적 요충지였을 것이라 보았다. 고구려가 신라로 향하는 통로는 동시에 신라가 서북쪽 또는 동북쪽으로 진출하는 통로가 된다. 신라 역시 청송의 옛 지역인 이 지역에 군사적 거점 시설을 설치하여 운영하였음도 검토할 수 있었다. 특히 '이화혜정'이 그런 점에서 주목된다.

V. 『삼국사기』·『고려사』 지리지의 보성부(甫城府)와 청송 지역

이 장에서는 고대 청송 지역의 역사와 문화에 가까이 다가갈 수 있는 여러 자료를 만나볼 수 있을 것이다. 앞에서는 '본고구려군현(本高句麗郡縣)'과 '이화혜정(伊火兮停)'에 주목해서 살펴보았는데, 여기서는 그것보다 다양한 자료를 통해서 청송 지역의 역사적 흔적을 찾아볼 수 있다. 그 내용은 다름 아닌 '보성부(甫城府)'라는 실체 때문이다. 이와 연관된 자료는 주로 『삼국사기』와 『고려사』 지리지에 보이는데, 우선 '보성부'와 관련된 기사를 검토해 보고자 한다.[65]

먼저, 『삼국사기』 지리지의 '보성부' 관련 기사부터 검토해 보자. 사실 '보성부'와 연관된 내용은 크게 둘로 나누어진다. 하나는 문소군(聞韶郡)에 보이는 내용이며, 다른 하나는 야성군(野城郡)에 보이는 내용이다.

첫째로 문소군에 보이는 내용부터 살펴보기로 하자.

> P-1. 문소군(聞韶郡)은 본래 조문국(召文國)인데, 경덕왕이 이름을 고쳤다. 지금의 의성부(의성부)이다. 영현(領縣)은 넷이다.
> P-2. <u>진보현(眞寶縣)은 본래 칠파화현(柒巴火縣)인데, 경덕왕이 이름을 고쳤다. 지금의 보성(甫城)이다.</u>
> P-3. 비옥현(比屋縣)은 본래 아화옥현(阿火屋縣) 한편 병옥(幷屋)이라고도 이른다. 인데, 경덕왕이 이름을 고쳤다. 지금까지 그대로 따른다.
> P-4. 안현현(安賢縣)은 본래 아시혜현(阿尸兮縣) 한편 아을혜(阿乙兮)라고도 이른다. 인데, 경덕왕이 이름을 고쳤다. 지금의 안정현(安定縣)이다.
> P-5. 단밀현(單密縣)은 본래 무동미지현(武冬彌知縣) 한편 갈동미지(曷冬彌知)라고도 이른다. 인데, 경덕왕이 이름을 고쳤다. 지금까지 그대로 따른다.[66]

위의 내용을 검토해 보면, 문소군은 당시 상주(尙州) 소속으로 지금의 의성부이며, 그 영현(領縣)이 넷이라고 하였다. 그 영현은 진보현(眞寶縣), 비옥현(比屋縣), 안현현(安賢縣), 단밀현(單密縣)이며, 그 가운데 하나가 진보현이다. 그 내용을 살펴보면, "진보현은 본래 칠파화현(柒巴火縣)인데, 경덕왕이 이름을 고쳤다. 지금의 보성(甫城)이다"라는 구절인데, 진보현이라는 명칭에서 청송 지역이라는 점을 확인할 수 있다. 그리고 보성이라는 명칭도 만나게 된다.

둘째로 야성군(野城郡)에 보이는 내용을 살펴보기로 하자.

---

65 '甫城府'와 관련된 기사를 이해하기 위한 하나의 방편으로 『삼국사기』와 『고려사』 지리지에 보이는 내용을 활용해 보았다. [사진 12, 13] 참조.
66 『삼국사기』 권34 雜志 3, 지리 1, 신라 문소군 조. 聞韶郡, 本召文國, 景德王改名. 今義城府. 領縣四. 眞寶縣, 本柒巴火縣, 景德王改名. 今甫城. 比屋縣, 本阿火屋縣 一云幷屋., 景德王改名. 今因之. 安賢縣, 本阿尸兮縣 一云阿乙兮., 景德王改名. 今安定縣. 單密縣, 本武冬彌知 一云曷冬彌知., 景德王改名. 今因之.

Q-1. 야성군(野城郡)은 본래 고구려의 야시홀군(也尸忽郡)이었는데, 경덕왕이 이름을 고쳤다. 지금의 영덕군(盈德郡)이다. 영현(領縣)은 둘이다.

Q-2. <u>진안현(眞安縣)은 본래 고구려의 조람현(助攬縣)이었는데, 경덕왕이 이름을 고쳤다. 지금의 보성부(甫城府)이다.</u>

Q-3. 적선현(積善縣)은 본래 고구려의 청이현(靑己縣)이었는데, 경덕왕이 이름을 고쳤다. 지금의 청부현(靑鳧縣)이다.[67]

위의 내용을 검토해 보면, 야성군은 당시 명주(溟州) 소속으로 지금의 영덕군이며, 그 영현(領縣)은 둘이라고 하였다. 그 영현은 진안현(眞安縣), 적선현(積善縣)이며, 그 가운데 하나가 진안현이다. 그 내용을 살펴보면, "진안현은 본래 고구려의 조람현(助攬縣)이었는데, 경덕왕이 이름을 고쳤다. 지금의 보성부(甫城府)이다"라는 구절이다. 여기서 '보성부'라는 명칭을 만나게 된다. 이상에서 언급한 내용을 알기 쉽게 정리하면 〈표 10〉과 같다.

〈표 10〉 '보성부(甫城府)' 관련 주·군·현(州·郡·縣) 지명 내용

(경덕왕대) 주명	(경덕왕대) 군명	(경덕왕대) 현명	고려의 지명
尙州	聞韶郡		義城府
		眞寶縣	甫城
		比屋縣	比屋縣
		安賢縣	安定縣
		單密縣	單密縣
溟州	野城郡		盈德郡
		眞安縣	甫城府
		積善縣	靑鳧縣

위의 〈표 10〉을 통해서 보면, '보성부(甫城府)'와 관련된 내용을 쉽게 확인할 수 있다.

---

[67] 『삼국사기』 권35 雜志 4, 지리 2, 신라 야성군 조. <u>野城郡</u>, 本高句麗也尸忽郡, 景德王改名. 今盈德郡. 領縣二. <u>眞安縣</u>, 本高句麗助攬縣, 景德王改名. 今甫城府. <u>積善縣</u>, 本高句麗靑己縣, 景德王改名. 今靑鳧縣.

하나는 "진보현(眞寶縣)은 본래 칠파화현(柒巴火縣)인데, 경덕왕이 이름을 고쳤다. 지금의 보성(甫城)이다."이며, 다른 하나는 "진안현(眞安縣)은 본래 고구려의 조람현(助攬縣)이었는데, 경덕왕이 이름을 고쳤다. 지금의 보성부이다"라는 구절과 합치되고 있다. 이와 같은 사실을 모아서 함께 전해주고 있는 기사가 아래에서 찾아진다.

다음으로, 『고려사』 지리지에 보이는 '보성부(甫城府)' 관련 기사를 살펴보기로 하자.

R. 보성부(甫城府)는 재암성(載岩城)이라고도 한다. 신라 경덕왕 때 칠파화현(柒巴火縣)을 진보현(眞寶縣)으로 고치고, 고구려의 조람현(조람현)을 진한현(眞安縣)으로 고쳤다. 고려 초에 두 현(縣)을 합하여 부(府)를 두었다. 현종 9년(1018)에 (예주(禮州)에) 내속(來屬)하였다.[68]

위의 기사는 『고려사』 지리지 예주(禮州)의 '보성부(甫城府)' 조에 보이는 내용이다. 앞에서 살펴본 P와 Q의 내용과 비교해서 검토해 보면, 그 위의 두 기사가 결과적으로 R의 내용과 합치가 된다. 이로써 『삼국사기』와 『고려사』 지리지에 보이는 '보성부'는 진보현과 진안현을 합쳐서 청송 지역 최초의 '통합 행정 관부'가 설치되고 있음을 분명하게 확인시켜주고 있다.

그런데 이러한 이해에 문제가 있다는 지적이 제기되었다. 여기서는 그러한 문제점이 무엇이며, 그러한 논리가 과연 타당한지를 파악하면서, 역으로 그 지적의 문제점을 밝혀보고자 한다.

사실 앞에서 살펴본 '보성부' 관련 기사 중에서 기록상의 한계가 없지는 않다. 하나는 "진보현(眞寶縣)은 본래 칠파화현(柒巴火縣)인데, 경덕왕이 이름을 고쳤다. 지금의 보성(甫城)이다."라는 구절에서 '보성부'가 아니라 보성으로 기재되어 있다는 점이다. 다른 하나는 이 '보성부'에 대한 연혁이 자세하지 않다는 점이다. 이런 연유로 '보성부'에 대해서 몇 가지 문제가 제기된 실정이다. 여기서는 그와 관련하여 제기된 의문점을 하나씩 짚어나가면

---

[68] 『고려사』 권87, 지리 2, 보성부 조. 甫城府 一云載岩城 新羅景德王, 改柒巴火縣, 爲眞寶縣, 又改高句麗助攬縣, 爲眞安縣, 高麗初, 合二縣, 置府. 顯宗九年, 來屬.

서 해당 문제를 풀어나가고자 한다.

첫째로, 이 '보성부'의 구성에 대해 제일 먼저 문제를 제기한 사항은, "의성부의 치소와 조문국=문소군(召文國=聞韶郡)의 치소가 왜 이처럼 멀리 떨어져 있을까? 이는 무언가 잘못된 것임을 반영한다. 이와 관련하여 주목되는 것이 상주(尙州) 문소군(聞韶郡)의 영현의 하나인 진보현(眞寶縣)이다. 「신라지」 진보현조(眞寶縣條)에 의하면 "진보현(眞寶縣)은 본래 칠파화현(柒巴火縣)인데, 경덕왕이 이름을 고쳤다. 지금(고려)의 보성(甫城)이다."라고 되어 있다. 그런데 같은 「신라지」 명주(溟州) 야성군(野城郡) 진안현(眞安縣)의 고려 지명도 '보성부(甫城府)'로 되어 있으니, 이는 어찌된 것일까?"[69]라는 내용이었다.

그에 따른 논증도 정리하고 있는데, "『삼국사기』의 찬자는 조문국=문소군(召文國=聞韶郡)을 '금의성부(今義城府 : 의성군 의성읍)'라고 잘못 처리하고, 칠파화현=진보현=진보성(柒巴火縣=眞寶縣=眞寶城 : 의성군 의성읍)을 조람현=진안현=재암성(助攬縣=眞安縣=載巖城 청송군 진보면)과 함께 보성부(甫城府)로 애매하게 처리해 버린 것이니, 이는 「신라지」에서 유례없을 정도의 두찬(杜撰)에 해당한다. 이는 고려시대의 『삼국사기』 찬자가 잘못 고증해서 그런 것이라기보다, 조문국(召文國)의 후손이면서 신라시대 영군(領郡)이었다는 지역 위세를 의성부(義城府)에게 넘겨주기 위한 의도적인 조치였던 듯하다."[70]라고 함으로써, 그동안 '보성부(甫城府)'에 대해서 크게 관심을 지니지 않은 상태에서 새로운 문제 제기로 자리하게 되었다.

위와 같은 견해는 『삼국사기』 지리지의 문제점을 확인하는 과정에서 나온 것으로 보이는데, 과연 이와 같은 언급에 타당성이 있다고 할 수 있을까 하는 의문이 든다. 다시 말해, 당시의 행정구역상에 나타나는 내용을 치소(治所)의 거리상의 문제로 간단히 치부하여 이를 지적할 수 있는가 하는 점이다. 즉, 행정구역상 상주(尙州)와 명주(溟州)로 나누어 기록하고 있는 것은 『삼국사기』 지리지에서 「신라지」를 작성하면서 9주를 중심으로 편재한 연유에서 발생한 것이라 보인다. 따라서 당시의 행정 구역에 대한 구체적 지식이 결여한 채, 단순하게 두 개의 주(州)인 상주(尙州)와 명주(溟州), 또는 두 개의 군(郡)인 문소군(聞韶郡)과 야성군(野城郡)이라는 행정 단위만으로 '보성부(甫城府)'의 성격에 문제를 제기하는 것

---

69 김태식, 「『삼국사기』 지리지 신라조의 사료적 검토」 『삼국사기의 원전 검토』, 1995, 한국정신문화연구원, 229쪽.
70 김태식, 위의 논문, 1995, 231쪽.

은 또 다른 문제를 불러올 우려가 있다고 하겠다.

둘째로, 이러한 상황에 이어서 다시 그 문제점을 확대한 사항은, "문소군(聞韶郡)의 영현인 진보현(眞寶縣)이 고려의 보성(甫城)이라고 언급한 『삼국사기』 지리지의 기사도 그대로 믿을 수 있을까가 궁금해진다. 922년 봄 정월에 태조 왕건에게 귀부한 홍술(述)(洪述)을 진보성장군, 진보성주, (의성부)성주장군이라고 불렀다. 그는 929년 7월에 의성부성(義城府城)을 지키다가 견훤의 공격을 받고 전사하였는데, (중략) 진보성(眞寶城)과 의성부성(義城府城)은 동일한 성(城)을 가리키는 것이 분명하고, 결과적으로 고려 초기에 문소군(聞韶郡)이 아니라 홍술(洪述)의 세거지(世居地)인 진보현(眞寶縣)을 의성부(義城府)로 승격시켰다고 볼 수 있다."71라고 하면서 문제를 제기하고 있다. 이에 더하여 『삼국사기』 지리지의 '진보현, 본칠파화현, 경덕왕개명. 금보성(眞寶縣, 本柒巴火縣 景德王改名. 今甫城)'에서 '금보성(今甫城)'은 '금의성(今義城)'의 오기로 봄이 옳을 것이다."72라고 함으로써 『삼국사기』 지리지의 내용 자체도 문제로 삼고 있는 실정이 되었다.

이 견해를 뒷받침하고 있는 근거로는, "'진보성장군(眞寶城將軍)', '진보성주(眞寶城主)', '(의성부)성주장군(義成府城主將軍)'이라고 부른 점을 고려하건대, 진보성과 의성부성은 동일한 성(城)을 가리키는 것이 분명"하다는 전제가 깔려 있다. 그런데 그 근거로 제시하고 있는 내용을 자세히 살펴보면, 문제가 없지 않다. 다시 말해, 위에서 제시한 '진보성장군'은 922년의 사항이며, '진보성주'는 923년에 해당하는데, 문제는 다음에 보이는 '(의성부)성주장군'은 929년의 사실을 반영하고 있으므로, 그 시차가 적지 않다. 앞의 두 내용은 922년과 923년의 사정으로 이때는 신라와 무관치 않았으나, 뒤의 929년 기사는 "가을 7월에 견훤이 의성부성을 공격하였는데, 고려 장수 홍술(洪述)이 출전하였으나 이기지 못하고 전사하였다."라는 내용으로 볼 때, 이제는 고려 장군으로 출전하였으며, 그것은 의성부성이라는 점을 분명히 밝히고 있다. 따라서 이를 근거로 "진보성과 의성부성은 동일한 성"이라는 근거 자체가 성립하기 어렵다는 점을 지적하고 싶다.

셋째로, 의성부와 보성부에 대한 위의 의견을 수용하면서, "실제로 의성부는 진보현과

---

71 전덕재, 「고대 의성지역의 역사적 변천에 관한 고찰」 『신라문화』 39, 2012, 23쪽.
72 전덕재, 위의 논문, 2012, 24쪽.

문소군의 통합 결과 진보현에 설치된 곳이고, 보성부는 진안현의 후신이었다"[73]라는 논지를 전개하고 있다. 이러한 논리는 "보성부가 설치되었던 진안현(재암성)은 현재의 청송군 진보면 진안리 지역으로 진보현이나 의성부로부터 동쪽으로 떨어진 곳에 위치하였으며, 진안현과 진보현 사이에는 곡성군(曲城郡, 고려 臨河郡)과 적선현(積善縣, 고려 靑鳧縣) 등이 위치하고 있어, 현실적으로도 거주민의 이동이 아니라면 진안현과 진보현의 지역통합은 사실상 불가능하였다."라는 내용으로 정리하고 있다. 이어서 "그러므로『고려사』지리지의 찬자는 이러한 관계를 엄밀히 파악하지 못하고 의성부는 문소군의 후신으로, 보성부는 진안현과 진보현의 통합 결과 설치된 곳으로 이해하였"[74]다고 기술하고 있다. 이러한 논지의 문제점은 의성부와 보성부의 설치에서 중요하게 여기고 있는 점은 '거주민의 이동이 아니라면 진안현과 진보현의 지역통합은 사실상 불가능'하다는 논리를 내세우고 있다는 점이다. 현재의 관점에서 과거사를 바라보는 시각은 자유로울지 몰라도, 그 당시 인간의 삶을 통한 교류사 또는 교통사, 그리고 군사적 목적이라는 여러 요소를 도외시하는 이러한 시각은 한계가 있을 수 있다는 점을 제기하고 싶다. 고대 군현의 통속 관계는 영역 중심이 아니라, 행정문서의 송수신(送受信)을 위한 교통로 상의 이동 거점이 중심이었다는 사실도 상기할 필요가 있다.

이와 같은 문제 제기와 그 문제점을 통해서 검토해 보면, '보성부(甫城府)'의 성격에 대해서 올바른 방향에서의 접근은 아니었다고 본다. 이런 가운데 '보성부'의 성격에 대해서 고무적인 견해가 제출되었다. 그 내용을 잠시 살펴보면, 위에서 나열한 견해들에서 제기된 문제는 "지리지 기사의 성격과 관련하여 난점이 발생한다"라고 전제하면서, 그 문제점을 언급하고 있다.[75] 이런 논지에 공감하는 바이며, 특히 이 글의 취지와 관련해서 주목되는 점은 "의성부는 죽령, 또는 계립령 방면에서 신라 왕경으로 가는 경로에 있다. 이 중 동해안으로 넘어가는 경로에는 보성부가 있었다. 문소군 영현이던 진보현을 진안현과 통합하여 보성부를 둔 것은 당시 신라가 왕경 보위를 위해 이 경로가 중요했다는 것을 반증한다."라는 논지이

---

73 정요근, 「후삼국시기 고려의 '주(州)'·'부(府)' 분포와 그 설치 의미」『역사와 현실』 73, 2009, 188쪽.
74 정요근, 위의 논문, 2009, 188쪽.
75 윤경진, 「신라말 고려초 義城府·甫城府 연혁에 대한 재검토」『신라문화』 51, 2018, 237~241쪽.

다. 이어서 "보성부의 위치로 볼 때 방어의 내용은 고려와의 관계가 아니라 신라 왕경의 보위에 있다는 것을 유추할 수 있다"[76]라는 언급은 매우 설득력이 있다고 보인다.

이상에서 살펴본 연구 성과를 기반으로 하면서, '보성부'를 새롭게 이해하기 위해서는 나말여초 당시의 상황을 파악해 볼 필요가 있다. 그것은 관련 기록에 보이는 내용을 통해서 그 시대상을 엿볼 수 있기 때문이다. 먼저 『삼국사기』 신라본기에 전하는 내용부터 살펴보자.

S-1. 〔4년(920)〕 2월에 강주(康州) 장군 윤웅(閏雄)이 태조에게 항복하였다.[77]

S-2. 6년(922) 봄 정월에 하지성(下枝城) 장군 원봉(元逢)과 (溟州) 장군 순식(順式)이 태조에게 투항하였다. 태조가 그들의 귀순을 어여삐 여겨 원봉의 본성(本城)을 순주(順州)로 삼고, 순식에게 성(姓)을 하사하여 왕씨(王氏)라 하였다.[78]

S-3. 〔6년(922)〕 이달에 진보성(眞寶城) 장군 홍술(洪述)이 태조에게 항복하였다.[79]

위의 기사를 보면, 920년에 강주 장군 윤웅과 922년에 하지성 장군 원봉과 순식 그리고 진보성 장군 홍술이 태조에게 항복하고 있는 내용이다. 특히, 태조가 그들의 귀순을 어여삐 여겨 원봉의 하지성을 순주(順州)로 삼고, 순식에게 성을 하사하고 있다. 이러한 시대적 분위기는 신라의 장군들이 고려 태조에게 항복하고 있는 모습을 전해주고 있다. 그런데 홍술과 관련해서 『고려사』 세가에서는 위의 내용보다 더 자세하게 언급하고 있다.

S-4. 겨울 11월 신사 진보성(眞寶城) 성주(城主) 홍술이 사신을 보내 항복하기를 요청하자, 원윤(元尹) 왕유(王儒)와 경(卿) 함필(含弼) 등을 보내 위로하고 타일렀다.[80]

S-5. 겨울 11월 무신 진보성(眞寶城) 성주(城主) 홍술이 아들 왕립(王立)을 보내 갑옷 30벌

---

76 윤경진, 위의 논문, 2018, 247쪽.
77 『삼국사기』 권12 신라본기 경명왕 4년 조. 二月, 康州將軍閏雄, 降於太祖.
78 『삼국사기』 권12 신라본기 경명왕 6년 조. 六年, 春正月, 下枝城將軍元逢·溟州將軍順式, 降於太祖. 太祖念其歸順, 以元逢本城爲順州, 賜順式姓曰王.
79 『삼국사기』 권12 신라본기, 경명왕 6년 조. 是月, 眞寶城將軍洪述, 降於太祖.
80 『고려사』 권1, 세가 태조 5년 조. 冬十一月 辛巳 眞寶城主洪術遣使請降, 遣元尹王儒·卿含弼等, 慰諭之.

을 바치자, 왕립을 원윤(元尹)으로 임명하였다.[81]

위의 기사를 보면, 진보성 장군 홍술(洪述)이 아니라 진보성(眞寶城) 성주(城主) 홍술로 표기됨으로써 두 사서 사이에 약간의 차이가 있음을 엿볼 수 있다. 그런데 S-4의 기사를 보면, 처음에는 항복하기를 요청하자 이를 위로하고 타일러서 보냈다고 하였다. 그러자 홍술이 아들을 보내서 갑옷 30벌을 바치자 아들을 원윤(元尹)으로 임명했다는 내용이다. 이러한 사회적 분위기는 다음에 보이는 기사를 통해서 더욱 심각한 상황을 말해준다.

S-6. 7년(923년) 가을 7월에 명지성(命旨城) 장군 성달(城達)과 경산부(京山府) 장군 양문(良文) 등이 태조에게 투항하였다.[82]

S-7. 2년(925) 겨울 10월에 고울부(高鬱府) 장군 능문(能文)이 태조에게 투항하였으나, 위로하고 타일러 돌려보냈으니, 그 성이 신라의 왕도에 가까웠기 때문이다.[83]

S-8. [4년(927)] 강주(康州) 소관의 돌산향(突山鄕) 등 4개 향(鄕)이 태조에게 귀부하였다.[84]

위의 기사는 923년부터 927년까지의 사실을 전해준다. 이 당시의 상황을 보면, 명지성 장군 성달과 경산부 장군 양문, 그리고 고울부 장군 능문이 투항했으나 위로하고 타일러서 보냈으며, 그 후 강주 소속의 4개 향(鄕)이 귀부하였다는 사실은 신라와 고려의 관계를 단적으로 알려주는 지표라고 하겠다.

다음에 보이는 기사는 청송 지역과 관련하여 주목되는 내용이다. 앞의 기사에서 홍술이 고려 태조에게 항복한 것이라 보이는 내용을 소개하였다. 그렇지만 실제 항복한 기사를 보면, "시월, 진보성장군홍술, 강어태조(是月, 眞寶城將軍洪述, 降於太祖)"라는 내용을 통해서 확인

---

81 『고려사』 권1, 세가 태조 6년 조. 冬十一月 戊申 眞寶城主洪術遣其子王立, 獻鎧三十, 拜王立元尹.
82 『삼국사기』 권12 신라본기, 경명왕 7년 조. 七年, 秋七月, 命旨城將軍城達·京山府將軍良文 等, 降於太祖.
83 『삼국사기』 권12 신라본기, 경애왕 2년 조. 二年, 冬十月, 高鬱府將軍能文, 投於太祖, 勞諭還之, 以其城迫近新羅王都故也.
84 『삼국사기』 권12 신라본기, 경애왕 4년 조. 康州所管突山等四鄕, 歸於太祖.

할 수 있는데, 여기서 '시월(是月)'이라는 단어는 앞의 내용이 11월이었으므로, 그보다 뒤인 12월쯤으로도 볼 수 있을 것이다. 그런데 홍술과 연관해서 다음의 기사가 찾아진다.

> S-9. [3년(929)] 가을 7월에 견훤(甄萱)이 의성부(義成府) 성(城)을 공격하였는데, 고려 장수 (洪述)이 출전하였으나 이기지 못하고 전사하였다.[85]

위의 기사 내용으로 볼 때, 홍술은 922년에 태조 왕건에게 귀부하였으며, 고려의 장수로서 역할을 이행하였다. 그런데 929년에 견훤이 의성부 성을 공격하였을 때 홍술이 출전하였으나, 전사하게 되는 내용을 전하고 있다. 이를 보면, 신라 진보성 장군에서 고려의 의성부 장수로 국적이 달라졌음을 확인할 수 있다.

한편, 청송 지역과 연관해서 또 하나의 자료가 찾아진다. 그것은 재암성 장군 선필 관계 기사이다. 그 자료에 대해서 자세하게 살펴보자.

> S-10. 4년(930년) 봄 정월에 재암성(載巖城) 장군 선필(善弼)이 고려에 항복하니, 태조가 그를 후한 예의로 대우하고 상보(尙父)라 일컬었다. 앞서 태조가 신라와 우호를 맺으려고 할 때 선필이 이를 인도하여 주었는데, 이때 이르러 항복한 것이다. 그가 공이 있고 또한 나이가 많은 점을 생각하여 그를 총애하고 칭찬한 것이다.[86]
>
> S-11. (경인) 13년(930) 봄 정월 정묘 재암성(載巖城) 장군 선필(善弼)이 내투(來投)하였다.[87]

위의 기사를 보면, S-10은 『삼국사기』 신라본기에 전하는 내용이며, S-11은 『고려사』 세가에 표현된 내용이다. 전자가 구체적이며, 후자는 간단하게 사실만을 전달하고 있다. 위의 두 기사에서 '재암성(載巖城) 장군 선필(善弼)'이라는 명칭이 같이 사용되고 있다. 이러

---

[85] 『삼국사기』 권12 신라본기, 경순왕 3년 조. 秋七月, 甄萱攻義成府城, 高麗將洪述出戰, 不克死之.

[86] 『삼국사기』 권12 신라본기, 경순왕 4년 조. 四年, 春正月, 載巖城將軍善弼降高麗. 太祖厚禮待之, 稱爲尙父. 初太祖將通好新羅, 善弼引導之, 至是降也, 念其有功且老, 故寵褒之.

[87] 『고려사』 권1, 세가, 태조 13년 조. (庚寅)十三年 春正月 丁卯 載巖城將軍善弼來投.

한 사실은 앞에서 살펴본 사항과 다른 점이 찾아지기 때문이다. 다시 말해, 위에서 언급한 내용을 정리해 보면, 크게 두 가지 형식의 내용을 파악할 수 있는데, 하나는 『삼국사기』 신라본기에 전하는 내용으로, 여기에는 '모(某) 장군(將軍)'이라는 형식으로 표기되어 있다. 다른 하나는 『고려사』 세가에 표현된 내용으로, '모(某) 성주(城主)'라는 형식으로 표기되어 있다. 물론 예외적으로 보이는 것이 '재암성장군선필(載巖城將軍善弼)'이라는 표현이다. 어쨌든 이러한 표현 방식의 차이는 아마도 전거 자료가 달랐거나 편찬자의 의도가 반영된 것으로 볼 수 있을 것이다.

어쨌든, 여기서 중요한 대목은 홍술과 선필이라는 인물의 지역적 기반이다. 홍술은 진보성 장군 또는 진보성 성주라는 표현으로 보아 진보성과 무관할 수 없다. 선필은 재암성 장군이라고 표기한 것으로 볼 때, 어느 시점에 통일된 관점에서 재암성 장군으로 작성된 것이라 보아도 좋을 듯싶다. 그렇다면 재암성은 어느 지역을 나타내는지 구체적으로 접근해 보자.

> T. 보성부(甫城府)는 한편 재암성(載岩城)이라고도 한다. 신라 경덕왕 때 칠파화현(柒巴火縣)을 진보현으로 고치고, 고구려의 조람현(助攬縣)을 진안현(眞安縣)으로 고쳤다. 고려 초에 두 현(縣)을 합하여 (府)를 두었다. 현종(顯宗) 9년(1018) (예주(禮州)에) 내속(來屬)하였다.[88]

위의 기사를 보면, 재암성은 원래 보성부였다는 것을 알 수 있다. 특히, 칠파화현(柒巴火縣)을 진보현으로 고치고, 조람현(助攬縣)을 진안현(眞安縣)으로 고쳐서, 고려 초에 두 현(縣)을 합하여 보성부(甫城府)를 두었다는 내용은 『고려사』 지리지 보성부 조에 전한다. 그런데 이 보성부라는 명칭이 『삼국사기』 지리지 문소군 조의 기록에서도 찾아진다는 점이 문제를 낳은 계기가 될 것이다.

이들 기록에 보이는 보성부의 설치 시기와 구성에 대한 문제인데, 이러한 문제점의 해법을 찾으려는 방법으로, 해당 시기의 자료를 촘촘하게 검토하는 것도 좋을 듯싶다.

---

88 『고려사』 권87, 지리 2, 보성부 조. 甫城府 一云載岩城 新羅景德王, 改柒巴火縣, 爲眞寶縣, 又改高句麗助攬縣, 爲眞安縣. 高麗初, 合二縣, 置府. 顯宗九年, 來屬.

U. 의성현(義城縣)은 본래 조문국(召文國)으로, 신라가 차지하였으며, 경덕왕 때 개소군(開 韶郡)으로 고쳤다. 고려 초에 승격시켜 의성부(義城府)가 되었다. 현종(顯宗) 9년(1018) 에 (안동부에) 내속(來屬)하였다.[89]

위의 기사는 『고려사』 지리지 안동부 의성현에 관한 내용인데, 여기서 주목하고 싶은 부분은 '고려초, 승위의성부(高麗初, 陞爲義城府)'라는 내용이다. 그동안 보성부(甫城府)와 의 성부(義城府)의 관계에 대해서 여러 의견이 있었지만, 이 기사에 대해서는 별로 관심을 지 니지 않았다. 특히, '승위의성부(陞爲義城府)'라는 부분은 그 시기를 '고려초(高麗初)'라고 언 급하고 있으므로, 실제 그 시기를 확정하기는 어렵다. 그런데 여기서 관심의 대상은 바로 보성부(甫城府)라고 할 수 있다.

앞에서 살펴본 홍술 관계 기사를 잠시 소급해 보면, 의성부 성을 만날 수 있다.

S-9. [경순왕 3년(929)] 가을 7월에 견훤(甄萱)이 의성부(義成府) 성(城)을 공격하였는데, 고 려 장수 홍술(洪述)이 출전하였으나 이기지 못하고 전사하였다.[90]

이 의성부 성에 견훤이 929년 7월에 공격하여 결국 홍술이 전사하고 있다. 문제는 이 '의성부(義成府) 성(城)'이라는 표현을 어느 시점에 사용한 표현인가 하는 것이 또 다른 관심 의 대상이 된다. 왜냐하면, 여기에는 의성부를 이해할 수 있는 기사가 보이고 있기 때문이 다. 그것은 "태조 23년(940) 귀속지의 주부군현을 개명하면서 홍술을 '감문위상장군익찬 공신의성군(監門衛上將軍翊贊功臣義城君)'으로 봉하고, 문소군을 의성부로 승격시켰다"라고[91] 언급한 사실이 있기 때문이다.[92] 이러한 사실을 인용할 수 있다면 940년 이전에는 의성부

---

89 『고려사』 권57, 지 11, 지리 2, 경상도 안동부 의성현 조. 義城縣本召文國, 新羅取之, 景德 王, 改爲聞韶郡. 高麗初, 陞爲義城府. 顯宗九年, 來屬.
90 『삼국사기』 권12 신라본기, 경순왕 3년 조. 秋七月, 甄萱攻義成府城. 高麗將共述出戰. 不克 死之.
91 이형우, 『신라초기국가성장사연구』, 영남대 출판부, 2000, 141쪽.
92 이에 대해서는, 전덕재, 「고대 의성지역의 역사적 변천에 관한 고찰」『신라문화』39, 2012, 23쪽에서 "진보성을 '義로운 城, 즉 義城이라 명명하였다는 이야기가 의성지역에 전해오고

가 아니라 문소군이었으며, 따라서 위의 기사도 그 후 어느 시점에 일괄 사용한 '의성부(義成府) 성(城)'이라는 사실을 확인할 수 있다.

그렇다면 지금까지 논란이 되었던 보성부(甫城府)와 의성부(義城府)의 관계뿐만 아니라, 보성부 관련 사료의 해석도 이에 발맞추어 다시 재정립할 필요성이 제기된다. 결론적으로 '보성부는 칠파화현(柒巴火縣)을 진보현으로 고치고, 조람현(助攬縣)을 진안현(眞安縣)으로 고쳐서, 고려 초에 두 현(縣)을 합하여 보성부를 두었다'라는 내용이 절대적 사실이라는 것을 밝힐 수 있게 되었다. 그동안 『삼국사기』와 『고려사』 지리지에 서술된 보성부에 관한 오해나 두찬(杜撰) 및 '금보성(今甫城)'을 '금의성(今義城)'으로 개작하려는 논의는 이제 재고(再考)의 여지를 남기게 된다. 다시 말해, 의성부는 문소군이 승격해서 이루어진 부(府)이고, 보성부는 진보현과 진안현이 합해져서 만들어진 부(府)라는 사실을 비로소 확인할 수 있었으며, 따라서 고려 초까지는 행정 구역도 별개였음을 파악할 수 있었다.

그렇다면 이러한 문제가 발생한 원인은 무엇이었을까 궁금하다. 필자는 사료 T와 U의 기사가 모두 『고려사』 지리지의 예주(禮州)와 안동현(安東縣)에 소속된 보성부와 의성부의 내용을 담고 있는 반면에, 『삼국사기』 지리지에는 문소군(聞韶郡)을 언급하면서, 그 끝부분에 '지금의 의성부'라고 한 내용과 야성군(野城郡)의 끝부분에 '지금의 영덕군'이라고 한 내용은 모두 『삼국사기』를 편찬하던 시점을 대변하는 것이라 보고 싶다. 그렇다면 『삼국사기』 지리지에서 중요하게 생각할 점은 "문소군은 본래 조문국(召文國)인데, 경덕왕이 이름을 고쳤다"라는 기사 다음에 보이는 "영현(領縣)은 넷이다"라는 구절에 방점을 찍는다. 이것이 문소군을 설명하는 것이며, 마찬가지로 "지금의 보성이다"와 "지금의 보성부이다"라는 내용은 『삼국사기』 지리지를 편찬하면서 삽입된 것이라 본다. 이러한 사항은 야성군(野城郡)의 기사에서도 동일하게 적용할 수 있다고 본다.[93]

끝으로 청송 지역에서 홍술(洪述)과 선필(善弼)이 거병할 수 있었던 원인도 궁금하다. 이를 전해주는 기사를 찾아볼 수는 없지만, 아마도 진보 성주와 재암성 장군에서 성주와 장군이 청송 지역에서 거병할 수 있었던 연유는, 혹시 '본고구려군현(本高句麗郡縣)'의 군사적

있다"라고 언급하고 있는데, 이는 구전으로 전해진 이야기로 이해하는 것이 바람직해 보인다.
93 추후 이러한 문제에 대해서는 別稿를 통해서 다루어 볼 예정이다.

전략 거점과 연관이 있을 것이라 말한다면 어떨까 한다. 앞에서 살펴본 내용을 토대로 그와 같은 추정이 인정될 수 있다면, 청송 지역의 '보성부(甫城府)'는 결론적으로 고대 청송 지역에서 군사적 전략 거점과 연관이 있는 최초의 '통합 행정 관부'였다는 사실을 적시할 수 있을 것이다.

요컨대, 『삼국사기』와 『고려사』 지리지에 서술된 '보성부(甫城府)'에 관한 오해나 두찬(杜撰) 및 '금보성(今甫城)'을 '금의성(今義城)'으로 개작하려는 논의들은 관련 자료를 충분히 검토하지 않은 데서 나온 문제 제기였다고 하겠다. 결과적으로 '보성부'와 관련해서 가장 중요한 관건은 사료의 맥락을 제대로 파악해야 한다는 점이다. 잘못된 사료 인식과 그에 근거한 선입관으로 인해 역사적 사실을 그르치게 되는 경우가 종종 발생하고 있기 때문이다. '보성부' 관련 문제도 그러한 인식에서 초래한 문제점의 하나로 볼 수 있을 것이다.

Ⅵ. 맺음말

이 글에서는 고대 청송 지역의 역사적 변천과 영역(領域)을 분석하여 청송 지역에 관한 새로운 역사상을 만들어보고자 한다. 이를 위해 기존의 연구 성과를 충분히 활용함과 동시에, 청송 지역과 연관된 자료를 새롭게 재해석해 보았다. 첫째로, 고대 청송 지역에서 역사적 삶의 흔적이라고 할 수 있는 진한 관련 기사와 진한(辰韓) 12국의 판도를 살펴보았다. 기존의 연구에서는 진한 12국의 면모를 신라사의 전신인 사로국(斯盧國)의 발전과정을 중심으로 언급해 왔지만, 여기서는 상대적으로 청송 주변 지역을 중심으로 진한 12국의 판도와 그 형상을 추출해 보았는데, 진한 관련 기사와 중 조문국(召文國)의 존재를 통해 청송 지역 초기의 역사를 추적해 볼 수 있었다.

둘째로, 『삼국사기』 지리지에는 고대 청송 지역의 역사적 실상을 파악할 수 있는 자료가 담겨 있다. 지리지의 '신라' 조와 '고구려' 조에서 그 실체를 파악할 수 있는데, 여기서는 해당 내용을 분석하고 그를 통해 역사적 의미를 규명해 보았다. 특히, 「고구려지」의 내용과 「신라지」의 '본고구려군현(本高句麗郡縣)'이라는 서술 가운데 청송 지역의 녹무현(緑武縣), 진안현(眞安縣), 적선현(積善縣) 등을 어떻게 이해하는 것이 바람직한지 검토해 보았다.

셋째로, '본고구려군현(本高句麗郡縣)'의 녹무현(綠武縣)에는 '본래 고구려의 이화혜현(伊火兮縣)'이라는 언급이 있다. 그리고 『삼국사기』 직관지에는 이화혜현(伊火兮縣)과 연관된 '이화혜정(伊火兮停)' 관련 기사가 서술되어 있는데, 그 역사적 의미를 살펴보았다. 이와 관련하여 지금까지 10정(停) 및 삼천당(三千幢)에 관한 연구가 주로 진행되었지만, 왜 청송 지역의 이화혜현(伊火兮縣)에 '이화혜정(伊火兮停)'을 설치하였으며, 그것이 신라사에서 갖는 역사성은 무엇이었는지에 대해서는 주목하지 않았다. 그런 점에 초점을 맞춰서 '이화혜정(伊火兮停)'의 군사적 거점으로서 역할을 분석해 보았다.

넷째로, 고대 청송 지역의 역사상을 재구성하기 위해서는 '보성부(甫城府)'와 관련된 사항을 빠뜨릴 수 없었다. 나말여초에 등장하는 '보성부' 관계 기사는 의성부(義城府)와 서로 섞여서 나타나므로 그 실체를 파악하는 데 어려움을 주었다. 여기서는 해당 기사의 내용을 구체적으로 살펴봄으로써 그동안 '보성부'와 관련된 연구의 문제점을 제기하였으며, 여기에 더해, '보성부' 관련 자료를 올바로 이해함으로써 고대 청송 지역의 역사적 실상에 다가가려고 하였다.

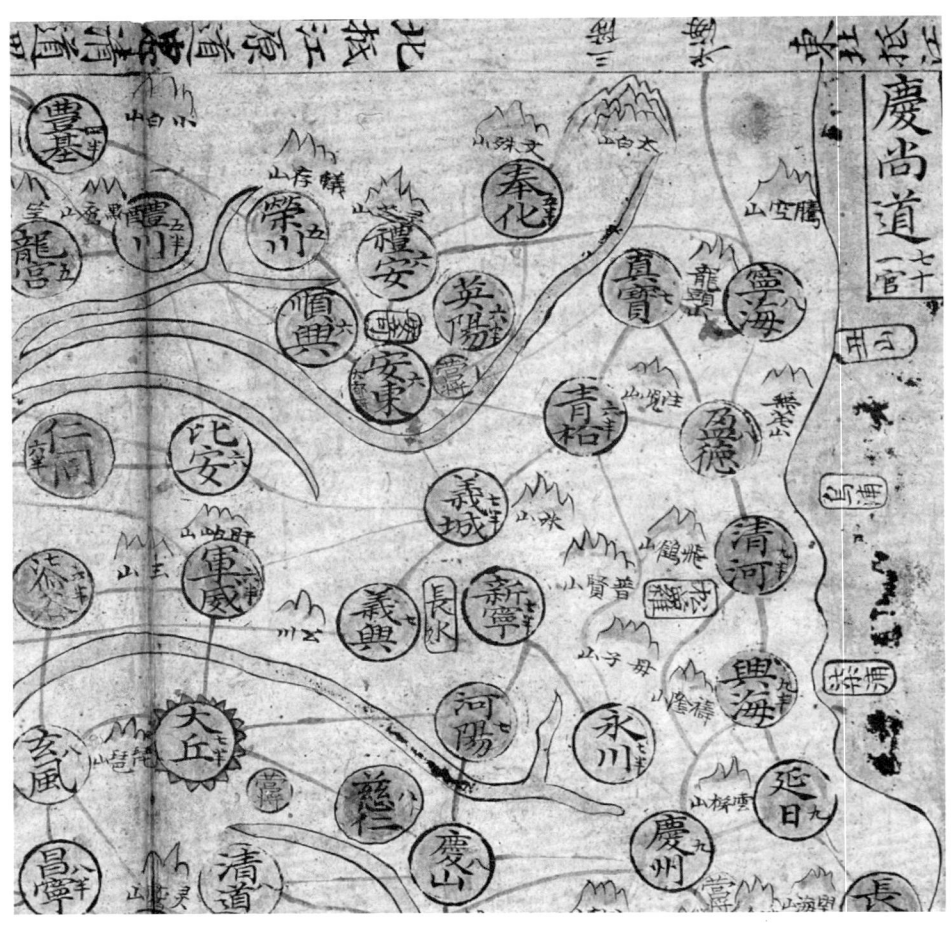

〈사진 1〉 진한(辰韓) 12국(國)의 판도와 청송 지역(1~4세기)

〈사진 2〉 진한 12국의 판도와 청송 지역(1~4세기)

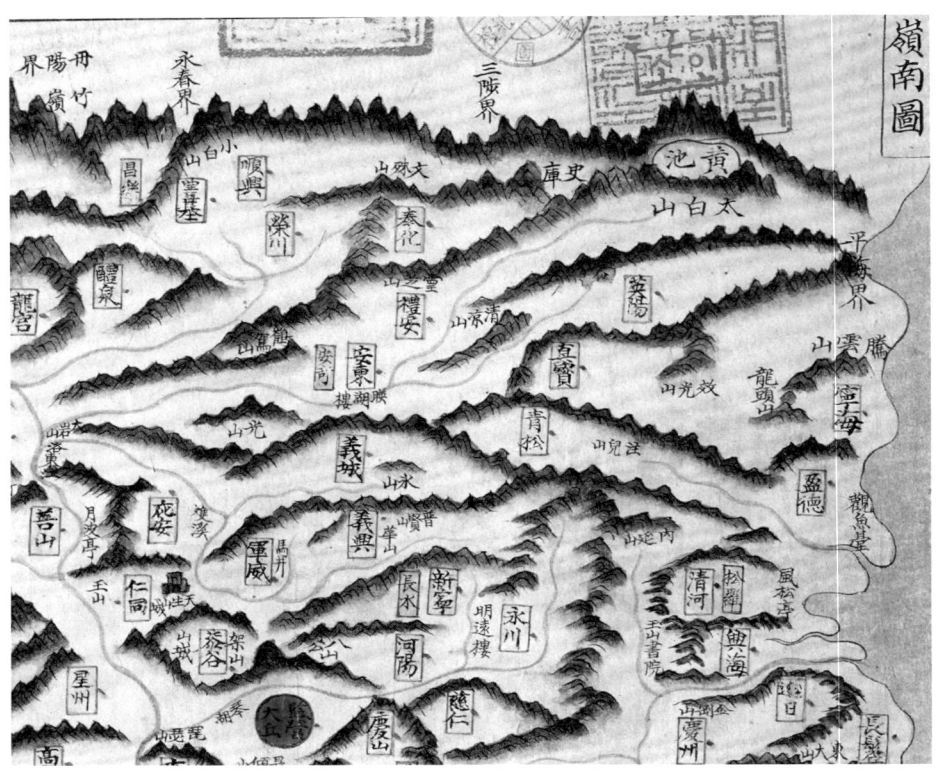

〈사진 3〉 진한 12국의 판도와 청송 지역(1~4세기)

고대 청송 지역의 역사적 변천과 영역(領域) 123

〈사진 4〉 진한 12국의 판도와 청송 지역(1~4세기)

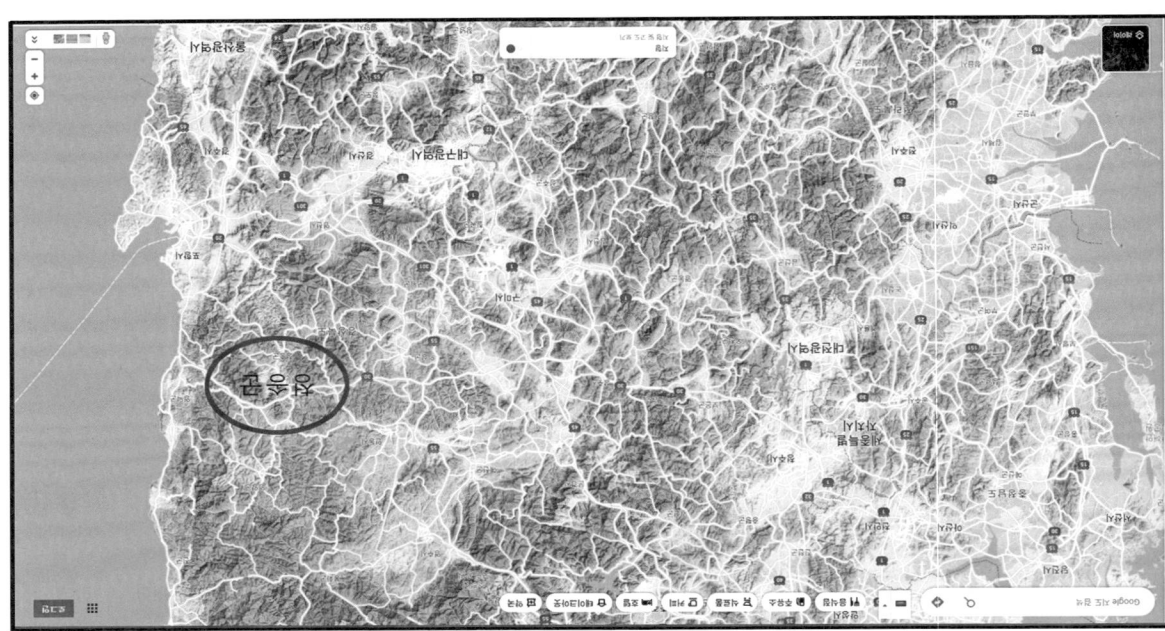

〈사진 5〉 청송군을 중심으로 거꾸로 바라본 경주(신라) 지역

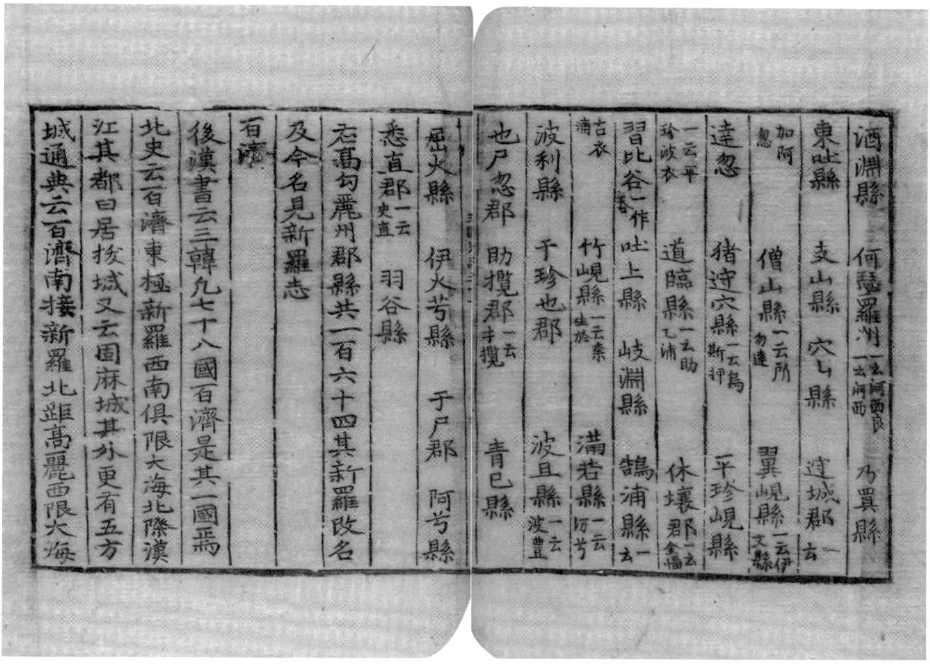

〈사진 6〉『삼국사기』지리지의 '본고구려군현(本高句麗郡縣)'과 청송 지역(5~6세기)

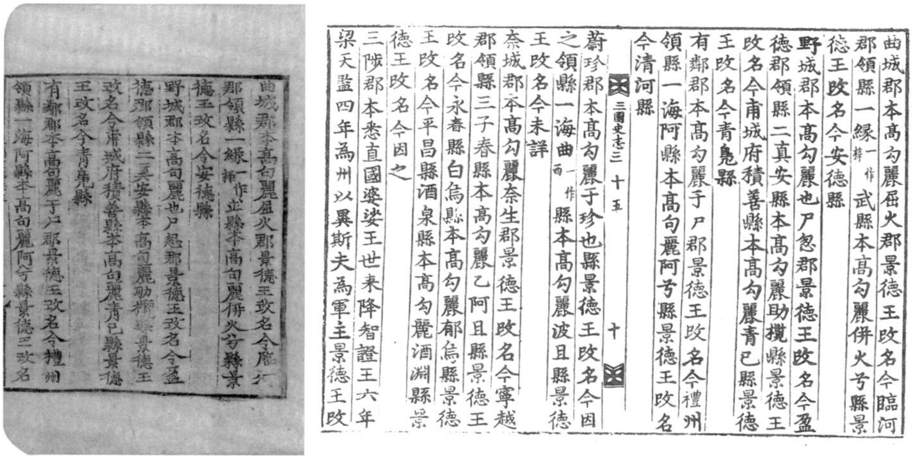

〈사진 7〉『삼국사기』권35, 잡지 지리, 명주, 곡성군(曲城郡)과 야성군(野城郡)

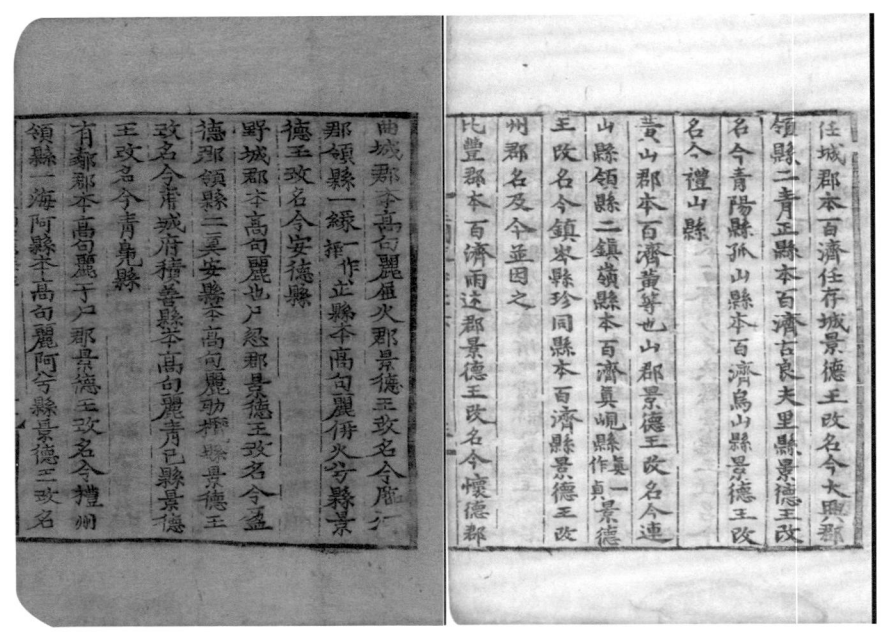

〈사진 8〉 『삼국사기』 권35, 잡지 지리, 녹무현(綠武縣)과 청무현(靑武縣)

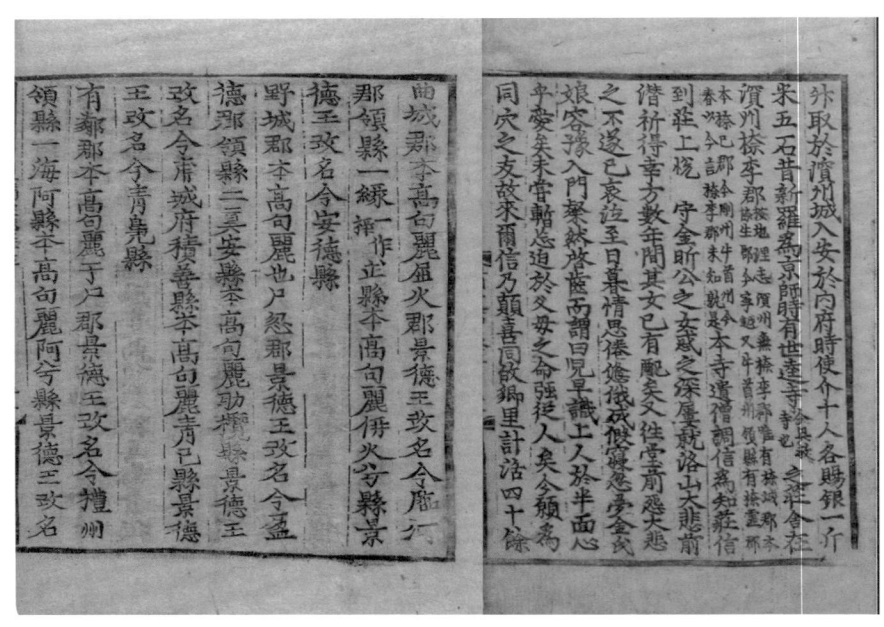

〈사진 9〉 『삼국사기』의 靑已縣(청이현)과 『삼국유사』의 날이군(捺李郡)

고대 청송 지역의 역사적 변천과 영역(領域) 127

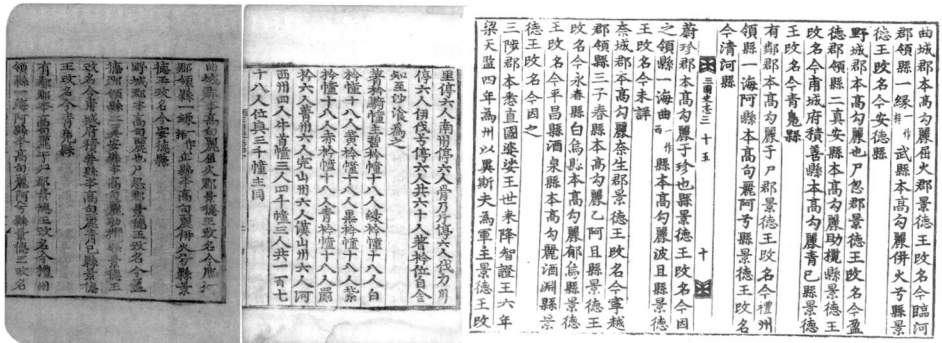

〈사진 10〉『삼국사기』의 이화혜현(伊火兮縣)과 이벌혜정(伊伐兮停) 및 병화혜현(幷火兮縣)(鑄字本)

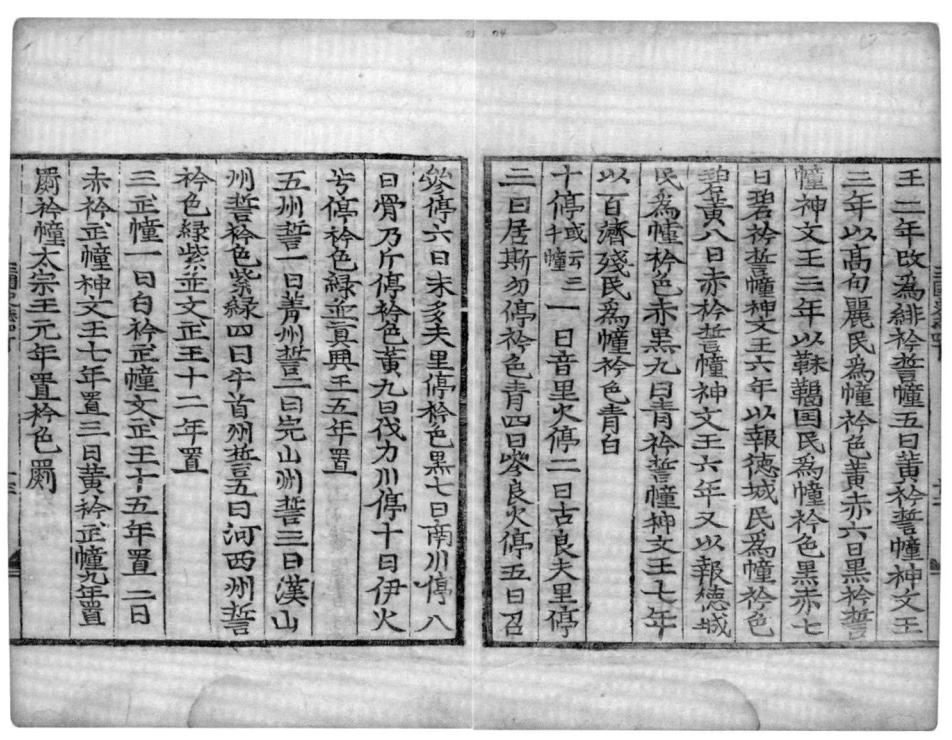

〈사진 11〉『삼국사기』 지리지의 '이화혜정(伊火兮停)'과 청송 지역(6~9세기)

聞韶郡本召文國景德王改名今義城府領縣
四眞寶縣本柒巴火縣景德王改名今甫城比
屋縣本阿火屋縣一云并屋景德王改名今因之安
賢縣本阿尸兮縣一云阿乙兮景德王改名今安定
縣單密縣本武冬彌知一云曷冬彌知景德王改名今
因之
嵩善郡本一善郡眞平王三十六年爲一善州
置軍主神文王七年州廢景德王改名今善州
領縣三孝靈縣本芼兮縣景德王改名今因之

曲城郡本高句麗屈火郡景德王改名今臨河
郡領縣一緣武縣本高句麗伊火兮縣景
德王改名今安德縣
野城郡本高句麗也尸忽郡景德王改名今盈
德郡領縣二眞安縣本高句麗助攬縣景德王
改名今甫城府積善縣本高句麗青己縣景德
王改名今青鳧縣
有鄰郡本高句麗于尸郡景德王改名今禮州
領縣一海阿縣本高句麗阿兮縣景德王改名

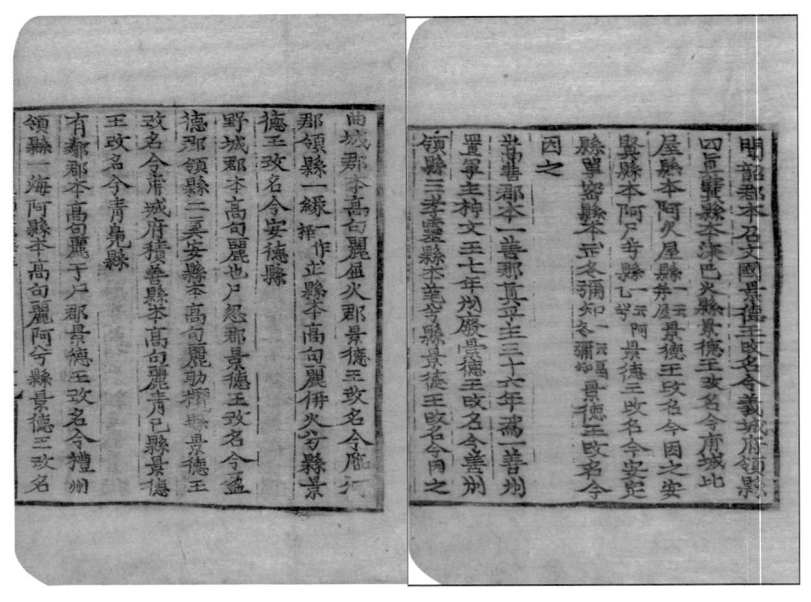

〈사진 12〉 『삼국사기』 지리지의 '보성부(甫城府)'와 청송 지역(9~10세기)

十一年置監務後改爲彥陽
禮州本高勾麗于尸郡新羅景德王改爲
有隣郡高麗初更今名顯宗九年置防禦
使高宗四十六年以衛社功臣朴松庇內
鄕陞爲德原小都護府後陞爲禮州牧忠
宣王二年汰諸牧改爲寧海府別號丹陽成廟所定有觀魚臺屬府一郡三縣二
甫城府一云岩城一云載新羅景德王改柒巴火
縣爲眞寶縣又改高勾麗助攬縣爲眞
安縣高麗初合二縣置府顯宗九年來
屬
英陽郡英一作延本古隱縣後改今名顯宗
九年來屬明宗五年置監務別號益陽首比部曲元屬於縣文宗朝移屬蔚珍以附近還屬
平海郡本高勾麗斤乙於高麗初改今
名顯宗朝來屬明宗二年置監務忠烈
王時縣人僉議評理黃瑞隨駕入元翊
戴回還以功陞知郡事別號箕城有溫

〈사진 13〉 『고려사』 지리지의 '보성부(甫城府)'와 청송 지역(9~10세기)

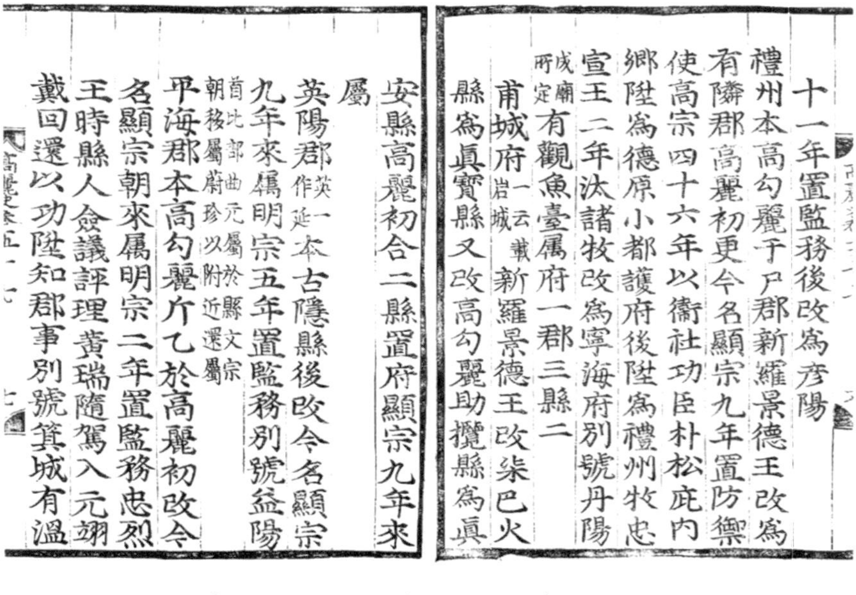

【참고문헌】

노중국 외, 『진·변한사연구』, 경상북도·계명대학교 한국학연구원, 2002.
강종훈, 『신라상고사연구』, 서울대학교 출판부, 2000.
김희만, 『신라사의 재구성』, 경인문화사, 2019.
김희만, 『신라의 왕권과 관료제』, 경인문화사, 2019.
문창로, 『삼한시대의 읍락과 사회』, 신서원, 2000.
서영일, 『신라 육상 교통로 연구』, 학연문화사, 1999.
선석열, 『신라국가성립과정연구』, 혜안, 2001.
신태현, 『삼국사기 지리지의 연구』, 우종사, 1958.
이문기, 『신라병제사연구』, 일조각, 1997.
이인철, 『고구려의 대외정복 연구』, 백산자료원, 2000.
이종욱, 『신라국가형성사연구』, 일조각, 1982.
이현혜, 『삼한사회형성과정연구』, 일조각, 1984.
이형우, 『신라초기국가성장사연구』, 영남대 출판부, 2000.
장창은, 『고구려 남방 진출사』, 경인문화사, 2014.
전덕재, 『삼국사기 잡지·열전의 원전과 편찬』, 주류성, 2021.
주보돈, 『신라지방통치체제의 정비과정과 촌락』, 신서원, 1998.
천관우, 『고조선사·삼한사연구』, 일조각, 1989.

강종훈, 「5세기 후반 고구려와 신라의 국경선」『한국 고대 사국의 국경선』, 서경문화사, 2008.
김정배, 「고구려와 신라의 영역문제－순흥지역의 고고학 자료와 관련하여－」『한국사연구』 61, 1988.
김지현, 「진한의 대외교역과 사로국의 성장」『한국고대사연구』 109, 2023.
김태식, 「『삼국사기』 지리지 신라조의 사료적 검토」『삼국사기의 원전 검토』, 1995, 한국정신문화연구원.
김태식, 「《삼국사기》 지리지 고구려조의 사료적 검토」『역사학보』 154, 1997.
김현숙, 「4~6세기경 소백산맥 이동지역의 영역향방－삼국사기 지리지의 경북지역 '高句麗郡縣'을 중심으로－」『한국고대사연구』 26, 2002.
김희만, 「『화랑세기』雲帽公主 기사와 조문국의 친족집단」『조문국의 지배세력과 친족집단』,

의성조문국박물관·한국고대사탐구학회, 2014.
김희만, 「신라의 한자 전래·수용과정과 표기 양상」 『한국고대사탐구』 40, 2022.
남혜민, 「삼한 소국 네트워크의 위계 구조와 사로국」 『한국고대사연구』 92, 2018.
박대재, 「진한 제국의 규모와 정치발전단계」 『한국사학보』 2, 1997.
박성현, 「5~6세기 고구려·신라의 경계와 그 양상」 『역사와 현실』 82, 2011.
박현숙, 「5~6세기 삼국의 접경에 대한 역사지리적 접근」 『한국고대사연구』 58, 2010.
변동명, 「성황신 김홍술과 의성」 『역사학보』 188, 2006.
서영일, 「5~6세기의 고구려 東南境 고찰」 『사학지』 24, 1991.
서영일, 「신라시대 청송 지역의 역사와 문화」 『신라사학보』 29, 2013.
선석열, 「조문국의 소멸과 신라 속에서의 의성」 『조문국의 성쇠와 지배세력의 동향』, 경북 의성군·한국고대사탐구학회, 2011.
윤경진, 「『삼국사기』 지리지 수록 군현의 삼국 분속」 『한국사학보』 47, 2012.
윤경진, 「신라말 고려초 義城府·甫城府 연혁에 대한 재검토」 『신라문화』 51, 2018.
윤희면, 「신라하대의 성주·장군 – 진보성주 홍술과 재암성장군 선필을 중심으로 – 」 『한국사연구』 39, 1982.
이경섭, 「신라 삼천당의 성격과 추이」 『탐라문화』 59, 2018.
이부오, 「『삼국사기』 지리지에 기재된 삼국 지명 분포의 역사적 배경 – 한산주, 웅천주, 상주를 중심으로 – 」 『지명학』 14, 2008.
이부오, 「사로국의 팽창과 召文國의 지배세력」 『조문국의 성쇠와 지배세력의 동향』, 경북 의성군·한국고대사탐구학회, 2011.
이정빈, 「임진강·한탄강 유역의 고구려 지명과 그 의미 – 경기도 연천 지역을 중심으로 – 」 『사학연구』 134, 2019.
임기환, 「고구려·신라의 한강유역 경영과 서울」 『서울학연구』 18, 2002.
임기환, 「『삼국사기』 지리지에 나타난 고구려 군현의 성격」 『한성백제사』 2, 서울특별시사편찬위원회, 2008.
장창은, 「『삼국사기』 지리지 '高句麗故地'의 이해방향」 『한국학논총』 33, 2010
장창은, 「4~5세기 고구려의 남하와 삼국의 영역향방 – 『삼국사기』 지리지 '高句麗故地'의 실제(Ⅰ)」 『한국학논총』 34, 2010.
전덕재, 「신라 주군제의 성립배경 연구」 『한국사론』 22, 1990.
전덕재, 「고대 의성지역의 역사적 변천에 관한 고찰」 『신라문화』 39, 2012.
전진국, 「진한의 범위에 대한 재검토」 『한국고대사연구』 91, 2018.

정요근, 「후삼국시기 고려의 '주(州)'·'부(府)' 분포와 그 설치 의미」『역사와 현실』 73, 2009.
정운용, 「5세기 고구려 세력권의 南限」『사총』 35, 1989.
정호섭, 「고구려의 주·군·현에 대한 재검토」『사학연구』 133, 2019.
조범환, 「조문국과 사로국과의 관계 변화과정과 그 영향」『조문국의 성쇠와 지배세력의 동향』, 경북 의성군·한국고대사탐구학회, 2011.
천관우, 「진·변한제국의 위치 시론」『백산학보』 26, 1976.
최해룡, 「진한연맹의 형성과 변천」『대구사학』 53, 1997.
한준수, 「신라 신문왕대 10정의 설치와 체제정비」『한국고대사연구』 38, 2005.
한준수, 「신라 중·하대 鎭·道·府의 설치와 체제 정비」『한국학논총』 31, 2009.

前間恭作, 「眞興碑につきて」『東洋學報』 19-2, 1931.
末松保和, 「新羅幢停考」『新羅史の諸問題』, 東洋文庫, 1954.
旗田巍, 「高麗王朝成立期の「府」と豪族」『朝鮮中世社會史の硏究』, 法政大學出版局, 1972.
井上秀雄, 「『三國史記』地理志の史料批判」『新羅史基礎硏究』, 東出版, 1974.

고려시대 청송(靑松)의 역사와 위상

홍 영 의 (국민대학교 한국역사학과 교수)

Ⅰ. 머리말
Ⅱ. 고려시대 청송의 영역과 변화과정
Ⅲ. 고려시대 청송의 인물과 문화유적
Ⅳ. 맺음말

고려시대 청송(靑松)의 역사와 위상

I. 머리말

　청송군(靑松郡)은 경상북도의 중·동부에 위치한다. 현재 1개 읍(청송읍)과 7개 면(부동·부남·현동·현서·안덕·파천·진보면)의 행정구역으로 이루어져 있다. 동쪽으로는 영덕군(지품면·달산면), 서쪽으로는 안동시(임동면·길안면)·의성군(옥산면·사곡면·춘산면)·군위군(고로면), 남쪽으로는 영천시(화북면)·포항시(죽장면), 북쪽으로는 영양군(석보면·입암면)과 접하고 있다.

　청송군은 산악이 중첩되어 기복이 심하고, 지질은 경상계 퇴적암 가운데 신라계통에 속한다. 지세는 동쪽과 남쪽이 높고 서쪽과 북쪽이 낮은 편이고, 큰 강이나 평야가 없는 편이나, 크고 작은 하천 주변에 유수의 영향으로 충적지대가 형성되었다. 비교적 넓은 경작지는 지세와 관련하여 청송읍과 안덕면, 진보면 지역에 펼쳐져 있다.

　전체적인 지형은 태백산맥의 영향으로 남동쪽이 높고, 북서쪽으로 가면서 낮아지는 편이다. 동쪽은 태행산(太行山, 933m)·주왕산(周王山, 721m)·무포산(舞抱山, 717m), 황장재·대돈산(905m), 금은광이(812m) 등이, 남쪽은 영천시·포항시와 경계를 이루는 보현산(普賢山, 1,126m)·면봉산(眠峰山, 1,113m)·구암산(九岩山, 807m)·베틀봉(930m)·곰내재 등 높은 산들로 둘러싸여 있다. 서쪽은 안동시·의성군과 경계를 이루는 사일산(649m)·연점산(870.6m)·산지봉(890m)·산두봉(719m) 등이, 북쪽은 고산(529m)·비봉산(飛鳳山, 670m)·광덕산(474m) 등 상대적으로 낮은 산들로 둘러싸여 있다.

　청송군의 동쪽은 태백산맥, 주왕산 등 험한 산악지대로서 영덕군, 포항시와 경계를 이루며, 남쪽은 보현산맥이 영천시와 경계를 이루고, 보현산맥의 지맥인 삼도산맥이 군의 중앙을 횡단하여 동서로 흘러 연점산을 이어 안동시와 경계를 이루어 지형이 남북으로 양단되고 용전천은 주왕산면과 부남면에서 흐르는 지류를 합하여 청송읍과 파천면을 경유하여 영양에서 진보면을 지나 임하댐으로 유입되는 반변천과 합류하고, 보현산에서 발원한 보현천은 현서면과 안덕면을 경유하여 현동면을 관류하는 지류를 합하여 낙동강으로 흐르고 있다.

'청송(靑松)'하면 일반인 대부분은 '청송사과'·'청양고추'·'주산지'를 떠올리지만, 역사·고고연구자에게는 '청송백자'나 홍술(洪述)과 선필(善弼)을 기억한다. '원체가 백성들이 순박하고 풍속이 후하여 온종일 고소장을 내는 자가 없었다'고[1] 할 정도로 청송의 행정은 번잡하지 않았다. 이는 '검소하고 솔직한 것을 숭상한다'고[2] 한 것에 연유한 것으로 보인다. 산간 분지형의 지세 때문에 '도원(桃源) 같은 이곳의 경치는 진실로 사랑할 만하다'고[3] 하거나, '산의 지세(地勢)는 기복(起伏)이 있고, 냇물은 빙빙 돈다'고[4] 하였다.

지금의 '청송군'이란 지명은 1423년(세종 5)에 청보군(靑寶郡)의 진보현(眞寶縣)을 분리하고 청부현(靑鳧縣)과 송생현(松生縣)을 병합하면서 생긴 이름이다. 600년 동안 이름이 지속되었다. '청송(靑松)'이란 명칭이 등장하기 전까지 고려시대에는 4개의 영역으로 독자적으로 유지하고 있었다. 송생현과 청부현(靑鳧縣), 안덕현(安德縣), 보성부(甫城府)가 예주(禮州: 현 영덕)나 안동대도호부에 예속되어 있었다.

당시 이들 지역은 주변지역으로 영역을 확대하거나 교류나 교역 등 활발한 대외활동을 하기 위한 입지로는 제약적인 요소가 많았다. 이러한 자연지리적 환경에 의해 고대에는 인근의 의성·안동·영덕을 비롯하여 경주·경산·대구·울산·흥해지역 등에 비해 크게 주목받지 못한 지역이었다. 조선초기에 청송군으로 승격되었음에도 불구하고 "땅이 궁벽함으로 하여 사신(使臣)의 오는 일이 드물기 때문에 관사(館舍)가 갖추어지지 못하였다"라고[5] 할 정도였다.

따라서 이 글은 청송의 고려시대 역사와 위상을 기존의 사료를 통해 추척해 보고자 한

---

1 『新增東國輿地勝覽』 권24, 慶尙道 靑松都護府 樓亭 讚慶樓. "自是民淳俗厚 竟日無狀告者"
2 『新增東國輿地勝覽』 권24, 慶尙道 靑松都護府 風俗. "尙儉率 民淳俗厚"
3 『新增東國輿地勝覽』 권24, 慶尙道 靑松都護府 樓亭. 讚慶樓 "桃源物色政堪媯"
4 『新增東國輿地勝覽』 권24, 慶尙道 靑松都護府 形勝. "山勢起伏川流盤迴"
5 『新增東國輿地勝覽』 권24, 慶尙道 靑松都護府 樓亭 讚慶樓. "嘗以縣粱埵郡 第緣地僻使稀 館舍未備桃源物色政堪媯"

다. 사실 고려시대 청송에 대해 많은 자료가 남아있는 것은 아니다. 그러나 자료가 부족하더라도 고려시대 청송지역의 영역과 지명의 변화과정, 그리고 출신 인물과 남아있는 문화유적을 통해 청송의 역사와 위상을 정리해 보고자 한다.

Ⅱ. 고려시대 청송의 영역과 변화과정

1. 고려시대의 영역 변화

고려시대의 군현제도는 태조와 성종을 거쳐 현종대에 기본 골격을 마련하였다. 940년(태조 23) 처음 주부군현(州府郡縣)의 명칭을 고쳤고, 983년(성종 2) 전국의 교통과 행정상의 요지에 12목(牧)을 설치하였다. 995년(성종 14)에는 10도제(道制)의 실시와 절도사체제(節度使體制)로의 개편이 그것이다. 그러나 주 중심의 지방행정의 전통으로 인해 10도제는 지속되지 못하고 소멸되었다. 1012년(현종 3)에 4도호(都護) 8목(牧)과 56지주군사(知州郡事) 28진장(鎭將) 20현령(縣領)을 설치하였다.[6] 이 현종대의 지방관제가 고려시대의 기본구조가 되었다.

고려시대 군현제 특징 중 하나는 주현(主縣)·속현(屬縣) 체제를 들 수 있다. 주현속현 체제란 지방관이 파견되는 한 개의 주현(主縣)과 지방관이 파견되지 않는 몇 개의 속현(屬縣)을 하나의 '주현속현단위'로 묶어 지방통치의 기본단위로 삼은 제도이다.

고려의 군현제(郡縣制)는 중앙집권적 지방통치를 위하여 일정 크기의 군현을 구획하고 왕이 임명한 외관(外官)을 파견하여 지배하는 체제이다. 그런데 전국적으로 520여 개의 군현 가운데 외관이 파견된 주현이 130개에 불과하여 주현과 속현 숫자가 대략 1대3 정도 비율을 보이고 있다. 또한 군현제 영역에 더불어 향·소·부곡·장·처로 구성되는 부곡제(部曲制) 영역이 복합적인 형태로 구성되어 있다.

고려는 지방행정구역을 주(州)·부(府)·군(郡)·현(縣)으로 구별하였다. 그 안에도 또 외관(外官)간의 등급과 유무에 따라 차이가 있었고, 다시 군사적인 편성으로 구분되어 다양한

---

6 『高麗史』 권56, 지10 地理1 序文.

모습을 하고 있었다. 고려의 주현(州縣)이 외관의 구성으로만 본다면, 3품 이상의 장관이 파견된 경(京)·도호(都護)·목(牧), 5품 이상의 장관이 파견된 지주부군(知州府郡)·방어주진(防禦州鎭), 그리고 7품 이상의 장관이 파견된 현(縣)·진(鎭)의 3계층으로 구분될 뿐이지만 그 안에는 보다 세분된 구별이 있었다. 고려는 모든 주현에 수령을 둔 것이 아니라 그중 중요한 곳에만 파견하였기 때문에 주현(主縣)과 속현(屬縣)의 구별이 있었다. 또한 수령이 설치된 주현 가운데서도 대읍(大邑)인 경·도호부·목을 계수관(界首官)으로 삼아 나머지 영군(領郡)을 관할하도록 하였다. 그러나 양계를 중심으로 한 군사지대는 특별히 방어주진이 설치되어 군정적 업무를 보도록 하였다.

이러한 고려 주현제의 다양성은 부곡제(部曲制)로서 보다 가중되었다. 고려시대에는 정식 주·부·군·현 외에 특수행정구역으로 향(鄕)·부곡(部曲)·소(所)가 편성되고 있었다. 이들 향·부곡·소에는 속현과 같이 수령이 파견되지 않았지만, 그 곳 외리(外吏)로 구성된 읍사(邑司)가 구성되어 상위 예속 군현과 행정업무를 담당한 점에는 차이가 없었다.

지금의 청송군 영역은 고려와 조선초기에 여러 군현이 병합된 까닭에 다른 지역에 비해 매우 복잡하다. 1423년(세종 5) 청보군(靑寶郡)과 송생현(松生縣)을 병합하여 '청송(靑松)'이란 명칭이 등장하기 전까지 고려시대에는 4개의 독자적인 영역으로 유지하고 있었다. 송생현(松生縣)과 청부현(靑鳧縣), 안덕현(安德縣), 보성부(甫城府)가 예주(禮州: 현 영덕)나 안동대도호부에 예속되어 있었다.

이러한 청송군에 대한 고려시대와 조선초기 영역 변화 과정을 자료를 통해 살펴보면 다음과 같다.

① "송생현(松生縣)은 현종(顯宗) 9년(1018)에〈예주에〉내속(來屬)하였다. 인종(仁宗) 21년(1143)에 감무(監務)를 두었다."[7]

② "청부현(靑鳧縣)은 본래 고구려(高句麗) 청이현(靑已縣)으로,[8] 신라(新羅)에 와서 이름을

---

7 『高麗史』 권57, 지11 地理2 慶尙道 禮州 松生縣 "松生縣顯宗九年 來屬 仁宗二十一年 置監務."
8 『三國史記』 正德本(1512년)에서는 '巳'로 되어 있으나, 『高麗史』 (아세아문화사 영인본, 1972)에 '已'로 표기되어 있다(정구복 등, 『역주 삼국사기』 한국학중앙연구원, 2012).

적선(積善)으로 고치고, 야성군(野城郡)의 영현(領縣)이 되었다. 고려(高麗) 초에 부이현(鳧伊縣)이 되었다가, 다시 운봉현(雲鳳縣)으로 고쳤다. 성종(成宗) 5년(986)에 지금 이름으로 바꾸고, 〈예주에〉 내속(來屬)하였다."[9]

③ "안덕현(安德縣)은 본래 고구려(高句麗)의 이화혜현(伊火兮縣)으로, 신라(新羅) 경덕왕(景德王) 때 이름을 연무(緣武)로[10] 고치고, 곡성군(曲城郡)의 영현(領縣)이 되었다. 고려(高麗) 초에 지금 이름으로 바꾸었다. 현종(顯宗) 9년(1018)에 〈안동부에〉 내속(來屬)하였다. 공양왕(恭讓王) 2년(1390)에 감무(監務)를 두었다【공민왕(恭愍王) 18년(1369)에 지도보부곡(知道保部曲)을 승격시켜 의인현(宜仁縣)으로 삼고, 안동(安東)에 소속시켰다. 공양왕(恭讓王) 2년(1390)에 예안(禮安)으로 옮겨 소속되었다.】."[11]

④ "보성부(甫城府)는【재암성(載岩城)이라고도 한다】신라(新羅) 경덕왕(景德王) 때 칠파화현(柒巴火縣)을 진보현(眞寶縣)으로 고치고, 고구려(高句麗)의 조람현(助攬縣)을 진안현(眞安縣)으로 고쳤다. 고려(高麗) 초에 두 현(縣)을 합하여 부(府)를 두었다. 현종(顯宗) 9년(1018)에 〈예주에〉 내속(來屬)하였다."[12]

⑤ "『삼국사(三國史)』를 상고하건대, "경덕왕이 칠파화현(漆巴火縣)을 고쳐서 진보(眞寶)로 하여 문소군(聞韶郡)의 영현(領縣)을 삼았는데, 지금의 보성(甫城)이며, 또 고구려의 조람현(助攬縣)을 고쳐서 진안(眞安)으로 하여 야성군(野城郡)의 영현(領縣)을 삼았는데, 지금의 보성부(甫城府)이다."라고 하였으니, 그렇다면 진보·진안 두 현이 합하여 보성부

---

9 『高麗史』 권57, 지11 地理2 慶尙道 禮州 靑鳧縣 "靑鳧縣本高句麗靑巳縣 新羅改名積善 爲野城郡領縣 高麗初 爲鳧伊縣 又改爲雲鳳縣 成宗五年 更今名 來屬".
10 『三國史記』 권35, 잡지4 地理2 新羅 曲城郡. "曲城郡 本高句麗屈火郡 景德王改名 令臨河郡 領縣一 緣(橡)武縣 本高句麗伊火兮縣 景德王改名 今安德縣" 『三國史記』 正德本에서는 "緣△縣"으로 한 글자의 판독이 불분명하다. 이 글자를 "橡"의 형태로 기록하고 있다. 이에 대해 김정배는 "椽"으로 판독하고 있다. 여기에서는 "緣"과 음이 가장 비슷한 "椽"으로 교감 주해하였다(정구복 등,『역주 삼국사기』한국학중앙연구원, 2012).
11 『高麗史』 권57, 지11 地理2 慶尙道 安東府 安德縣 "安德縣本高句麗伊火兮縣 新羅景德王 改名緣武 爲曲城郡領縣 高麗初 更今名 顯宗九年 來屬 恭讓王二年 置監務【恭愍王十八年 陞知道保部曲 爲宜仁縣 屬安東 恭讓王二年 移屬禮安】" 및 『高麗史』 권57, 지11 地理2 慶尙道 安東府 禮安郡
12 『高麗史』 권57, 지11 地理2 慶尙道 禮州 甫城府 "甫城府【一云載岩城】新羅景德王 改柒巴火縣 爲眞寶縣 又改高句麗助攬縣 爲眞安縣 高麗初 合二縣 置府 顯宗九年 來屬".

(甫城府)가 된 것이다. 고려 현종 무오년(1018)에 예주(禮州) 임내(任內)에 붙였다가, 뒤에 왜구(倭寇)로 인하여 관사(官舍)가 타 없어지고, 사는 백성들이 다 없었는데, 본조 태조 갑술년(1394)에 비로소 보성 감무(甫城監務)를 두고, 태종 계사년(1413)에 진보(眞寶)로 고쳤다. 무술년(1418)에 금상(今上: 세종)이 즉위하자 현(縣)을 청부(靑鳧)와 합하여 청보군(靑寶郡)으로 이름하였다가, 5년 계묘(1423)에 다시 떼어서 진보 현감(眞寶縣監)을 두었다. 소속된 부곡(部曲)이 2이니, 춘감(春甘)과 파질(巴叱)이다."[13]

고려시대의 청송지역은 송생현(松生縣)과 청부현(靑鳧縣), 안덕현(安德縣), 보성부(甫城府) 등 4개 지역이다. 이 지역의 군현들은 명칭의 변천과 통합, 존폐를 거듭하였다. 현재의 청송읍과 파천면, 안덕면과 현동면·현서면, 청송면 송생리와 부동면, 진보면 등에 해당한다. 현재 청송읍 송생리 일대의 송생현(松生縣)은 크게 변하지 않았다. 939년(태조 22) 고창전투(古昌戰鬪) 이후 고려와 후백제 사이의 싸움에서 입장이 불분명했던 송생현을 비롯한 안동·영안(永安)·하곡(河谷)·직명(直明) 등 30여 군현(郡縣)이 왕건에게 귀부한 이후,[14] 1018년(현종 9)에 예주(禮州)에 내속(來屬)되었다가, 1143년(인종 21)에 감무(監務)가 파견되어 속현의 지위에서 벗어났다. 그러나 1203년(신종 6) 송생현의 자복사(資福寺)였던 쌍암사(雙岩寺)의 승도(僧徒)들도 최충헌 정권에 반기를 들었다.

1193년(명종 23년) 김사미(金沙彌)·효심(孝心)의 난에서부터 반란군은 연합 전선을 펴며, 또 일련의 지속적인 양상을 띠게 되었다. 이리하여 명주(溟州, 강릉)의 농민군은 동경(東京, 경주)의 반란군과 합세하였고, 진주(晉州)의 노비 반란군은 합주(陜州, 합천)의 부곡 반란군과 연합하여 공동 전선을 폈다. 또 신라 부흥을 외치며 일어난 동경의 반란군은 운문(雲門)·울진(蔚珍)·초전(草田) 등 각지의 반란군과 연합하였다. 경상도 일대에는 서로 밀접한 연락을 가진 반란군의 연합 전선이 이루어져서 10여 년간 세력을 떨쳤다.

이런 상황에서 무신집권 초기 교종세력은 문신귀족들과 결탁하여 무신정권에 저항하였다. 이것은 무신정권에 대한 도전으로 큰 위협이기도 하였다. 무신정권이 안정기에 들

---

13 『世宗實錄』 권150, 지리지 慶尙道 安東大都護府 眞寶縣
14 『三國史記』 권12, 新羅本紀12 敬順王 4년 1월 및 『高麗史』 권1, 세가1 태조 13년 1월 경인

어서기 전에는 부분적으로 저항했지만, 최충헌(崔忠獻) 정권이 들어서면서 위압과 폭력으로 강압정치를 실시하자 교종사찰이 조직적으로 항전태세를 갖추고 도전하기 시작하였다. 개경 인근의 사찰세력을 중심으로 일어난 반최충헌 정권에 대한 조직적 반발은 이 지역에까지 그 여파가 미쳤다.

송생현(松生縣)의 쌍암사(雙岩寺) 승려들이 흥주(興州, 영주)의 부석사(浮石寺), 대구의 부인사(符仁寺) 승려들과 난을 모의하는 일이 발생하였다. 비록 모의가 실패로 끝났지만, 무신정권으로서는 가볍게 넘길 수 없는 사건이었다. 이 때문에 붙잡힌 그들을 국문(鞫問)하게 하고 섬으로 유배시켰다.[15]

또한 경상도 예주(禮州) 관할이었던 송생현은 1259년(고종 46) 몽골 침입으로 화주(和州)·등주(登州)·정주(定州)·장주(長州) 등이 함락되자, 경상도의 평해(平海)·덕원(德原)·영덕(盈德) 등과 함께 명주도(溟州道)에 소속되었다가, 1290년(충렬왕 16) 덕원·영덕 등과 함께 동계(東界)로 소속되기도 하였다.[16] 이후 1381년(우왕 7) 울진(蔚珍)·삼척(三陟)·평해(平海)·영해(寧海)·영덕(盈德) 등지에 왜구가 침략했을 때 피해를 보기도 하였다.[17] 이들 왜구들은 주로 동해안을 이용해 침입한 것으로 보인다. 경상도 지방은 지리적으로 일본과 가장 가깝다는 조건 때문에 약탈 대상의 지역이 되었다.[18]

청송읍과 파천면 지역인 청부현(靑鳧縣)은 고구려 때 청이현(靑已縣)이었다. 757년(경덕왕 16)에 전국의 군현(郡縣) 명칭을 한식(漢式)으로 개명할 때, 청이현(靑已縣)에서 적선(積善)이라 개명하여 야성군(野城郡, 지금의 영덕) 영현이 되었다. 고려 초에는 부이(鳧伊)라 개칭하고, 다시 운봉(雲鳳)이라 고쳐 부르다가 986년(성종 5)에 청부(靑鳧)로 그 이름이 다시 바뀌었으며, 예주군(禮州郡, 현 영덕군)의 속현이었다. 이렇게 잦은 지역 이름이 변화는 이례적이다. 1425년(세종 7)에 편찬된 『경상도지리지』 청부현 연혁에는 신라 때 적선현(積善縣)이 936년(태조

---

15 『高麗史節要』 권14, 神宗 6년 9월 및 『高麗史』 권100, 列傳13 諸臣 丁彦眞.
16 『高麗史』 권57, 지11 地理2 慶尙道 沿革.
17 『高麗史』 권134, 列傳 47 禑王 7년 3월 및 『高麗史節要』 권31, 禑王 7년 3월.
18 왜구는 고종 10년(1223)에서 공양왕 4년(1392)까지 169년간 519회 침입하였다. 왜구가 창궐하기 시작한 충정왕 2년(1350)부터 보면, 42년 동안 506회로 연평균 12회 침입한 사실을 알 수 있다. 왜구가 가장 많이 침입했던 우왕 연간에는 연평균 27회의 숫자를 보이고 있으며, 가장 극심했던 해는 우왕 9년의 50회로 월평균 4회를 넘고 있다.

19) 부이현(鳧伊縣)과 운봉현(雲鳳縣)로 바뀐 것으로 보인다. 고려초로 보이는 이 2개의 지명이 동시에 보이고 있는데, 운봉현은 이칭이 아닐까 추정된다.[19]

현재 안덕면 일대의 안덕현(安德縣)은 고구려(高句麗) 때 이화혜현(伊火兮縣)이었다가, 757년(경덕왕 16)에 녹무(綠武, 椽椋武)로 바뀌고, 곡성군(曲城郡)의 영현(領縣)이 되었다. 고려 초에 안덕현으로 바꾸었으며, 1018년(현종 9)에 안동부에 내속(來屬)되었다. 1390년(공양왕 2)에 감무(監務)를 두었다. 1369년(공민왕 18)에 지도보부곡(知道保部曲)을[20] 승격시켜 의인현(宜仁縣)으로 삼고, 안동부(安東府)의 속현이 되었다. 이후 1390년(공양왕 2)에 예안현(禮安縣)으로 옮겨 소속되었다.

진보면에 해당하는 보성부(甫城府)는 930년(태조 13) 재암성(載巖城) 장군 선필(善弼)이 내투(來投)하여 승격된 지명이다. 경덕왕이 칠파화현(漆巴火縣)을 진보(眞寶)로 고쳐 문소군(聞韶郡)의 영현(領縣)이 되었다. 또 고구려의 조람현(助攬縣)을 진안(眞安)으로 고쳐 야성군(野城郡)의 영현(領縣)이 되었다.

고려 초에 이곳의 장군인 홍유(洪儒, ?~929), 선필(善弼, ?~?)이 고려에 귀부한 공으로 진보・진안현을 합하여 보성부(甫城府)로 승격하였다.[21] 1018년(현종 9)에 안동부에 내속(來屬)되었다. 부(府)란 대체로 지군사(知府事)가 설치된 보통 부를 말한다. 그러나 한 예에 불과하지만, 예주에 소속된 보성부는 부이면서도 수령이 없는 속부(屬府)로 존속하였다.

2. 조선초기의 영역 변화

조선 전기의 청송지역은 1418년(세종 즉위) 청보군(靑寶郡)이 되었다가, 1423년(세종 5) 청송군(靑松郡)으로, 1459년(세조 5) 청송도호부로 존재하였다. 우선 청송지역의 영역 변화과정을 살펴보면 다음과 같다. 예컨대,

---

19 윤경진, 2012 『高麗史』 地理志의 分析과 補正』, 여유당, 317쪽 참조.
20 知道保部曲은 禮安縣의 읍치에서 동쪽 9리에 위치해 있었다(『新增東國輿地勝覽』 권25, 慶尙道 "宜仁廢縣 在縣東九里 本安德縣知道保部曲 高麗恭愍王陞爲縣 改今名 屬安東 恭讓王時 來屬).
21 『三國史記』 권12 新羅本紀12 敬順王 4년 春正月 및 『高麗史』 권1, 세가1 태조 13년 1월.

Ⓐ "도평의사사에서 경상도도관찰사 민개(閔開)의 보고를 갖추어 계(啓)하였다. "청하옵건대, …(중략)… 안덕(安德)을 송생(松生)에 속하게 하고, 청부(靑鳧)는 보성(甫城)에 속하게 하고, 영선(永善)은 명진(溟珍)에 속하게 하고, 안강(安康)은 계림(鷄林)에 도로 속하게 하고, 길안(吉安)은 안동(安東)에 속하게 하소서." 그대로 따랐다."[22]

Ⓑ "이조에서 계하기를, "진보(眞寶)의 속현(屬縣) 청부(靑鳧)는 곧 중궁의 내향(內鄕)이니, 청컨대 승격시켜 청보군(靑寶郡)으로 하시옵소서."하니, 그대로 따랐다."[23]

Ⓒ "청보군(靑寶郡)을 고쳐 청송(靑松)으로 하였다. 청부현(靑鳧縣)은 소헌왕후(昭憲王后)의 고향이다. 그렇기에 진보현(眞寶縣)을 합하여 군으로 승격시켜 청보군이라 하였던 것인데, 이에 이르러 송생현(松生縣)을 옮겨다 합쳐서 청송군이라 하였다."[24]

Ⓓ "전지하기를, "청송군(靑松郡)은 옛 청부현(靑鳧縣)을 본읍(本邑)으로 삼으라." 하였다."[25]

Ⓔ "예전의 청부(靑鳧)는 본디 고구려의 청이현(靑已縣)인데, …(중략)… 본조 태조 3년(1394) 갑술에 진보(眞寶)와 합하였는데, 무술년(1418)에 금상(今上)이 즉위하자, 공비(恭妃)의 내향(內鄕)인 까닭으로 청보군(靑寶郡)으로 승격시켰다. 송생현(松生縣)은 …(중략)… 금상(今上) 5년(1423) 계묘에 청부(靑鳧)에 합하여 이름을 청송(靑松)으로 고치고, 진보(眞寶)를 쪼개어 다시 현감(縣監)을 두었다. 속현(屬縣)이 1이니, 안덕현(安德縣)이다. …(중략)…본조 태조 3년(1394) 갑술에 송생현에 합하였다가, 금상(今上: 세종) 계묘년(1423)에 내속(來屬)시켰다."[26]

Ⓕ "본래 고구려의 청이현(靑已縣)이다. …(중략)… 성종(成宗)은 청부(靑鳧)라고 고쳐서 예주(禮州)의 속현으로 하였다. 본조에서는 태조 3년(1394)에 진보현(眞寶縣)에 합쳤고, 세종(世宗)이 즉위하던 해에 소헌왕후(昭憲王后)의 본향(本鄕)이라고 하여 승격시켜 청보군(靑寶郡)으로 하였다가, 뒤에 진보(眞寶)를 떼내어 현감(縣監)을 두고, 송생현(松生縣)을 가져다 붙였으며, 인하여 지금의 이름인 청송으로 고쳤다. 세조조(世祖朝)에 승격시켜 도호부(都護府)로 하였다.【속현】안덕현(安德縣) 부의 남쪽 53리에 있다. …(중략)…

---

22 『太祖實錄』 권5, 태조 3년 3월 7일 병오.
23 『世宗實錄』 권1, 세종 즉위년 9월 25일 임신.
24 『世宗實錄』 권22, 세종 5년 10월 27일 갑술.
25 『世宗實錄』 권24, 세종 6년 4월 26일 신미.
26 『世宗實錄』 권50, 지리지 慶尙道 安東大都護府 靑松郡.

본조에서는 태조조(太祖朝)에 송생현(松生縣)에 합하였고, 세종조(世宗朝)에 본부(本府)의 속현(屬縣)이 되었다."²⁷

ⓖ "송생폐현(松生廢縣) 부의 동쪽 15리에 있다. 고려 현종(顯宗) 9년(1018)에 예주(禮州)에 예속시켰고, 인종(仁宗) 21년(1134)에 감무(監務)를 두었다. 본조 세종조(世宗朝) 때 청부현(靑鳧縣)에 합하였다."²⁸

ⓗ "『삼국사(三國史)』를 상고하건대, "…(중략)… 고려 현종 무오년(1018)에 예주(禮州) 임내(任內)에 붙였다가, 뒤에 왜구(倭寇)로 인하여 관사(官舍)가 타 없어지고, 사는 백성들이 전연 없었는데, 본조 태조 갑술년(1394)에 비로소 보성 감무(甫城監務)를 두고, 태종 계사년(1413)에 진보(眞寶)로 고쳤다. 무술년(1418)에 금상(今上: 세종)이 즉위하자 현(縣)을 청부(靑鳧)와 합하여 청보군(靑寶郡)으로 이름하였다가, 5년 계묘(1423)에 다시 떼어서 진보 현감(眞寶縣監)을 두었다. 소속된 부곡(部曲)이 2이니, 춘감(春甘)과 파질(巴叱)이다."²⁹

이렇게 '청송(靑松)'이란 명칭은 조선초기에 처음 등장한다. 1394년(태조 3)에 안덕현(安德縣)을 송생현(松生縣)의 속현(屬縣)으로, 청부현(靑鳧縣)을 보성부(甫城府)의 속현으로 예속시켰다. 그리고 1418년(세종 즉위) 소헌왕후(昭憲王后)의 본향(本鄕)이라는 것으로 청부현과 진보현을 합쳐 청보군(靑寶郡)으로 이름을 바꾸었다. 1423년(세종 5)에 청보군(靑寶郡)의 진보현(眞寶縣)을 분리하고 청부현(靑鳧縣)과 송생현(松生縣)을 병합하면서 생긴 지명이다. 청보군의 진보현을 분리하고 청부현(靑鳧縣)의 '청(靑)'과 송생현(松生縣)의 '송(松)'을 따 청송군(靑松郡)으로 합쳐진 지명이다.

세종의 비인 소헌왕후(昭憲王后, 1395, 태조 4~1446, 세종 28)는 청송 심씨로 조부는 개국공신 심덕부(沈德符), 아버지는 심온(沈溫), 어머니는 순흥 안씨 가문 안천보(安天保)의 딸이다. 심덕부를 중심으로 하여 청송 심씨 가문은 번성하였고, 소헌왕후의 숙부 심종(沈淙)이 태조의 사위가 되면서³⁰ 왕실과도 긴밀한 관계를 맺게 되었다.

---

27 『新增東國輿地勝覽』 권24, 慶尙道 靑松都護府.
28 『新增東國輿地勝覽』 권24, 慶尙道 靑松都護府.
29 『世宗實錄』 권150, 지리지 慶尙道 安東大都護府 眞寶縣.

소헌왕후는 심온의 장녀로서, 1408년(태종 8)에 왕자 충녕군(忠寧君) 이도(李祹)과 혼인하였다. 1418년(태종 18) 4월 충녕대군이 왕세자에 책봉되자 경빈(敬嬪)에 봉해졌으며, 같은 해 9월에 내선(內禪)을 받아 즉위하니 12월에 왕후로 봉하여 공비(恭妃)라 일컬었다.[31] 그러나 1432년(세종 14)에 중궁(中宮)에게 미칭(美稱)을 올리는 것은 옛날에도 없었던 일이라 하여 왕비로 개봉되었다.

심온은 세종이 즉위한 뒤 영의정에 올라 사은사(謝恩使)로 명나라에서 귀환하던 중 아우 심청(沈沜)이 군국대사를 상왕(上王: 태종)이 처리한다고 불평한 일로 대역(大逆)의 옥사(獄事)가 일어나 그 수괴로 지목되어 수원(水原)으로 폄출되어 사사되었다.[32] 이 일로 폐비의 논의가 있었으나, 내조의 공이 인정되어 일축되었다. 1446년에 52세로 죽자 헌릉(獻陵)에 장사지냈다. 뒤에 세종의 능인 영릉(英陵)으로 이장하였다.[33]

1423년(세종 5) 송생현(松生縣)을 청보군(靑寶郡)의 청부현(靑鳧縣)과 합하여 이름을 '청송군(靑松郡)'으로 고치고, 이때 청송군의 읍치는 옛 청부현(靑鳧縣)의 읍치를 그대로 이어 받아 행정의 중심지가 되었다.[34] 그러나 관아가 군내 한쪽에 위치했기 때문에 옛 진보현 백성들이 불편한 점이 많다는 청원이 계속되자, 진보(眞寶)를 쪼개어 다시 현감(縣監)을 두었다.

결국 송생현은 청보군(靑寶郡)의 청부현과 합병되면서 폐현(廢縣)되었다. 이후의 각종 지리지에는 송생고현(松生古縣)으로 기록되어 있다.[35] 송생현이 폐현될 당시 청부의 호수는 36호, 인구가 2백 17명이며, 송생현에는 50호에 343명이었다.[36] 이후 1459년(세조 5)에 세조 자신의 어머니인 소헌왕후(昭憲王后)의 내향(內鄕)이라는 이유로 청송군(靑松郡)을 승격시켜 도호부(都護府)로 삼았다.[37]

---

30 『太祖實錄』 권4, 태조 2년 10월 10일 임오.
31 『世宗實錄』 권1, 세종 즉위년 8월 14일 신묘 및 권2, 세종 즉위년 11월 10일 병진.
32 『世宗實錄』 권2, 세종 즉위년 12월 23일 무술 및 세종 즉위년 12월 25일 경자 靑川府院君 沈溫卒記
33 『世宗實錄』 권112, 세종 28년 6월 6일 임인.
34 『世宗實錄』 권24, 세종 6년 4월 26일 신미.
35 『新增東國輿地勝覽』 권24, 慶尙道 靑松都護府 및 『輿地圖書』 慶尙道 靑松 古跡, 『大東地志』 권7, 慶尙道 靑松 沿革.
36 『世宗實錄』 권150, 지리지 慶尙道 安東大都護府 靑松郡.
37 『世祖實錄』 권16, 세조 5년 6월 14일 갑자.

한편, 고려 때의 안덕현은 1369년(공민왕 18) 속현에서 벗어나 지도보부곡(知道保部曲)을 병합하여 의인현(宜仁縣)이 되어 안동 소속으로 있다가, 1390년(공양왕 2)에 예안(禮安)에 이속(移屬)되었다.[38] 1394년(태조 3)에 송생현의 속현이 되었다가, 1423년(세종 5) 청송군으로 이름이 바뀔 때에 내속(來屬)되었다.[39] 당시 안덕현의 호수는 48호, 인구가 2백 55명의 사람이 거주하였음을 알 수 있다.[40] 1459년(세조 5) 청송군은 안덕현(安德縣)을 통합하여 청송도호부(靑松都護府)로 승격하였다.[41]

한편, 고려 때 보성부(甫城府)는 1394년(태조 3) 청부현(靑鳧縣)이 속현으로 예속되었다. 1416년(태종 16) 군현의 명칭이 소리가 서로 비슷한 각 고을의 칭호를 고치도록 하는 조처에[42] 따라 진보(眞寶)로 바뀌었다. 1418년(세종 즉위) 청부현과 병합하여 청보군(靑寶郡)이 되었으며, 1423년(세종 5)에 다시 진보현으로 분리되었다. 1474년(성종 5) 진보현민인 전 녹사(錄事) 금맹함(琴孟諴)이 현감 신석동(申石同)을 구타, 능멸했다는 이유로 폐현되어[43] 다시 청송부에 소속시켰다가,[44] 4년만에 복현(復縣)되었다.[45] 이후 1914년 전국의 부·군·면의 통폐합 정책에 따라 진보군이 폐지되었고 그 관하 4개 면이 청송군에 편입되었다.

위의 청송군의 영역 변화 과정을 정리하면 다음과 같다. 고려시대 때는 송생현과 안덕현, 청부현(부이, 운봉), 보성부(재암성)로 존재하고 있었다. 그러나 안덕현은 송생현의 속현으로 예속되었으며, 지도보부곡(知道保部曲)과 합해서 의인현(宜仁縣)으로, 보성부는 조선초 태종 때 진보(眞寶)로 이름이 바뀌었다가, 세종 때 청부(靑鳧)와 합하여 청보군(靑寶郡)으로 되었으며, 다시 진보현으로 회복하였다.

이후 갑오개혁과 을미개혁으로 1895년(고종 32) 6월에 8도제를 폐지하고 전국에 23부

---

38 『世宗實錄』 권150, 지리지 慶尙道 安東大都護府 禮安縣
39 仁義縣은 예안현의 동쪽 9리에 위치해 있었다. 『大東地志』 권8, 慶尙道 禮安 古邑 "宜仁 東九里 本安德縣之知道保部曲 高麗恭愍王十八年 陞宜仁縣 屬安東府 恭讓王二年來屬"
40 『世宗實錄』 권50, 지리지 慶尙道 安東大都護府 靑松郡. 『慶尙道地理志』에 의하면, 청송부의 호구수는 144호 1589인, 진보현이 78호 994인이었다고 한다.
41 『世祖實錄』 권16, 세조 5년 6월 14일 갑자.
42 『太宗實錄』 권32, 태종 16년 8월 10일 기사.
43 『成宗實錄』 권40, 성종 5년 3월 26일 신해.
44 『成宗實錄』 권43, 성종 5년 6월 15일 무진.
45 『成宗實錄』 권49, 성종 9년 5월 21일 임오.

제가 실시되자, 청송군으로 개칭하고 안동도호부에 편입되어 안동부 청송군·진보군이 되었다. 1896년에 13도 실시에 따라 4등군으로 분리되어 경상북도 청송군·진보군이 되었다. 일제강점기인 1914년 행정구역 통폐합으로 진보군 일부를 합하여 청송군이 되었다. 이때부터 청송군은 청송·진보·파천·부동·부남·현동·현서·안덕면으로 구분되어 지금까지 이어지고 있다.

즉, 1394년(태조 3)에 안덕현이 송생현의 속현이 되었고, 청부현은 보성부의 속현이 되었다. 1418년(세종 즉위) 청부현과 진보현을 합쳐 청보군(靑寶郡)이 되었으며, 1423년(세종 5) 송생현을 청부현에 병합하여 '청송군(靑松郡)'으로 고치고, 진보현을 분리하여 독립시켰다. 그리고 이때 송생현은 폐현(廢縣)되었다. 1459년(세조 5) 청송군은 안덕현(安德縣)을 통합하여 청송도호부(靑松都護府)가 되었다.

1895년 청송군으로 다시 환원되기 전까지[46] 437년 동안 도호부로 유지되고 있었다. 이는 조선 왕조 500년 동안 거듭된 왕명(세종·세조)으로 속현(屬縣)에서 도호부로 승향(陞鄕)된 유일한 사례이다. 이후 1895년에 안동부 소속 청송군으로, 1914년에 청송군과 진보군이 합쳐져 청송군이 되었다.

청송군은 산지에 자리하고 있다. 동쪽으로 태백산맥이 위치해 있으며, 태백산맥을 넘으면 영덕과 동해바다로 이어지는 연해지역의 배후 군현이다. 남쪽으로는 경주, 영천, 신령이 있다. 서쪽으로 의성과 안동이 있으며, 북쪽으로는 진보와 같은 내지 군현들이 위치해 있다. 고려시대 청송 주변의 대읍은 동경(경주)과 안동도호부, 상주목이 대표적이다.

청송은 영남대로 중 경주, 영천, 의성 안동으로 이어지는 좌로(左路)에 벗어나 있고, 또한 사신 왕래가 드문 사례를 보면, 주요 도로상의 위치에 있지 않았다. 한마디로 궁벽한 고을이었다.

그러나 유사시에는 경주에서 청송을 경유하여 안동으로 갈 수 있는 우회도로가 된다. 이 도로는 경주에서 안강, 죽장이부곡(竹長伊部曲), 유현(柳峴), 문거역(文居驛), 청운역, 청송, 길안, 금소역을 거쳐 안동으로 갈 수 있다. 현재 31번 국도와 유사한 길이다. 또한 연해군현인 영덕과 내지 군현인 의성과 연결되는 도로가 있다. 영덕에서 출발하여 설티[雪峴], 주

---

46 『高宗實錄』 권33, 고종 32년 5월 26일 병신.

산령(注山嶺), 이전평역(梨田坪驛), 의성으로 이어지는 도로이다. 나머지 도로는 인근 지역과 연결된 청송~의흥, 청송~신녕, 청송~영천, 청송~흥해, 청송~진보와 연결되어 있다.

Ⅲ. 고려시대 청송의 인물과 문화유적

1. 고려시대 청송의 인물

후삼국을 통일한 왕건은 940년(태조 23) 전국 군현의 명칭을 개정하고, 공신의 책정, 역분전(役分田)의 지급, 토성(土姓) 분정 및 본관제(本貫制)를 시행하였다. 토성 분정은 고려 왕조의 성립에 공을 세운 전국의 지방세력에게 성씨를 하사한 것이다. 조선 전기에 편찬된 『세종실록지리지(世宗實錄地理志)』에는 고려시대 각 고을의 토성(土姓)들이 망라되어 있다.

"청부(靑鳧)의 성이 5이니, 심(沈)·김(金)·전(全)·장(蔣)·신(申)이요, 송생(松生)의 성이 3이니, 윤(尹)·노(盧)·전(全)이며, 내성(來姓)이 3이니, 전(全)·박(朴)·이(李), 촌성(村姓)이 1이니, 정(鄭)이다. 안덕(安德)의 성이 5이니, 김·이(李)·손(孫)·전(全)·장(蔣)이며, 인물(人物)은 문하 좌정승(門下左政丞) 청성백(靑城伯) 심덕부(沈德符)이다【고려 말기 사람인데, 국초(國初)에 일어나서 수상(首相)이 되었다】.[47]

"【성씨】청부(靑鳧) 심(沈)·김(金)·전(全)·장(蔣)·신(申). 송생(松生) 윤(尹)·노(盧)·전(全), 정(鄭) 촌성(村姓)이다. 김(金)·박(朴)·이(李) 모두 내성(來姓)이다. 안덕(安德) 김(金)·이(李)·손(孫)·전(全)·설(薛) 장(蔣)이라 하기도 한다."[48]

이에 의하면 청송의 경우, 청부현의 토성으로 심(沈)·김(金)·전(全)·장(蔣)·신(申)이 확인

---

47 『世宗實錄』 권150, 지리지 慶尙道 安東大都護府 靑松郡.
48 『新增東國輿地勝覽』 권24, 慶尙道 靑松都護府.

된다. 송생현의 토성으로 윤(尹)·노(盧)·전(全) 외에도 내성(來姓)인 전(全)·박(朴)·이(李) 및 촌성(村姓)인 정(鄭)이 있다. 안덕현의 토성으로 김(金)·이(李)·손(孫)·전(全)·장(蔣)이 확인된다. 진보현의 토성으로 조(趙)·이(李)·김(金)·박(朴)·백(白)과 속성(續姓)인 전(全), 춘감부곡(春甘部曲)과 파질부곡(巴叱部曲)의 부곡성(部曲姓)인 오(吳)가 있다.

이러한 성씨들 가운데, 983년(성종 2) 호족에 대한 이직(吏職)이 개편되면서 점차 고을의 행정 실무를 담당하는 향리층(鄕吏層)을 형성하게 되었다. 이들은 예비 관료층으로 존재하며, 고려 후기부터 상경종사(上京從仕)를 통해 중앙 관료로 진출했고, 향촌(鄕村) 내 위상을 높여 갔다.

고려의 후삼국 통일과정에서 지방세력으로 활약한 진보성주 홍술(洪述)과 재암성주 선필(善弼), 그리고 이 지역 토성 출신의 대표적인 인물로는 청송 심씨(靑松沈氏) 심홍부(沈洪孚)와 진성 이씨(眞城李氏) 이자수(李子脩), 진보 조씨(眞寶趙氏) 조용(趙庸) 등이 있다. 이들은 모두 고려초와 고려말에 등장하는 인물들이다. 고려 중기 이후 문벌귀족이나, 권문세가가 드러나지 않는 점도 이 지역의 특징이라 할 수 있다.

진보성주 홍술(洪述)과 재암성주 선필(善弼)이 등장하는 시기는 후백제의 견훤과 고려의 태조 왕건이 신라를 두고 쟁패를 벌이던 시기이다. 나말여초 후삼국시대에 이르러 여러 지역에는 중앙의 통제를 벗어나 성주(城主)·장군(將軍)을 자칭하는 호족들이 등장하였다. 이들은 지방사회를 통치하였고 중앙의 정치기구를 모방한 독자적인 지배기구인 관반제(官班制)를 갖추고 있었다. 또한 이들은 경제력은 물론 권력과 무력을 갖추고 문화를 독점적으로 향유하였으며, 사상적으로는 당시 새로이 전래된 선종(禪宗) 불교를 받아 들여 이를 후원하고 있었다. 그리하여 일정한 지역에서 대두한 호족 중 세력이 가장 유력한 호족은 그 수장을 통하여 하위의 호족을 지배하였다.[49]

이러한 지방 호족세력은 그 유형을 몇 가지로 분류할 수 있는데, 김주원(金周元)의 후예인 명주(溟州)의 김순식(金順式)처럼 지방 호족을 토대로 하여 신라정부에 반대적 입장을 취하는 부류, 청해진(淸海鎭)의 장보고(張保皐), 강주(康州)의 왕봉규(王逢規) 등과 같이 해상세력으로서의 호족, 견훤과 같이 지방 군사세력으로 중앙정부에 반기를 든 경우, 기훤(箕萱)·양

---

[49] 金甲童, 1990 『羅末麗初의 豪族과 社會變動研究』 高麗大 民族文化研究所, 254쪽.

길(梁吉)·궁예(弓裔) 등과 같이 초적(草賊)·군도(群盜)의 무리가 도당화(徒黨化)된 부류 등이 그것이다.[50]

이처럼 후삼국 성립 시기의 각 지역의 호족세력들은 수시로 변화하는 삼국 간의 세력 판도에 따라 자신들의 세력 기반을 보호하고 유지하기 위해, 혹은 자신들의 정치적 신념과 이해 관계에 의해 또는 지리적 여건에 따라 고려나 후백제 또는 신라 측에 가담하였다.

나말려초의 호족들은 후삼국시기를 거쳐 국가체제에 편입되기 시작하였고 궁예와 견훤, 왕건 중에서 결국 개인적인 능력이 뛰어난 왕건에 의해 통합되어 갔다. 특히 옛 신라 영역에 해당된 호족세력들은 고려와 후백제의 각축전이 전개되는 동안 견훤의 무력주의 노선을 배척하고 평화주의를 표방한 태조 왕건을 지지함으로써 태조 왕건이 후삼국을 통일하는 데 크게 기여하였다.

이러한 점은 고려의 남진정책과 후백제의 동진정책의 충돌과정에서 드러난다. 고려는 상주·합천·진주로 연결되는 경상도의 서쪽을 확보함으로써 후백제의 공격으로부터 신라를 보호하고 고려의 영향권으로 끌어 들이려는 것이고, 후백제는 상주와 안동으로 진출하여 고려의 남진을 물리치고 신라를 후백제의 판도로 끌어 들이려는 것이었기 때문이다.

920년(태조 3)에는 강주(康州, 진주) 장군 윤웅(閏雄)이 고려에 귀부하였으며, 922년(태조 5)에는 하지현(下枝縣, 안동의 풍산면) 장군 원봉(元奉, 元逢)과 명주(溟州) 장군 순식(順式), 지성(命旨城) 장군 성달(城達), 진보(眞寶, 청송의 진보면) 성주 홍술(洪述) 등이, 923년(태조 6)에는 경산부(京山府, 또는 벽진군(碧珍郡) 장군 양문(良文)이, 925년(태조 8)에는 고울부(高鬱府, 영천) 장군 능문(能文)이 각각 고려에 귀부하였다. 930년(태조 13)에는 재암성(載巖城, 청송의 진보) 장군 선필(善弼)이 고려에 귀순하였으며, 또 동해안의 여러 주군이 고려에 귀순하여 흥례부(興禮府, 蔚山)에까지 이르니, 왕건은 경주의 북쪽 50리 되는 곳에 닐어진(昵於鎭, 神光鎭)을 설치하고 스스로 이곳에 순행하였다.[51]

한편, 고려와 후백제의 쟁패전에서 견훤의 공격은 매우 집요하였다. 한때는 후백제의 세력이 오히려 강하여 각처에서 거센 공격을 가하므로 고려와 후백제간의 전선은 혼전상

---

50 金哲埈, 「後三國時代의 支配勢力의 性格에 대하여」 『李相佰博士回甲紀念論叢』, 1964 ; 『韓國古代社會研究』, 知識産業社, 1975.
51 『高麗史』 권1, 세가1 太祖 13년 2월 경자.

태에 빠지게 되었다. 그러나 고려의 반격도 만만치 않았다. 태조 10년에 왕건 자신이 후백제의 용주(龍州, 醴泉郡 龍宮面)를 쳐서 항복받고, 같은 해에 운주(運州)에 들어가 성주 긍준(兢俊)을 격파하고, 또 근품성(近品城, 聞慶郡의 山陽面)을 함락시켰다. 동년 4월에는 해군장군(海軍將軍) 영창(英昌)과 능식(能式) 등을 보내어 수군으로 강주 관내의 전이산(轉伊山)·노포(老浦)·평서산(平西山, 이상 모두 南海郡 소속)·돌산(突山, 麗水의 突山島) 등 네 고을을 쳤으며, 동년 7월에는 대야성을 격파하고 후백제의 장군 추허조(鄒許祖) 등 30여 인을 사로잡았는데, 판세의 전환은 고창(古昌, 안동)전투에서 결정되었다.

그 계기는 태조 10년 9월 견훤이 영천을 거쳐 경주를 기습하여 경애왕을 죽인 뒤에 왕의 외사촌 아우 김부(金傅, 경순왕)를 왕으로 세우고, 금은보화와 병기 등을 약탈하고 왕비와 궁녀들을 능욕하는 등의 만행을 저지른 뒤부터 신라 영역내의 호족들의 움직임은 친왕건 쪽으로 기울어져 갔기 때문이다.

고려는 939년(태조 22) 고창전투(古昌戰鬪)에서 후백제의 시랑 김악(金渥)을 사로잡았고, 죽인 사람의 수가 8,000명이었다.[52] 이 전투에서 고려가 대승을 거둠으로써 후삼국을 통일할 수 있는 유리한 고지를 점령하였다. 이후 고려와 후백제 사이의 싸움에서 입장이 불분명했던 송생현을 비롯한 안동·영안(永安)·하곡(河谷)·직명(直明) 등 30여 군현(郡縣)이 서로 차례로 귀부해왔다.[53] 곧이어 명주(溟州)부터 흥례부(興禮府)에 이르는 동해안 일대의 110여 성(城)이 역시 고려에 귀부하였다.[54] 이에 고려는 이 전투에서 공이 많았던 김선평(金宣平), 권행(權行), 장길(張吉)에게 대광(大匡)과 대상(大相)의 관계(官階)를 주어 포상하였고, 고창군을 안동부(安東府)로 승격시켰다. 이 지역 호족인 재암성 장군 선필이 귀부하고, 김선평(金宣平)·권행(權幸)·장길(張吉) 등이 왕건에게 가담함으로써 견훤을 대패시키는데 결정적인 공헌을 하였던 것이다.

결국 후백제의 동진정책은 좌절되고 대세는 고려 측에 유리하게 되어 후백제는 신라의 외곽전선에서 후퇴할 수밖에 없게 되었다. 고려는 후백제의 정면에서 공격을 가할 수 있게 되었다.

---

52 『高麗史』 권1, 세가1 太祖 13년 1월 병술.
53 『高麗史』 권1, 세가1 태조 13년 1월 병술, 경인 및 권92, 列傳5 庾黔弼.
54 『高麗史』 권1, 세가1 태조 13年 2월 을미.

한편, 고창전투에서 참패를 당한 후백제에서도 점차 붕괴의 징조가 나타나기 시작하였다. 후백제를 고립시키려는 왕건의 친신라정책과 호족포섭책은 마침내 후백제 내부의 동요를 가져 오게 하였다. 후백제 매곡현(昧谷縣)의 장군 공직(龔直)이 고려로 자진 투항해 왔다.[55] 매곡현은 지금의 충북 회북(懷北)으로 지리적으로 청주(靑州)·보은(報恩)·문의(文義)와 접경을 이루고 있는 험준한 곳으로써, 918년(태조 원년)을 전후로 하여 고려와 후백제의 세력 각축장이 되었던 중북부의 접경지역이었다. 공직이 왕건에게 귀부한 이후 중북부 지역은 고려에게 매우 유리한 상황이 전개되었다. 공직이 귀부한 다음 달인 7월 왕건이 친히 일모산성(一牟山城, 淸原郡 文義面)을 정벌하였고, 또 934년(태조 17) 9월에는 운주(홍성)를 정벌하여 견훤을 크게 격파시켰다. 이어 후백제의 웅진(熊津) 이북 30여 성에서 항복을 받았다.[56]

이렇게 후삼국의 통일과정에서 고려왕조 협력한 호족들은 두 가지의 방향으로 나아가게 된다. 하나는 중앙으로 진출하여 문벌귀족화하게 되는 부류이고, 다른 하나는 지방에 남아있으면서 왕권강화와 더불어 향리화의 길을 걷게 되는 부류이다. 그러나 지방에 남아 있던 향리들도 과거나 천거의 길을 통해 중앙관리로 진출할 수 있는 길은 열려 있었다.

청송지역에도 고려 태조 왕건을 도와 큰 활약을 하게 된 이들이 있었다. 이들이 바로 재암성 장군 선필(善弼)과 진보성주 홍술(洪術)이었다. 이들이 왕건에게 얼마나 각별한 대우를 받았는가 하는 사실은 여러 일화로 증명된다. 홍술이 후백제의 견훤과 싸우다가 전사했을 당시 왕건은 "내 양손을 잃었다"라며 절규하였고, 선필에게는 "상보(尙父)"라 호칭하며 웃어른으로 대했다. 예컨대,

"겨울 11월 신사 진보성(眞寶城) 성주(城主) 홍술(洪術)이 사신을 보내 항복하기를 요청하자 원윤(元尹) 왕유(王儒)와 경(卿) 함필(含弼) 등을 보내 위로하고 타일렀다".[57]

"겨울 11월 무신 진보성(眞寶城) 성주(城主) 홍술(洪術)이 아들 왕립(王立)을 보내 갑옷 30벌을 바치자 왕립을 원윤(元尹)으로 임명하였다".[58]

---

55 『高麗史』 권2, 세가2 태조 15년 6월.
56 『高麗史』 권2, 세가2 태조 15년 7월 신묘 및 17년 9월 정사.
57 『高麗史』 권1, 세가1 태조 5년 冬11월 및 『高麗史節要』 권1 태조 5년 冬11월.

"신사 견훤(甄萱)이 갑옷 입은 병사 5,000명으로 의성부(義城府)를 쳐들어오자, 성주(城主)인 장군(將軍) 홍술(洪術)이 전사하였다. 왕은 통곡하며 말하기를, "내가 양 손을 잃었구나."라고 하였다. 또 견훤이 순주(順州)로 쳐들어오자 장군 원봉(元奉)이 도망쳤다."[59]

홍술(洪術, ?~929)은 신라 말에 진보현(眞寶縣)의 유력 세력 가운데 하나였다. 889년(진성여왕 3) 농민 봉기를 계기로 자립하여 진보성주(眞寶城主)가 되었다. 홍술은 신라말의 혼란을 틈타 독자적인 세력으로 성장하였으며, 왕건의 세력과 멀리 떨어져 있음에도 922년(태조 7) 왕건에게 귀부하여 남다른 대우를 받았다. 특히 왕건은 그의 귀부를 크게 치하하며 관할 지역을 '의성부(義城府)'로 승격시켰다. 923년(태조 8) 홍술은 아들 왕립(王立)을 왕건에게 보내 갑옷 30벌을 헌상하였는데, 왕건은 왕립에게 원윤(元尹)의 품계를 하사하였다. 이후 929년(태조 12) 견훤(甄萱)이 정예 5천 명을 이끌고 의성지역으로 쳐들어 왔을 때, 이에 맞서다 목숨을 잃었다. 홍술이 죽었다는 말을 전해 듣고, 왕건은 좌우의 두 팔을 모두 잃었다고 하면서 크게 슬퍼했다고 한다. 죽음 이후 김홍술은 지역민들에 의해서 의성 성황신(義城城隍神)으로 받들어졌다.

"〈경인〉13년(930) 봄 정월 정묘 재암성(載巖城) 장군 선필(善弼)이 내투(來投)하였다".[60]
"또 이총언(李悤言)·견금(堅金)·윤선(尹瑄)·흥달(興達)·선필(善弼)·태평(泰評) 등도 모두 태조에게 귀부(歸附)하였다".[61]

"선필(善弼)은 신라 재암성(載巖城)의 장군이었다. 당시 도적떼가 다투어 일어나 가는 곳마다 함부로 약탈하였다. 태조가 신라와 우호를 맺고자 하였으나, 길이 막혀 근심하였다. 선필이 태조의 위덕(威德)을 보고 마침내 귀순 의사를 밝혔고, 꾀를 내어 신라와 우호관계를 맺게 하였으며, 적을 막으면서 자주 공을 세웠다. 뒤에 재암성을 가지고 조정에 귀부하

---

58 『高麗史』 권1, 세가1 태조 5년 冬11월 및 『高麗史節要』 권1, 태조 5년 冬11월.
59 『高麗史』 권1, 세가1 태조 12년 7월 신사 및 『高麗史節要』 태조 12년 7월.
60 『高麗史』 권1, 세가1 태조 13년 1월.
61 『高麗史』 권92, 列傳5 諸臣 王順式.

였다. 태조가 후하게 대우해주었고, 연로(年老)하였으므로 상보(尙父)라 불렀다".[62]

"신해 왕이 신라(新羅)로 가는데, 기병 50여 기를 거느리고 왕경(王京) 부근[畿內]에 이르자 먼저 장군(將軍) 선필(善弼)을 보내 안부를 묻게 하였다".[63]

선필(善弼, ?~?)은 원래 경주최씨 6두품 출신으로 진안현(眞安縣)에 파견된 지방관으로 추정된다. 신라 말 혼란기에 지방 호족으로 성장한 인물로, 재암성(載巖城)의 장군으로 독자 세력을 이루고 있었다. 고려 초 진안현과 진보현을 합쳐 보성부(甫城府)가 되면서 이 지역의 대표적인 유력세력이 되었다.

930년(태조 13) 왕건이 후백제의 견훤군과 지금의 안동에서 치른 고창전투에서 승기를 잡자, 정월에는 경상북도 북부 지역의 30여 군현이 고려에 내항(來降)하고, 2월에는 동해안 110여 성이 귀부하였는데, 선필 역시 이때 왕건에게 귀부하였다. 왕건은 선필이 자신보다 나이가 많다고 하여 후히 대우하고 상보(尙父: 왕이 특별한 대우로 신하에게 내리는 칭호의 하나)로 삼아 예우(禮遇)하였다.[64] 이 무렵 고려는 후백제를 견제하기 위하여 신라와 통호(通好)하려 하였으나 길이 막혀 근심하였다. 선필이 태조의 위덕(威德)을 보고 마침내 귀순 의사를 밝혔고, 꾀를 내어 신라와 우호관계를 맺게 하였다. 왕건이 고창전투에서 승리한 후 경순왕은 사신을 보내 왕건을 경주로 초대하였는데, 931년(태조 14) 2월 선필은 왕건의 선발대로 경주에 입성하여 경순왕을 문안하기도 하였다.[65]

이처럼 왕건과 진보의 유력 호족들이 깊은 인연을 맺을 수 있었던 까닭은 무엇이었을까? 상주 동북쪽에 위치한 진보현은 삼국시대 및 통일신라 때는 부각되지 못한 지역이었다. 그러나 신라 말기의 후삼국시대에 접어들면서 상황이 달라졌다. 견훤과 왕건이 경상북도 일대의 패권을 다투게 되면서 소백산맥 서쪽에 자리잡아 동서남북으로 통하는 교통

---

62 『高麗史』 권92, 列傳7 諸臣 王順式 附 善弼.
63 『高麗史』 권2, 세가2 태조 14년 2월 신해.
64 『高麗史』 권92, 列傳5 諸臣 王順式 附善弼 및 『高麗史節要』 권1, 태조 13년 1월.
65 태조의 제29비인 海良院夫人이 大匡 宣必의 딸로 기록되어 있으나, 해평(海平: 지금의 경상북도 구미) 출신이다. 재암성주 善弼과 동일인인지는 확실치 않다(『高麗史』 권88, 列傳1 后妃 太祖后妃 海良院夫人).

의 요지였던 진보현 일대의 전략적 가치가 주목받게 되었다. 특히 왕건은 신라 내륙으로 진출할 수 있는 교두보로서 진보를 중요하게 여겼던 듯 싶다. 따라서 그 일대의 호족들과 친밀한 관계를 유지해야 했다. 홍술과 선필이라는 두 호족이 역사 속에 등장한 것도 이러한 시대적 흐름과 무관하지 않을 것이다.

한편, 진성 이씨(眞城李氏, 眞寶李氏)의 시조 이석(李碩)은 고려 충렬왕 때 진보현리(眞寶縣吏)로 있다가 생원시(生員試)에 합격하였으며, 맏아들 이자수(李子脩)의 현달로 봉익대부(奉翊大夫) 밀직사(密直司)로 증직되었다. 현재 진성이씨 가문은 이석을 시조로 삼고 있다. 『진성이씨세보(眞城李氏世譜)』「임자보(壬子譜)」유사(遺事)에 수록된 1366년(공민왕 15) 정안(政案)에 따르면, 이자수의 어머니는 호장(戶長)을 지낸 김현(金玄)의 딸 증(贈) 정부인(貞夫人) 송생김씨(松生金氏), 할아버지는 정조호장(正朝戶長)을 지낸 이영찬(李英贊), 증조할아버지도 정조호장을 지낸 이송주(李松柱)로 나타난다.[66]

이자수(李子脩, ?~?)는 퇴계(退溪) 이황(李滉)의 5대조이다. 부인은 정부인 황씨(黃氏)인데, 목은(牧隱) 이색(李穡)과 친교가 깊은 것으로 보인다.[67] 1330년(충숙왕 17) 향공거인(鄕貢擧人)으로서 잡과인 명서업(明書業)에 급제하였다.

1366년(공민왕 15)에 작성된 전의시(典義寺) 정안(政案)에 따르면, 이자수는 명서업 급제 후, 1344년(충혜왕 5) 판유비창주부(判有備倉主簿), 1346년(충목왕 2) 판사복직장(判司僕直長), 1348년(충목왕 4) 판봉거직장(判奉車直長), 1349년(충정왕 1) 시감찰규정(試監察糾正), 1362년(공민왕 11) 전공좌랑(典工佐郞)·풍저창사(豊儲倉事)·침원서령(寢園署令), 1363년 개성판관·도관정랑(都官正郞)·군부정랑(軍府正郞)·소부소윤(小府少尹)·전객부령(典客副令), 1364년 지춘주사 겸 권농방어사, 1365년 중현대부(中顯大夫) 지춘주사를 지낸 것으로 기록되어 있다. 또한 1362년부터는 관직에 임명될 때 자금어대(紫金魚袋)를 하사받은 것으로 나타난다. 이어 『진성이

---

66 한국학중앙연구원 장서각(藏書閣)에 진성이씨 족보에 실려 전하는 문서 사본인 1330년 이자수(李子脩) 홍패(紅牌)와 1366년 이자수(李子脩) 정안(政案), 1376년 이자수(李子脩) 조사첩(朝謝牒)이 기탁되어 있다.
67 『牧隱詩藁』권25, 詩「寄甫城李子修判事大藏 緣化比丘請也」"공의 귀밑은 응당 희어졌을 테지만[公鬢應垂白] 내 얼굴 또한 붉은빛이 줄었다오[吾顔亦減紅] 서로 만날 곳에 그 어드멘가 하면[相逢何處是] 다만 이 대장경 속에 있을 뿐이네[祗在藏經中]"

씨세보』에 수록된 조사첩(朝謝牒)에 따르면, 이자수는 1376년(우왕 2) 봉순대부(奉順大夫) 판서운관사(判書雲觀事), 1382년(우왕 8) 통헌대부(通憲大夫) 판전의시사(判典儀寺事)에 임명된 것으로 확인된다.

이자수는 1362년 홍건적의 난 때, 총병관 정세운(鄭世雲)의 휘하에서 활동하며 홍건적을 물리쳤다. 이때의 공으로 안사공신(安社功臣)에 녹훈되었고, 송안군(松安君)에 봉해졌다. 이자수는 보성부 지역에서 풍산현(豊山縣) 마라촌(磨羅村), 지금의 경상북도 안동시 풍산읍 마애리)으로 이주하여, 그의 후손들이 안동과 예안 일대에 세거하게 되었다. 그의 묘는 경상북도 안동시 서후면 명리에 있다.

청송을 본관으로 하는 대표적인 가문은 고려말에 성장한 청송 심씨(靑松沈氏)이다. 시조 심홍부(沈洪孚), 심연(沈淵)과 심성(沈晟) 형제, 그리고 심연의 아들 심용(沈龍)과 심덕부(沈德符) 형제로 이어지면서 조선의 대표적 가문으로 성장하였다.

심홍부(沈洪孚, ?~?)는 청송 심씨의 시조이다. 이칭은 심홍부(沈洪孚)이다. 고려 후기 청송 출신의 문신으로, 위위시승(衛尉寺丞)을 역임하였다. 위위시는 국왕의 측근에서 국왕의 거둥과 관련된 물건들을 책임지는 자리였다. 아마도 음서로 관직에 나아간 것으로 보인다. 심홍부의 아들은 합문지후(閤門祗候)를 역임한 심연(沈淵), 손자는 전리정랑(典理正郞)을 지낸 심용(沈龍)이다. 증손자는 조선 건국공신이며 좌의정을 지낸 심덕부(沈德符)와 전리판서(典理判書)를 지내고 고려가 멸망하자 절의를 지키고 두문동(杜門洞)으로 들어간 심원부(沈元符)이다.

심홍부의 증손인 심덕부가 1392년 이성계를 도와 조선 건국공신으로 공을 세우고 청성부원군(靑城府院君)에 봉해진 후 청성충의백(靑城忠義伯)에 진봉되어 청송을 본관으로 삼게 되었다. 묘소가 경상북도 청송군 청송읍 덕리 보광산에 있다.

심연(沈淵 1287?~1350? 추정)은 충렬왕 때 조회(朝會) 등 의식을 맡아보던 7품 합문지후(閤門祗候)를 지냈다. 그의 이름은 『고려사』 등에 보이지 않는다. 생몰년은 정확치 않으나, 아들 청화부원군 심룡(沈龍) 처인 민안부(閔安富) 딸의 사망연도(1271년)와 손자 심덕부의 생애, 나아가 익재(益齋) 이제현(李齊賢, 1287~1367)과의 친교를 통해 볼 때 이제현과 동시대에 활동한 것으로 보인다.[68]

---

68 重齋 金榥(1896~1978)이 撰한 『高麗國典理判書岳隱沈先生神道碑銘』에 따르면, 이제현과 친

가정(稼亭) 이곡(李穀), 익재(益齋) 이제현(李齊賢) 등 여러 벗들에게 보인 「안분음(安分吟)」 이란[69] 시가 『청이세고(靑己世稿)』에 「지후공일고(祗候公逸稿)」로 남아 있다.[70] 외가인 함안 (咸安) 근처인 산음(山陰)으로 낙향, 은거한 것으로 보인다. 심중량(沈仲良, 1658~1725)이 찬술한 묘갈 등이 있다.[71]

그의 묘는 전라북도 익산시 함열읍에 있다. 조선의 8대 명당(明堂)의 하나로 꼽히던 남당산에는 명당을 찾아 묏자리로 썼다고 한다.

심룡(沈龍, ?~?)은 그의 이름은 『고려사』 등에 보이지 않는다. 생몰년은 정확치 않으나, 고려 말에 전리정랑(典理正郞)을 지냈으며, 조선조에 와서 문하시중(門下侍中) 청화부원군(靑華府院君)에 추봉되었다. 『청이세고』 권1에 심벌(沈橃)이 지은 「청화부원군묘갈(靑華府院君墓碣)」이 실려 있다. 민안부(閔安富, 1343~?) 딸과 혼인하였다. 민안부는 본관은 여흥(驪興), 자는 영숙(榮叔), 호는 농은(農隱)이며, 도첨의사인(都僉議舍人) 유(儒)의 손자이고, 두문동 72현 중의 한 사람이다. 그의 묘는 경기도 안성시 당왕동에 있다.

심덕부(沈德符, 1328~1401)의 자는 득지(得之), 호는 노당(蘆堂) 또는 허강(虛江)이다. 할아버지는 합문지후(閤門祗侯) 심연(沈淵)이며, 아버지는 전리정랑(典理正郞) 심용(沈龍)이다. 아들이 일곱 명으로 심인봉(沈仁鳳)·심의귀(沈義龜)·심도생(沈道生)·심징(沈澄)·심온(沈溫)·심종(沈淙)·심정(沈泟)이다. 이 중 심온(沈溫)은 세종의 장인[國舅]으로 소헌왕후(昭憲王后)가 그의 딸이다. 심덕부의 행장을 지은 강석덕(姜碩德)은 강회백(姜淮伯)의 아들로, 심온의 사위이다. 여섯째 아들인 심종(沈淙)은 경순공주(慶順公主)와 혼인하여 태조의 부마가 되었다.[72]

1332년(충숙왕 복위4) 말에 부모의 음덕으로 사온직장동정(司醞直長同正)에서 좌우위녹사

구사이인 것으로 보인다.
69 「安分吟」의 내용은 "평생의 성벽은 경영함이 적어[平生性僻少營爲] 한결같이 하늘의 처분에 맡겨 두었네[一任天公處分宜] 외객이여 세상사를 전하지 마오[外客休傳塵世事] 북창 아래 한 가로이 누워 희황을 꿈꾸노라[北窓高臥夢皇羲]"이다.
70 『靑己世稿』는 고려 말에서 조선 선조 때까지의 문신, 학자, 선비 등 靑松沈氏 10대의 시문을 모은 문헌집이다(『響山集』 권10, 跋 靑己世稿跋). 세월이 오래되어 인물들의 생몰 연대와 행적은 불분명한 것이 많다. 2권 2책으로 이루어져 있고, 宋秉璿과 金道和의 序文, 響山 李晩燾, 沈鎔, 沈誠之의 跋文이 있다.
71 심재석, 『고려말 심연(1287?~1350?)의 유적과 묘역의 수호 연구』, 지식공감, 2012.
72 『太祖實錄』 권4, 태조 2년 10월 10일 임오.

(左右衛錄事)를 거쳐 1364년(공민왕 13) 수원부(水原府)의 수령이 되었다. 공민왕 말년에 판위위시사(判衛尉寺事)를 거쳐 1375년(우왕 1)에는 우상시(右常寺)에 이어 예의판서(禮儀判書)에 승직되었다. 이후 밀직부사(密直副使), 상의회의도감사(商議會議都監事)와 강계도만호(江界都萬戶), 의주부원수(義州副元帥), 서해도원수(西海道元帥) 등의 요직을 거쳤다.

1378년(우왕 4) 정조사(正朝使)가 되어 명나라에 다녀온 후 지문하부사(知門下府事)로서 서해도원수를 겸하여 여러 차례 왜구 토벌에 공을 세웠다. 특히 1380년(우왕 6) 도원수 나세(羅世)와 함께 최무선(崔茂宣)이 만든 화포를 처음 실전에 사용하여 큰 승리를 거두었다. 1385년(우왕 11) 문하찬성사로서 동북면상원수를 겸하여 북청에 침입한 왜구를 토벌하는 등 이성계와 함께 동북면에 침구한 왜구 토벌에 공을 세웠다. 같은 해 겨울 하정사(賀正使)로 명나라에 다녀온 후에 청성부원군(靑城府院君)에 봉해졌다.

1388년(우왕 14)에 서경도원수로서 조민수와 함께 좌군에 속하여 이성계의 위화도회군을 도왔으며 이성계, 정도전, 정몽주와 더불어 창왕 폐위에 주도적인 역할을 하여 공양왕 즉위 직후에는 문하좌시중·경기좌우도·평양도통사에 올랐다. 이듬해에 청성군충의백(靑城君忠義伯)에 봉해졌으나 무고로 인하여 황해도 토산현(兎山縣)에 일시 유배되었다.

1391년(공양왕 3) 문하좌시중에 복직되어 왕세자 왕석(王奭)의 종사관으로 명나라에 다녀온 후 안사공신(安社功臣)이 되었으며, 이듬해에는 판문하부사로 조선의 개국을 맞아 1393년(태조 2) 회군공신(回軍功臣) 1등에 추록되고 청성백(靑城伯)에 봉해졌다. 1394년(태조 3)에는 신도궁궐조성도감(新都宮闕造成都監)의 판사가 되어 한양의 궁실과 종묘를 영건(營建)하는 일을 총괄하였다. 1397년(태조 6) 판문하부사(判門下府事)가 되었으며 이듬해에 영삼사사(領三司事)를 거쳐 1399년(정종 1)에는 좌의정이 되었다. 이듬해에 사직했으나 병으로 죽으니 나이 74세였다. 처음 시호를 공정(恭靖)이라 했으나 뒤에 정안(定安)으로 고쳤다.[73] 그의 묘는 경기도 연천 미산면에 있다.

배천 조씨(白川趙氏)에서 분파된 진보 조씨(眞寶趙氏)는 조용(趙庸)이 대표적 인물이다. 조용(趙庸 ?~1426)은 초명은 조중걸(趙中傑)이며, 정몽주(鄭夢周)의 문인이다. 호는 송정(松亭), 시

---

[73] 『高麗史』권116, 列傳29 諸臣 沈德符 및 『太宗實錄』권1, 태종 1년 1월 14일 갑술, 『東文選』권117, 行狀 姜碩德 撰 「特進輔國崇祿大夫靑城伯沈公行狀」

호는 문정(文貞). 아들은 조담(趙聃), 조치(趙恥), 조이(趙耳)가 있다.

젊어서 문장(文章)을 지을 때는 종이를 들고 선자리에서 바로 끝내버렸는데, 빠르기가 귀신 같았고 마음 먹고 하는 것 같지 않아도 말이나 뜻이 함께 훌륭하게 짜여서 흡사 애써서 지은 것 같았다고 한다. 그는 총명함이 남보다 뛰어나서 경서(經書)나 『사기(史記)』를 한 번만 보아도 빨리 기억하였다. 집이 가난하여 서적(書籍)이 없으므로 매양 남에게 빌리고, 다 본 후는 반드시 돌려주었는데 한번 본 것은 평생 잊지 않았다. 젊어서 국학에 유학(遊學)할 적에 한 학생이 『원조문선대책(元朝文選對策)』을 새로 입수(入手)하여 귀중히 여겨 비장(秘藏)하고 남에게 잘 보이지 않았는데, 조용이 이를 알고서 빌리려고 하니, 학생이 허락하지 않으므로, 다시 3일 동안만 빌도록 청하자, 학생이 이를 주었다. 조용은 빌린 기한이 되어 돌려주면서, "이 책이 무슨 소용이 되겠는가!"하니, 학생들은 희롱하는 말인 줄로만 여겼다. 그 후 한 번은 학생이 그 대책을 읽으니, 조용이 그 옆에 누워서 한 편(篇)을 외는데 한자도 틀리지 않았다. 학생이 크게 놀라 다시 딴 편을 시험하니 전후집(前後集)을 다 마치도록 모두 그러하였다고 한다.

1374년(공민왕 23) 문과에 급제하였다. 이후 전교주부(典校主簿)·삼사도사(三司都事)에 제수되고, 계림부판관(鷄林府判官)으로 나가 고을을 잘 다스려 치적을 쌓았다. 계림부에 미수된 국공(國貢)이 매우 많아서 관리(官吏)와 백성이 폐(弊)를 입었는데, 영고(營庫)에 저장(儲藏)한 어물(魚物)을 팔아서 충수하였고, 또 호족(豪族)이 있어서 백성의 어량(魚梁)을 빼앗고 세력을 믿어 방자하여도 관(官)에서 능히 금단하지 못하였는데, 장교(將校)와 이속(吏屬)을 풀어 잡아들여서 치죄(治罪)하였다.

1389년(공양왕 원년)에 이서(李舒)·김자수(金子粹)·우성범(禹成範)·강회계(姜淮季) 등과 함께·세자시학(世子侍學)이 되었다.[74] 1390년(공양왕 2) 정월에 사설서령(司設署令), 4월에 사헌부지평(司憲府持平)이 되었는데,[75] 대사헌이었던 김사형(金士衡) 등과 더불어 윤이(尹彝)·이초(李初)의 사건에 관련되었지만, 처벌받지 않은 우현보(禹玄寶), 권중화(權仲和), 장하(張夏), 경보(慶補) 등을 탄핵하여 유배보냈다.[76] 1392년(공양왕 4) 7월 공양왕이 정몽주가 제거된 후 이성

---

74 『高麗史』 권91, 列傳4 宗室 世子奭.
75 『高麗史』 권45, 세가45 恭讓王 2년 윤4월 신미.
76 『高麗史』 권104, 列傳17 諸臣 金方慶 附 金士衡 및 권115 列傳28 諸臣 禹玄寶.

계가 자신을 해할 것을 염려하여 동맹을 맺고자 하였는데, 이때 사예(司藝)였던 조용은 왕의 명령으로 이방원(李芳遠)과 함께 그 맹세문의 초고(草稿)를 만들어 바쳤다.[77]

조선건국 초기에는 병으로 성균좨주(成均祭酒)를 사임하고 보주(甫州)에서 자제들을 교육하였다. 1398년(태조 7) 7월에 간의대부(諫議大夫)에 발탁되고, 9월에 우간의(右諫議)로서 이조전서(吏曹典書) 이첨(李詹), 전지선주사(前知善州事) 정이오(鄭以吾)와 함께 경사(經史)에 기재된 임금의 마음가짐과 정치에 관계되는 것만을 찬집하여 상절(詳節)을 만들어 임금에게 바쳤다. 또한 12월 좌간의대부(左諫議大夫)로 있을 때는 좌정승 조준, 겸대사헌(兼大司憲) 조박(趙璞), 정당문학(政堂文學) 하륜(河崙), 중추원학사(中樞院學士) 이첨(李詹), 봉상소경(奉常少卿) 정이오(鄭以吾) 등과 함께 『사서절요(四書切要)』를 찬술하여 임금에게 바쳤다.

1401년(태종 1) 5월에 경연시강관(經筵侍講官)이 되고, 다음 해 2월 성균관 대사성으로서 생원시의 시관이 되었다. 1402년(태종 2) 7월에 좌사간대부(左司諫大夫), 12월에는 형조전서(刑曹典書)에 임명되었다. 1403년(태종 3) 12월에 성균생원 60인의 요청으로 검교 한성윤 겸 성균대사성(檢校漢城尹兼成均大司成)에 제수되었다. 1406년(태종 6) 8월 세자빈객에서 해임되었다가, 9월 다시 우부빈객에 제수되었다. 1410년(태종 10) 8월에 검교 판한성부사(檢校判漢城府事) 세자빈객 겸 대사성에 임명되었다.

1414년(태종 14) 8월 예문관대제학이 되었으며, 다음 해 정월에 성절사로서 명나라에 다녀왔다. 워낙 성품이 곧고 청검(淸儉)하여 회동관(會同館)에 머물러 있으면서 방 밖에 나가지 않으니, 예부(禮部) 관원이 보고, "재상(宰相)이 매매(賣買)하는 일을 모르니 참 어진 재상이다."라고 하였다.

1415년(태종 15) 12월에 예조판서가 되고, 1417년 5월에 다시 예문관대제학, 1418년(태종 18) 정월에 우군도총제가 되었으며, 4월에는 예문관대제학 행성균대사성이 되었다. 1421년(세종 3) 8월에는 검교 의정부찬성을 지냈는데 집안이 가난하다는 이유로 토지 30결과 미두(米豆) 20석(石)을 하사받았다. 1422년(세종 4) 6월에 판우군도총제부사(判右軍都摠制府事)로 치사(致仕)하였다.[78]

---

77 『高麗史』 권46, 세가46 恭讓王 4년 7월.
78 『世宗實錄』 24권, 세종 6년 6월 28일 신미.

조용은 부모를 지성으로 섬겼다고 한다. 그 모친이 병으로 괴로워하니, 밤낮으로 걱정하고 울며 옷띠를 풀지 아니하고 스스로 글을 지어서 기도하더니 얼마 되지 않아서 병이 나았다. 부친의 상(喪)을 만나서는 몹시 슬퍼하여, 밤이면 부르짖고 울며, 낮에는 흙을 메어다가 무덤을 만들었다. 평소(平素)에 세 아들에게 경계하기를, "나는 재주도 없으면서 임금의 은혜를 과하게 입었으나, 털끝만한 은혜도 갚지 못하였다. 그러나 다만 임금을 속이지 않았던 단 한 가지 일로 스스로 부끄러움이 없을 뿐이다. 너희들은 나의 뜻을 보고 내 말을 들어서 생각을 여기에 두도록 하라." 하였다. 또한 무당[巫覡] 따위을 좋아하지 않아서 제사할 만한 귀신이 아니면 제사하지 않았고, 임종 때에는 자제(子弟)에게 경계하여 불사(佛事)를 하지 않도록 당부하였다.

1424년(세종 6) 6월에 죽었으나, 이듬해 세종이 조용의 죽음을 알지 못했다고, 내관을 보내어 조상하게 하고 부의로 종이 80권과 초 10개를 내려 주었다.[79] 그의 묘는 현재 충남 천안시 입장면 중중공원묘지에 있다.

2. 고려시대 청송의 문화유적

청송의 문화유적은 그나마 대부분이 지표조사를 통해 알려져 있는 유적들이며, 타지역에 비해 상대적으로 고고학적인 발굴조사와 연구성과가 부족한 편이라 할 수 있다. 따라서 청송지역의 선사에서부터 고대, 고려~조선에 이르는 역사·문화 등을 보다 체계적으로 파악하기에는 현재까지는 다소나마 어려움이 있는 것이 현실이다. 그러나 미비하기는 하나 지금까지도 발굴조사와 연구가 끊이지 않고 이어지고 있으므로, 당시의 유적이나 유물이 확인될 가능성은 충분히 있다고 할 수 있다.

고려시대 유적은 지표조사 및 발굴조사를 통하여 성곽유적, 생활유적, 사지 등 다수의 유적이 확인되었다. 현재까지 확인된 청송지역의 산성 유적은 하의리 산성, 송생리 산성, 주왕산성, 상의리 성지, 신성리 석축, 거성리 성지, 명당리 성지, 수락리 산성 등 모두 8개소이다. 이 가운데 고려시대 유적으로는 주왕산성, 하의리산성, 송생리산성 등의 산성 등

---

[79] 『世宗實錄』 권25, 세종 6년 7월 13일 병술.

지가 확인된다.

주왕산성(周王山城)이 위치한 주왕산은 신라의 왕자 김주원(金周元)이 이곳에서 공부하였다고 하여 주방산(周房山) 또는 대둔산(大遯山)이라고도 한다. 또한 산의 모습이 돌로 된 병풍과 같다 하여 석병산(石屛山)이라고도 한다.

주왕산성은 청송군 주왕산면 상의리에 있는 고려시대의 퇴뫼식의 석축 산성이다. 청송군의 여러 산성 중 유일하게 문헌에 기록이 남아 있는 산성이다. 정유재란 때 의병항쟁 활동지로 박성(朴惺, 1549~1606)이[80] 청송 주왕산성 대장(大將)이 되어 활약하였다.

주왕산성은 대전사(大典寺)로부터 동쪽 계곡으로 1㎞ 떨어진 대전사 주왕암 입구에서 나한봉(羅漢峰)을 거쳐 주왕굴(周王窟)을 중심으로 높이 720m 정도의 능선이 이어지는 정상부에 있다.

주왕산성은 『신증동국여지승람』에 "주방산성은 돌로 쌓았는데, 둘레는 1,450척이다. 삼면(三面)이 매우 험하여 하늘이 만든 천험(天險)이다. 안에 두 개의 계곡이 있다"라고[81] 기록되어 있다. 과거에는 약 30리[12㎞]가 넘는 큰 성이었다고 한다. 그러나 현재는 비교적 경사가 완만한 서북쪽 사면에는 산성의 흔적이 일부 남아 있고 돌문, 사창(司倉) 등 성지(城址)의 잔해가 주위에 흩어져 있다. 성벽은 돌로 쌓았으나 훼손 상태가 심해 구체적인 축조 방법은 알 수 없다. 주왕산성은 계곡부에 입지하고 있고 주변에 사찰이 있는 환경에 조성되어 있으며, 계곡을 가로질러 쌓은 석축을 통해 볼 때 방어적인 성격의 성곽임을 알 수 있다.

하의리산성(下宜里山城)은 주왕산면 하의리 산30에 위치해 있다. 고려시대에 축조된 것으로 추정되는 길이 50m, 높이 1.5m 정도 크기의 석축 산성(石築山城)이다. 하의리 산성의 축조 시기와 사용 시기는 문헌 기록이 남아 있지 않아 정확하게 알 수 없지만, 고려시대 송생현이 있었던 원송생마을 반대쪽 사면인 서남에서 동북으로 이어지는 능선의 동남쪽

80　朴惺은 본관은 밀양, 자는 德凝, 호는 大菴이다. 朴思訥의 아들이다. 裵紳에게 수학하였다. 임진왜란이 일어나자 金誠一의 참모로 종사하였고, 정유재란 때 趙穆과 상의하여 의병을 일으켜서 체찰사 李元翼의 막하에 들어갔다. 그 뒤 周王山城의 대장으로 활약하였다. 저술로 『大菴集』이 있다.
81　『新增東國輿地勝覽』 권24, 慶尙道 靑松都護府 古跡.

사면에 축조되어 있다. 이곳은 주변 지역보다 경사가 완만해서 사람들의 접근이 쉬운 곳이라 성벽을 쌓았던 것으로 추정된다. 성벽은 40cm 내외의 할석을 이용해 쌓았다. 현재는 길이 50m 정도만 남아 있고, 대부분 유실되어 정확한 규모는 알 수 없다. 성벽의 높이는 비교적 양호하게 남아 있는 곳이 1.5m 내외이다. 2007년 『문화유적분포지도』 작성 당시 이루어진 지표조사 이후[82] 추가적인 조사는 이루어지지 않았다.

고려시대 송생현이 있던 마을의 방어를 위해서 건립되었던 것으로 추정된다. 하지만 정밀조사가 시행된다면 축조 및 활용 시기가 더 올라갈 가능성이 충분하다. 특히 하의리 산성 주변의 삼국시대 고분군(송생리 고분군, 청운리 고분군 등)을 생각해 본다면, 신라 때 축조되었을 가능성도 있다.

송생리산성(松生里山城)은 청송읍 송생리 산15-2에 위치한다. 길이 300m, 높이 1.5m 정도의 크기이며 흙으로 쌓은 토축(土築) 산성이다. 하의리 산성과 송생리 산성의 축조 시기는 고려시대로 추정되며 현의 치소(治所)의 방어를 위한 목적으로 축성된 배후(背後)의 산성으로 파악된다. 청송 지역의 산성 입지를 살펴보면, 대부분 마을 가까이에 있는데, 고려시대의 송생현 치소에는 읍성으로 추정되는 송생리산성과 배후 산성으로 여겨지는 하의리 산성이 함께 인접하여 축성되었음을 확인할 수 있다.

사찰 유적은 현재 절터로 확인된 곳은 많지 않다. 조선시대 읍지류와 1937년에 간행된 『청송군지』에 의하면 주방사(周房寺), 보현사(普賢寺), 쌍계사(雙溪寺), 쌍암사(雙巖寺)가 폐사되었으며, 1899년에 간행된 『경상북도진보군읍지(慶尙北道眞寶郡邑誌)』에 의하면 진보현의 삼성암(三聖庵)과 가락사(嘉樂寺)가 폐사되었음을 알 수 있다

송생리 쌍암사지(雙岩寺址)는 『신증동국여지승람』 청송도호부 '고적조(古蹟條)'에 송생현(松生縣)의 동쪽에 있다고[83] 하였으나, 언제 폐사되었는지는 이후의 기록은 알 수가 없다. 다만 마을 사람들이 쌍암사가 있던 곳을 '남산 절골'이라 부르는 것을 통해 이곳에 절이 있었다는 것을 알 수 있을 정도이다. 1203년(신종 6) 송생현의 자복사(資福寺)였던 쌍암사(雙岩寺)의 승도(僧徒)들이 최충헌 정권에 반기를 들었다는 기록이 가장 이른 기록이다.[84] 1416

---

82 靑松郡·安東大學校博物館, 2007 『文化遺蹟分包地圖-靑松郡-』.
83 『新增東國輿地勝覽』 권24 慶尙道 靑松都護府 古跡.
84 『高麗史節要』 권14, 神宗 6년 9월 및 『高麗史』 권100, 列傳13 諸臣 丁彦眞.

년(태종 16)에 조계종(曹溪宗) 산하의 송생현의 자복사로 존속하고 있었으며, "주토(朱土)가 송생현의 동쪽 쌍암사(雙岩寺) 북쪽 산의 거현(법峴)에서 난다"고[85] 한 것으로 보아 세종대까지 사세가 유지된 것으로 보인다.[86]

명당리 가락사지는 기록은 전혀 없고, 쌍암사와 마찬가지로 가락사가 있던 곳을 '가락골', 혹은 '절터구미'라고 부르고 있는 것을 통해 여기에 절터가 있었다는 것을 알 수 있다. 이외에 사찰 이름도 없이 절터로만 전해지는 괴정리 사지, 월외리 사지, 문거리 사지, 개일리 사지, 도리 사지 등이 있다.

사찰 유적과 관련한 청송 이촌리(理村里) 오층석탑은 진보면 이촌리에 있었으나, 지금은 주왕산면 하의리 주왕산관광지 내 '옛편지전시관' 안에 있다. 청송지역의 유일한 고려시대 유물로 알려져 있다. 1985년 8월 5일 경상북도의 문화재자료 제74호로 지정되었다.

2층 기단(基壇) 위에 5층의 탑신(塔身)을 올린 석탑이다. 기단부는 아래층 기단이 땅 속에 묻혀 위층 기단의 일부만 남아있다. 탑신의 몸돌은 1층이 상당히 높다가 2층부터 급격히 줄어들었다. 지나치게 두터워 보이는 지붕돌은 낙수면에 급한 경사가 흐르고 있다. 꼭대기에는 노반(露盤: 머리장식 받침)과 복발(覆鉢 엎어놓은 그릇모양의 장식)이 남아 머리장식을 하고 있다. 전체적으로 길쭉하고 왜소해 보여 안정감이 덜하며, 돌을 다듬는 솜씨나 지붕돌의 양식으로 보아 고려시대에 세워진 것으로 보인다. 원래는 9층탑으로 쌓아 이촌리 서북쪽 고개에 있던 것을, 1942년 이 마을 앞으로 옮겨올 때 5층으로 세워 놓았다. 이후, 송생리 청송민속박물관에 옮겼다가, 지금은 주왕산면 하의리 주왕산관광지 내 '옛편지전시관' 안에 옮겨 세웠다. 어느 폐사지에 있었던 것인지도 확인할 필요가 있다.

전하는 말에 의하면, 15세기경에 이 지역 원주 이씨의 권세와 부가 융성할 때 여러 걸인이 찾아와 피해가 많자 큰스님에게 그 방법을 여쭈었다. 이촌리 고개에 탑을 세우면 손님과 걸인이 오지 않을 것이라는 스님의 말을 듣고 이 탑을 세웠는데, 그 후 과연 손님과 걸인이 오지 않게 되었으나, 원주 이씨의 권세와 부귀도 모두 몰락하게 되었다고 한다.

---

85 『太宗實錄』 권31, 태종 16년 4월 15일 정축.
86 1757년~1765년에 편찬된 『輿地圖書』 慶尙道 靑松都護府 古跡에는 雙巖寺가 松生縣의 동쪽에 있으나 廢寺된 것으로, 1894년에 편찬된 오횡묵(吳宖默, 1834~1906)의 『輿載撮要』 권6, 慶尙道 靑松府 古跡에는 雙巖寺가 松生縣의 동쪽에 있는 것으로, 기록되어 있다.

현재 청송지역의 고려시대 유적은 지표조사 및 발굴조사를 통하여 성곽유적, 생활유적, 사지 등 다수의 유적이 확인되었다.

청송 진안리 유적은 2006년 대경문화재연구원과 2012년 한빛문화재연구원이 진보생활체육공원 건립과 KT&G 청송영양지점 신축공사와 관련하여 두 차례 발굴조사를 진행하여 확인된 유적이다. 1차 발굴조사 결과 삼국시대의 돌방무덤[石室墳]과 돌덧널무덤[石槨墳], 고려시대 주거지 1동, 수혈 6기, 집석유구(集石遺構) 1기, 우물 1기 등의 유적 등의 다양한 유구(遺構)와 귀고리 장식, 도자기와 토기 조각, 명문기와, 수막새등의 기와와 청자잔, 대접 등 자기편, 철정과 철물 등의 유물이 출토되었다.[87]

2차 발굴조사는 2012년 KT&G 청송영양지점 신축공사 당시 2월에 입회조사를 통해 유구가 확인됨에 따라 한빛문화재연구원에서 4월 시굴조사를 하고, 발굴조사의 필요성을 제기하여 9월~10월까지 발굴조사를 진행하였다. 조사 결과 남쪽 사면부에서 고려시대 주거지 1동, 수혈 6기, 집석유구(集石遺構) 1기, 우물 1기 등의 유적, 토기와 도자기류, 유리와 옥석류 등 50점의 유물이 출토되었다. 또한 소와 말, 돼지 뼈 등 매납(埋納)과 관련된 동물 사체도 확인되었다.[88]

파천면 관리유적에서는 고려시대 도기가마 1기, 소성유구 1기, 저장수혈 1기, 조선시대 수혈주거지 2기, 와적열 1기 등의 유구가 확인되었으며, 도기 구연부편 및 자기, 기와편이 출토되었다.[89]

청송 송생리(277번지) 단독주택 신축부지 내 유적에서는 고려말 ~조선초 건물지 1동, 박석시설, 보도시설 2기, 배수로 3기, 적심 6기, 담장지 1기, 수혈유구 6기 등이 확인되었으며, 명문기와('月?公○'·'棟·'卍')를 포함한 기와류와 분청사기 및 백자 등의 자기류와 함께 유물 총 37점이 출토되었다.[90]

청송읍 송생리 277-3번지 유적에서는 고려말 ~조선초 건물지로 추정되는 석렬 유구 6기, 추정 적심 4기, 석군 1기, 소성 유구 2기가 확인되었다. 동헌과 객사로 추정되며, 기

87　대경문화재연구원, 『청송 진안리 유적, 2008』.
88　한빛문화재연구원, 『청송 KT&G 청송·영양지점 신축부지 내 청송 진안리Ⅱ 유적』, 2012.
89　중앙문화재연구원, 『청송 관리유적』, 2013.
90　한국문화재재단, 『청송 송생리(277번지) 단독주택 신축부지 내 유적』, 2021.

와 명문(上生寺?·內棟)도 수습되었다.[91]

청송 신촌리 유적은 조사 결과 2개 구역 중 가운데, 1구역에서 조사된 유구는 수혈유구 1기, 적심건물지 1기, 아궁이 3기, 석열유구 1기, 삼가마 1기, 주혈군, 2구역에서는 토광묘 1기, 소성유구 2기 등이다. 삼가마는 7세기 후반~8세기 중반인 통일신라시대에 축조된 삼가마로 추정하고 있다. 토기 청자, 백자, 옹기 등이 출토되었다.[92] 또한 청송~영양 간 도로확포장공사부지내 청송 진보면 신촌리 산2-6번지 유적에서는 고려말~조선초 토기가마터가 조사되었다.[93]

한편, 대전사(大典寺)가 자리한 원래 사찰은 삼국시대인 신라 선덕여왕 3년(634) 이후에 창건되었고 통일신라시대인 초인 8세기 후반~9세기 초를 중심으로 하며, 후삼국시대인 신라 경명왕 3년, 고려 태조 2년(919)의 중창까지 사세를 유지한 것으로 판단된다. 현재의 대전사에 대한 문헌 기록을 살펴보면, 이보다 앞선 기록은 1672년(현종 13) 작성된 '대전사 법당상량문(大典寺法堂上樑文)'으로, 1976년 보광전 중수 과정에서 발견되었다. 이를 통해 볼 때, 대전사는 17세기 후반에 창건된 사찰로 추정해 볼 수 있다.[94] 이외에 1760년에 편찬된 『여지도서』에 처음으로 나타나며, 1853년의 『여도비지』 그리고 1866년의 『대동지지』에서 각각 대전사에 대한 기록을 확인해 볼 수 있다.

발굴조사 결과, 통일신라~조선시대에 걸친 건물지와 관련된 유적 및 유물 등이 확인되었다. 기와 명문은 '내동(內棟)'이 출토되었다.[95]

---

91 한국문화재재단, 『청송 송생리 277-3번지 유적』, 2022.
92 동국문화재연구원, 『청송 신촌리 유적』, 2021.
93 홍익문화재연구원, 『신촌리 산2-6번지 유적』, 2022.
94 문화재청, 『청송 대전사 보광전 정밀실측보고서』, 2011.
95 계림문화재연구원, 『청송 대전사 주변정비사업부지 내 유적』, 2012 ; 경상북도문화재연구원, 『청송 대전사 주변정비사업(탐진당 건립 등) 부지 내 유적 시굴조사 보고서』, 2012 ; 서라벌문화재연구원, 『청송 대전사 종각 건립부지·수선당 해체 및 이건부지 내 유적 발굴조사 보고서』, 2012 ; 경상문화재연구원, 『청송 대전사 - 청송 대전사 주변정비사업부지 내 유적』, 2015 ; 서라벌문화재연구원, 『청송 대전사 종각 건립부지 내 유적 발굴조사 약보고서』, 2019 ; 서라벌문화재연구원, 『청송 대전사 수선당 해체 및 이건부지 내 유적 발굴조사 약보고서』, 2019 ; 서라벌문화재연구원, 『청송 대전사 종각 건립부지 내 유적』, 2021 ; 성림문화재연구원, 『청송 대전사 학술조사자료 확보를 위한 시굴조사 결과보고서』, 2020 ; 성림문화재연구원, 『상평리 대전사 종합정비계획부지내 유적』, 2022.

Ⅵ. 맺음말

지금의 청송군 영역은 고려와 조선초기에 여러 군현이 병합된 까닭에 다른 지역에 비해 매우 복잡하다. 청송군이란 지명은 조선시기인 1423년(세종 5)에 청보군(靑寶郡)의 진보현을 분리하고 청부현과 송생현(松生縣)을 병합하면서 생긴 이름이다. '청송(靑松)'이란 명칭이 등장하기 전까지 고려시대에는 4개의 영역으로 독자적으로 유지하고 있었다.

송생현(松生縣)과 청부현(靑鳧縣), 안덕현(安德縣), 보성부(甫城府)가 예주(禮州: 현 영덕)나 안동대도호부에 예속되어 있었다. 그러나 이 지역의 군현들은 명칭의 변천과 통합, 존폐를 거듭하였다. 현재의 청송읍과 파천면, 안덕면과 현동면·현서면, 청송면 송생리와 부동면, 진보면 등에 해당한다.

조선 전기의 청송지역은 1394년(태조 3)에 안덕현이 송생현의 속현이 되었고, 청부현은 보성부의 속현이 되었다. 1418년(세종 즉위) 청부현과 진보현을 합쳐 청보군(靑寶郡)이 되었으며, 1423년(세종 5) 송생현을 청보군의 청부현과 병합하여 '청송군(靑松郡)'으로 고치고, 진보현을 분리하여 독립시켰다. 그리고 이때 송생현은 폐현(廢縣)되었다. 1459년(세조 5) 청송군은 안덕현(安德縣)을 통합하여 청송도호부(靑松都護府)가 되었다. '청송'이란 이름이 600년 동안 유지할 수 있게 된 것이다.

1895년 청송군으로 다시 환원되기 전까지 437년 동안 도호부로 유지되고 있었다. 이는 조선 왕조 500년 동안 거듭된 왕명(세종·세조)으로 속현(屬縣)에서 도호부로 승부(陞府)된 유일한 사례이다.

한편, 고려의 후삼국 통일과정에서 지방세력으로 활약한 진보성주 홍술(洪述)과 재암성주 선필(善弼), 그리고 이 지역 토성 출신의 대표적인 인물로는 청송 심씨(靑松沈氏) 심홍부(沈弘孚)와 진성 이씨(眞城李氏) 이자수(李子脩), 진보 조씨(眞寶趙氏) 조용(趙庸) 등이 있다. 이들은 모두 고려초와 고려말에 등장하는 인물들이다. 고려 중기 이후 문벌귀족이나, 권문세가가 드러나지 않는 점도 이 지역의 특징이라 할 수 있다.

청송의 고려시대 유적은 지표조사 및 발굴조사를 통하여 성곽유적, 생활유적, 사지 등 다수의 유적이 확인되었다. 현재까지 확인된 고려시대 유적으로는 주왕산성, 하의리산성, 송생리산성 등의 산성 등지가 확인된다. 사찰 유적은 절터로 확인된 곳은 많지 않다. 주방사·보현사·쌍계사·쌍암사·삼성암·가락사가 통일신라 이래 고려~조선시대까지 존속하고 있었으나, 언제 폐사되었는지는 기록이 없어 확인할 수가 없다. 다만 사찰 유적과 관련하여 대표적인 것은 대전사와 청송 이촌리(理村里) 오층석탑이다. 발굴조사를 통해 알려진 청송 진안리 유적·파천면 관리유적·청송 송생리(277번지 및 277-3) 유적, 신촌리 유적 등은 대표적인 고려시대 생활유적으로 주목된다.

【참고문헌】

김갑동, 「신라의 멸망과 경주세력의 동향」『新羅文化』 10·11, 東國大學校 新羅文化硏究所, 1994.

金吉雄, 「靑松 大典寺 冥府殿 石造地藏三尊像에 관한 考察」『文化史學』 29, 한국문화사학회, 2008.

문화재청, 『청송 대전사 보광전 정밀실측보고서』, 2011.

邊東明, 「城隍神 金洪術과 義城」『歷史學報』 189, 歷史學會, 2006.

심재석, 『고려말 심연(1287?~1350?)의 유적과 묘역의 수호 연구』 지식공감, 2012.

윤경진, 「신라말 고려초 義城府·甫城府 연혁에 대한 재검토」『新羅文化』 51, 동국대학교 신라문화연구소, 2018.

尹熙勉, 「新羅下代의 城主·將軍 - 眞寶城主 洪術과 載岩城將軍 善弼을 中心으로 - 」『韓國史硏究』 39, 한국사연구회, 1982.

정동락, 「신라말 고려초 청송 지역의 호족」『신라사학보』 29, 신라사학회, 2013.

차순철, 「청송 주왕산성의 성격과 의의」『신라사학보』 29, 신라사학회, 2013.

조선시대 청송의 행정구역 변천과 사회발전 양상

박인호 (금오공대 교양학부 교수)

Ⅰ. 머리말
Ⅱ. 청송 관련 지리지의 편찬
Ⅲ. 조선시대 청송의 행정구역 변천
Ⅳ. 조선시대 청송의 사회발전 양상
Ⅴ. 맺음말

조선시대 청송의 행정구역 변천과 사회발전 양상

I. 머리말

이 글은 청송 지역 관련 지리서를 정리하여 청송에 대한 기본적인 자료를 확보한 위에 각 시기별로 변화되는 모습을 살펴봄으로써 청송부와 진보현이 조선후기 사회에서 어떠한 사회적 변동을 경험하였는지를 살펴본 것이다. 청송과 진보의 역사적 변천과 변화상을 살펴 사회발전이라는 측면에서 살펴보는데 연구의 목적이 있다.

조선시대에 들어와 전국 지리지나 혹은 단위 읍지의 형태로 많은 지리서가 편찬되었다. 16~17세기 광범위한 사찬 읍지 편찬의 유행 속에서 청송과 진보도 사찬의 읍지가 편찬되었을 것이나 아쉽게도 현재 이를 확인할 수 있는 것이 없다. 현재 관부에서 편찬된 관찬의 읍지만 남아 있다. 사찬의 경우 지역에서 사림과 수령이 합심하여 편찬하는 경우가 많아 중앙에서 필요한 정보뿐만 아니라 지역에서의 다양한 요구를 수렴한 것이 일반적이기 때문에 특정 지역 사회를 연구하는데 있어 매우 중요한 자료이다. 그런데 청송과 진보의 지역 사회의 양상을 보여줄 사찬 읍지가 현재 남아 있지 않다.[1]

이와는 반대로 청송과 진보는 관부에서 상송령에 따라 편찬한 관찬 읍지가 다양하게 남아 있다. 관찬 읍지는 주어진 항목에 따라 기계적으로 대입하여 편찬하는 경우가 많아서 지역 연구에 필요한 정보를 충분히 전해주고 있지는 못하다. 그러나 관찬의 경우 인물 관련 조항에서 다양성이 부족한 면이 있으나 물적 토대가 되는 호구와 부세, 군병 등의

---

[1] 조선중기 閔樞, 趙亨道, 權翊, 申楫에 의해 향안을 작성하였던 기록은 있으나(『청송군지』, 〈權尙連序〉), 사찬 읍지를 편찬하였다는 기록은 남은 것이 없다(『청송군지』, 〈申相祺跋〉).

제도적 측면에서는 시대별 변화상을 볼 수 있다.

여기서는 현재 남아 있는 청송에 대한 여러 지리 자료들을 집성한 다음 이들 자료를 통해 청송의 사회적 발전의 모습을 찾아보려고 한다. 이는 지리서를 이용하여 지역 단위의 장기적인 사회 변화의 양상을 살펴보려는 연구가 될 것이다.[2] 현 청송군의 경우 전통시대에는 청송과 진보로 나뉘어져 있었으므로 두 군현의 지리지를 모두 찾아보았다. 이를 통해 장기적인 지속 속에서도 끊임없이 사회발전을 가져왔던 조선시대 청송과 진보 사회의 변화를 확인할 수 있기를 기대한다.

Ⅱ. 청송 관련 지리서의 편찬

〈표 1〉 청송·진보 관련 지리서의 편찬

순번	편찬연대	편찬자	책명	구분	특기사항
1	1425년	하연 외	청송, 진보 (『경상도지리지』 소수)		아세아문화사 외 영인
2	1454년		청송, 진보 (『세종실록지리지』 소수)		아세아문화사 외 영인
3	1469년	이맹현 외	청송, 진보 (『경상도속찬지리지』 소수)		아세아문화사 외 영인
4	1531년	이행 외	청송, 진보 (『신증동국여지승람』 소수)	관찬전국지	아세아문화사 외 영인
5	1656년 초고 완성	유형원	청송, 진보 (『동국여지지』 소수)	사찬전국지	아세아문화사 영인, 청송 진보편 권4상 낙질.
6	1750년대 후반	청송부	靑松府邑誌 (규10834)	관찬읍지	규장각
7	1760년대 초반		청송, 진보 (『여지도서』 소수)	관찬읍지, 관찬전국지	국사편찬위원회 영인
8	1786년경	진보현	眞寶縣邑誌(규17466)	관찬읍지	규장각
9	1786년경	청송부	靑松府邑誌(규17467)	관찬읍지	규장각
10	1786년경		청송, 진보읍지(『慶尙道邑誌』 천리대 이마니시문고 소장)	관찬읍지, 관찬도지	필사본, 일본 국립국회도서관에는 재필사본

---

2 박인호, 「지리지를 통해 본 전통시대 선산 사회의 변화」 『조선사연구』 23, 조선사연구회, 2014 ; 『구미 지역사 연구』, 보고사, 2022.

11	1789년		청송, 진보읍지(『嶺南邑志』일 국회도서관 소장)	관찬읍지, 관찬도지	필사본
12	1807년	청송부	靑松府邑誌(국립중앙도서관 한고조62-180)	관찬읍지	필사본, 최광태서
13	1832년		청송부읍지, 진보현읍지 (『경상도읍지』규666)	관찬읍지	아세아문화사 영인(읍지 1, 경상도1)
14	1841년		청송, 진보읍지(『영남여지』 소수)	관찬읍지	성균관대 존경각
15	1859년		청송, 진보읍지(『영남지』소수)	관찬읍지	동경대학교 아천문고
16	1864년	김정호	청송, 진보(『大東地志』소수)	사찬 전국지	아세아문화사 영인
17	1871년		청송부읍지, 진보현읍지 (『영남읍지』규12173)		아세아문화사 영인(읍지 20, 경상도4) 178책
18	1878년		청송읍지, 진보읍지 (국립고궁박물관 소장)		국립고궁박물관(원 열고 관 경상도읍지)
19	1893년	오횡묵	청송, 진보(『輿載撮要』소수, 장서각 소장)	사찬 전국지	
20	1895년		청송, 진보읍지 (『영남읍지』규12174)	관찬읍지	아세아문화사 영인(읍지 2, 경상도2)
21	1895년	청송부	靑松府邑誌(국편DMI007_02_0 0C1052)	관찬읍지	1910년대 후사본, 1책 58장(1053 별도 필사본)
22	1897년	진보군	眞寶邑誌(규10826)	관찬읍지	필사본, 1책 20장
23	1899년	청송군	靑松郡邑誌(규10841)	관찬읍지	필사본, 1책 20장
24	1899년	진보군	眞寶郡誌(국중고2754-19)	관찬읍지	
25	1929년	김유동	『朝鮮各道邑誌』	사찬 전국지	조선박문사 인쇄본 간행
26	1931년	崔錫鳳 원저, 朴永琪 보유	청송, 진보(『嶺誌要選』소수)	사찬도지	1876년 편찬, 1931년 간 행. 한국인문과학원 영인
27	1935년	李秉延	청송(『朝鮮寰輿勝覽』소수)	사찬 전국지	한국인문과학원 영인, 국 립중앙도서관
28	1936년	李鉉式	『慶尙道誌』	사찬도지	한국인문과학원 영인
29	1936년	청송 향교	『靑己誌』	사찬읍지	국립중앙도서관 외
30	1938년	申相祺	『靑松郡誌』	사찬 근대읍지	한국인문과학원 영인, 『국역청송군지』
31	1937년	鄭源鎬	청송, 진보(『嶠南誌』소수)	사찬도지	1940년 간행. 오성사 외 영인
32	1962년		『靑松郡史』	위원회	
33	1990년		『靑松郡誌』	위원회	

1. 15세기

건국 이후 조선 정부에서는 물적 토대와 생활상을 파악하기 위해 적극적으로 전국 단위의 지리지를 편찬하였다. 이에 따라 1432년(세종 14)에 『신찬팔도지리지(新撰八道地理志)』, 1454년(단종 2)에 『세종실록지리지(世宗實錄地理志)』, 1477년(성종 8)에 『팔도지리지(八道地理志)』, 1481년(성종 12)에 『동국여지승람(東國輿地勝覽)』 등이 정부적 차원의 사업으로 편찬되었다. 『동국여지승람』은 이후 여러 차례 수정을 거쳐 1531년(중종 26) 『신증동국여지승람(新增東國輿地勝覽)』으로 간행되었다. 이들은 모두 조선 정부의 중앙집권화된 지배체제의 확립과 관련이 있다.

1번의 『경상도지리지』는 1424년(세종 6) 『신찬팔도지리지』 편찬을 위한 찬진 명령을 받고 1425년(세종 7) 경상도에서 편찬한 것이다. 서술 규식에 의하면 읍의 역대 명칭 변천, 부·주·군·현과 향·소·부곡의 이합, 산천·경계·험조·관방, 산성과 읍성의 둘레와 넓이, 온천·빙혈·풍혈·염분·염정·목장·철장·양마의 산출, 토지의 비옥도와 물의 깊이, 기질·기온·민속의 차이, 호구·인구·토산(土産)·잡물(雜物)의 수, 조세·공물의 운반 경로, 군사와 교통 시설, 군인과 전함의 수, 섬과 육지의 원근과 입도인의 유무, 봉화대의 소재처, 능침과 명현의 묘, 인물, 전설 등을 다루도록 되어 있다.[3] 이는 정부적 차원에서 인적·물적 토대를 확인하기 위한 작업의 산물이었다. 청송과 진보는 안동도(安東道) 아래의 군으로 있다. 청송의 경우 명칭, 명산, 사방계역, 호구, 토성, 공부를 적었다. 합속된 송생현(松生縣)과 안덕현(安德縣)도 같은 순서를 가진다. 진보현의 경우 명칭, 부곡과 역, 명산, 사방계역, 호구, 토성, 공부, 봉화의 순서로 정리되었다. 국가적 차원에서 편찬된 지역 정보 가운데 가장 이른 시기의 것이라고 할 수 있다.

2번의 『세종실록지리지』는 1454년(단종 2) 『세종실록』이 편찬될 때 편입된 것이다. 당시 청송과 진보는 안동대도호부 아래에 2도호부, 4군, 11현 체제에서 청송은 군, 진보는 현으로 편재되어 있었다.[4] 청송군의 항목은 연혁, 속현(속현·부곡), 산천, 계역(界域), 호구,

---

3 『경상도지리지』, 「청송, 진보」; 『경상도지리지』(규1007); 『경상도지리지』, 조선총독부중추원, 1938, 101~104, 58~59, 124~125쪽.
4 『세종실록』 권150, 「지리지」, 〈경상도 안동대도호부〉. "所領都護府存二 寧海順興 郡四 醴泉榮

성씨, 풍속, 공부(貢賦), 토의(土宜), 토산공물, 역 등으로 구성되어 있다. 진보현의 항목은 연혁, 부곡, 산천, 계역, 호구, 성씨, 풍속, 공부, 토의, 역 등으로 구성되어 있다. 『경상도지리지』의 서술과 비교하면 성씨, 공부, 토산, 역 등의 물적 기반에서 증액 내지는 증편이 이루어지고 있어 이에 대한 조선 왕조의 관심과 청송·진보의 사회적 발전을 확인할 수 있다.

3번의 『경상도속찬지리지』는 1468년(예종 즉위) 『팔도지리지』 고정을 위한 명을 받고 이맹현(李孟賢) 등이 완성하여 1469년(예종 1) 올린 것이다.[5] 청송과 진보의 경우 안동도의 안동대도호부 아래 청송도호부와 진보현으로 구성되어 있다. 청송도호부의 경우 승호, 명현, 공세, 제언, 참역, 영현, 정도, 약재, 누대, 제영, 원우 순으로 기록하고 있다. 진보현의 경우 토성, 부곡, 공세, 제언, 봉화, 참역, 정도, 약재, 도기소, 공철, 읍성, 원우로 구성되어 있다.[6] 이전 두 지리지와 비교하면 제언이 들어가고 관개의 혜택을 입는 결수까지 적고 있으며, 참역(站驛), 정도(程途) 등 교통 관련된 항목을 추가하고 있다. 농사를 위한 물적 토대인 제언과 관개, 교통망 확대에 따른 참역과 정도에 대한 기술이 추가되고 있어 경제적인 분야에 대한 관심이 증대하고 있음을 보여준다. 한편 누대와 제영 등의 항목이 신설된 것은 이 시기의 문화적 산물에 대한 자부심을 보인 것이다.

4번의 『신증동국여지승람』은 1481년(성종 12) 총 50권으로 편찬된 『동국여지승람』의 신증본이다. 『동국여지승람』은 초간 후 여러 차례 수정작업을 시도하였으며, 1530년(중종 25) 이행(李荇)·윤은보(尹殷輔) 등이 증보하여 1531년(중종 26) 간행되었다. 청송도호부의 경우 성씨, 누정, 불우, 사묘 등의 문화 항목이 증보되었으며, 특히 인물, 우거의 인물 관련 기사가 다양하게 보충되었다. 대체로 문화와 인물에 대한 기록이 이전의 지리지에 비해 증보되었다. 이는 조선 왕조가 성종 대를 지나 중종 대에 이르러 사회적 안정을 이루자 대외적으로 왕조의 업적을 드러내고자 하던 무렵의 산물이다.

川永川靑松 縣十一 義城盈德禮安河陽基川仁同奉化義興新寧眞寶比安"
5 이성무, 「한국의 관찬지리지」 『규장각』 6, 서울대, 1982.
6 『경상도속찬지리지』, 조선총독부 중추원, 1938, 58~59, 75~77쪽.

2. 16세기~17세기

임진왜란과 병자호란을 거치면서 조선 사회는 대외적인 위기에 대응하여 내부적인 개혁의 목소리가 증대되었다. 개혁론을 구성하기 위해서는 기존의 전국 단위 지리서 외에 지역의 현실을 파악할 수 있는 자료가 필요하였다. 이를 뒷받침 해 준 것은 16~17세기 활발하게 편찬되기 시작한 사찬 읍지였다. 사찬 읍지는 개혁가들이 당대의 현실을 파악하는데 크게 기여하였다. 이러한 사찬 읍지 편찬의 유행 속에 청송과 진보 지역에서도 읍지가 편찬되었을 것이나 기록으로 남은 것은 없다. 다만 청송과 진보의 사림세력도 사찬 읍지의 편찬을 위한 다양한 시도는 있었을 것으로 추정된다.

한편 이 시기는 사회적 위기가 지속되면서 국가 사업으로 전국 지리지를 편찬하지는 못하였다. 나라의 전 지역을 대상으로 하는 현황 파악은 『신증동국여지승람』을 활용하였다. 주목할 것은 이 시기에 개혁을 위한 물적 기반의 확인을 위한 전국 단위의 지리서로 유형원(柳馨遠, 1622~1673)의 『동국여지(東國輿地志)』[7]가 편찬된 점이다. 5번의 『동국여지지』는 필사본으로 규장각에 남아 있는데 청송과 진보가 낙질된 권4상에 소재되어 있어 내용을 파악할 수는 없다. 다른 지역의 것으로 추측하건데 대부분의 내용은 『동국여지승람』의 것을 따르나 군사와 전부 등 일부 항목의 구성이나 인물에서는 서술 방식이 달라졌다. 이는 실학자였던 유형원이 자신의 개혁론을 작성하기 위한 기초 자료 수집의 차원에서 작성하였기 때문에 서술에서 이러한 차이가 나온 것이다.[8]

3. 18세기~19세기

16~17세기 사찬 읍지의 시대와는 달리 17세기 말 숙종 대부터는 관부가 중심이 되어 읍지를 편찬하려는 시도가 확대되었다. 관찬 읍지는 상송령에 적시된 항목에 따라 기계적

---

7 『동국여지지』; 전국지리지 3, 아세아문화사, 1983. 서울대 고도서로 9권 10책의 필사본이다. 현재 권 4 상의 경상좌도 부분이 누락되어 있다.
8 박인호, 「유형원의 동국여지지 편찬을 위한 고투와 실학적 지리학」 『조선사연구』 26, 조선사연구회, 2017.

으로 편찬하는 경향이 있어 나중에 편찬된 것은 항목별 수치의 수정에 그쳐서 사찬 읍지의 풍부한 내용을 넘어서지 못하는 경우가 일반적이었다. 다만 관찬 읍지는 지속적으로 편찬되면서 단위 사회에서의 변화상을 볼 수 있도록 한다.

6번은 규장각 소장의 『청송부읍지』(규10834)이다. 내제가 경상좌도청송부읍지(慶尙左道靑松府邑誌)로 경상좌도라는 표현이 있는 점, 인물 항목 중 효자 권택만(權澤萬)에 대한 기록 중에 금상(今上)조에 정려되었다고 하였는데 이는 영조를 지칭하고 있는 점 등으로 보아 18세기 중반까지의 정보를 바탕으로 한 것으로 보인다. 읍지의 항목은 지도(地圖), 건치연혁(建置沿革), 관원(官員), 군명(郡名), 성씨(姓氏), 풍속(風谷), 형승(形勝), 산천(山川), 토산(土産), 성곽(城郭), 봉수(烽燧), 관방(關防), 교량(橋樑), 누정(樓亭), 학교(學校), 역원(驛院), 불우(佛宇), 사묘(祠廟), 총묘(塚墓), 고적(古跡), 명환(名宦), 인물(人物), 제영(題永)으로, 『동국여지승람』의 항목 구성을 따르면서 편찬되었다. 1699년 숙종 대 최석정의 건의로 『동국여지승람』의 증보 사업이 있었는데, 이 읍지는 『여지도서』로 수렴되기 직전 숙종 대 편찬 방식이 적용된 것이다. 이후 편찬된 『여지도서』에서는 지역의 경제 관련 항목이 충실하게 증보되었는데 이 읍지에서는 아직 호구, 전결, 조세 등의 항목이 빠져있다. 다만 지역의 인물에 대한 기록은 풍부해지는 양상을 보이고 있다.

7번은 관찬의 전국 지리지인 『여지도서』에 수록된 「청송」과 「진보」편이다. 각지에서 올리는 읍지의 형태상 불일치를 극복하기 위해 1759년 홍문관에서 읍지의 표준 양식을 각 고을에 하달하면서 상송된 읍지를 모은 것이다. 『여지도서』 내 수록된 「청송」과 「진보」편의 정확한 상송 년대는 알 수 없으나 형태로 보아 1759년의 관문에 의거하여 제출된 것이다.[9] 『여지도서』의 구성은 지침에 의해 작성되었으므로 대체로 유사하나 일부 지역의 경우 지역의 특성을 반영하여 차이를 보이기도 한다. 『여지도서』의 일반적인 구성은 범례 35개 항목으로 이루어져 있다. 『동국여지승람』과 비교할 때 기존의 구성에서는 도로(道路), 공해(公廨), 창고(倉庫), 목장(牧場) 등이, 신규 구성에서는 한전(旱田), 수전(水田), 진공(進貢), 조적(糶糴), 전세(田稅), 대동(大同), 균세(均稅), 봉름(俸廩), 군병(軍兵) 등이 추가되어 경제 관련 조항이 크게 보충되었다.[10] 이는 문화적 업적을 과시하던 조선 전기와는 달리

---

9 배우성, 「18세기 전국지리지 편찬과 지리지 인식의 변화」 『한국학보』 85, 1996.

사회·경제적 변화가 크게 일어났던 영조 대의 시대 분위기를 반영하고 있다. 『여지도서』 「청송」과 「진보」편은 이러한 항목의 설정으로 인해 당대의 경제적 상황을 자세히 전하고 있다.

8번은 진보현의 읍지인 『진보현읍지(眞寶縣邑誌)』(규17466)이다. 항목은 대체로 숙종 대 읍지 증보사업 때의 구성과 같다. 그런데 환적조의 마지막 현감으로 기재된 이수(李琇)는 1781년 부임하여 1783년 이임하였다. 따라서 이수가 이임한 1783년 이후 편찬되었는데 호구 항목의 기준 식년이 병오년이라고 밝히고 있어 1786년으로 추정되므로 읍지는 그 무렵 편찬되었을 것으로 추정된다.

9번은 청송부의 읍지인 『청송부읍지』(규17467)이다. 표제는 청송부읍지(靑松府邑誌), 권심제는 경상도청송도호부(慶尙道靑松都護府)이다. 항목의 구성은 8번의 『진보현읍지』와 같다. 환적조의 마지막 부사인 정계순(鄭啓淳)은 1784년 무렵 도임하여 1787년(정조 11) 12월까지 재임하였는데, 호구의 기준 식년이 역시 병오년이라 편찬연대는 1786년경으로 추정된다.

10번은 『경상도읍지』에 수록된 청송과 진보 읍지이다. 『경상도읍지』는 1786년(정조 10) 경에 편찬되어 상송된 각 군현의 읍지를 수집한 것으로 현재 일본 천리대학교 이마니시 문고에 소장되어 있다.[11] 총 62개 고을이 37책에 수록되어 있다. 내용은 8번과 9번의 읍지와 같다. 일본 국립국회도서관에도 『경상도읍지』 11책이 소장(292.18-Ke1162)되어 있는데 이것은 이마니시 문고를 저본으로 재필사하여 육군문고에 보관하였던 것이다.

11번은 일본 국립국회도서관 소장(217-1)의 『영남읍지』 내 9책에 수록된 청송과 진보 읍지이다. 편찬 시기는 대체로 1789년경이다. 총 16책이 남아 있는데 제9책에 안동진관 진보현(安東鎭管眞寶縣)과 경상도청송도호부(慶尙道靑松都護府)가 수록되어 있다.

12번은 국립중앙도서관 소장의 『청송부읍지』(한고조62-180)로, 내제는 『경상좌도청송부읍지』이다. 말미에는 1807년(순조 7) 청송도호부사 최광태(崔光泰)가 쓴 발문이 있다. 읍지의 항목은 지도(地圖), 방리(坊里), 도로(道路), 건치 연혁(建置沿革), 군명(郡名), 형승(形勝), 향

---

10 이재두, 『조선후기 읍지편찬의 계보』, 민속원, 2023, 109쪽.
11 이마니시 문고의 청송편 복사본이 국립중앙도서관에 있다(古2754-25, 표지, 『寧海誌』, 安東鎭管寧海都護府誌 : 附密陽靑松, 寧海都護府 編, 國立中央圖書館, 1991, 1책 49장).

교(鄕校), 서원(書院), 관직(官職), 산천(山川), 성씨(姓氏), 풍속(風俗), 능침(陵寢), 단묘(壇廟), 공해(公廨), 제언(堤堰), 창고(倉庫), 물산(物産), 교량(橋梁), 역원(驛院), 목장(牧場), 관액(關阨), 봉수(烽燧), 누정(樓亭), 제영(題永), 사찰(寺刹), 총묘(塚墓), 고적(古跡), 진보(鎭堡), 임관(任官), 명환(名宦), 인물(人物), 충효(忠孝), 정열(貞烈), 선행(善行), 문과(文科), 무과(武科), 음사(蔭仕), 사마(司馬), 호구(戶口), 한전(旱田), 수전(水田), 진공(進貢), 전세(田稅), 조적(糶糴), 대동(大同), 균세(均稅), 봉름(俸廩), 군병(軍兵), 책판(冊板)으로 구성되어 있다. 이러한 구성은 『여지도서』 형태를 바탕으로 추보한 것이다. 이 읍지는 관찬의 읍지이기는 하나 누정과 제영조에서 유적에 대한 기문이 있을 경우 착실하게 수집하고 있어 사찬 읍지에서 중시 여겼던 문화적 내용이 자세한 특징이 있다.

13번은 『경상도읍지』(규666)에 수록된 청송부와 진보현의 읍지이다.[12] 『경상도읍지』는 지역에서 편성되어 상송된 것을 수집하여 편집한 것이다. 제5책에 수록된 「청송부읍지」는 환적에서 성근묵(成近黙)이 1831년 영천군수에서 이임해 왔다고 적고 있으며 호구 자료도 1831년의 것을 수록하고 있으므로, 대체로 이 시기에 작성된 것으로 보인다. 읍지의 항목은 지도(地圖), 건치연혁(建置沿革), 군명(郡名), 관직(官職), 성씨(姓氏), 산천(山川), 풍속(風俗), 방리(坊里), 호구(戶口), 전부(田賦), 군액(軍額), 성지(城池), 임수(林藪), 창고(倉庫), 군기(軍器), 학교(學校), 관방(關防), 진보(鎭堡), 봉수(烽燧), 단묘(壇廟), 능묘(陵墓), 불우(佛宇), 공해(公廨), 누정(樓亭), 도로(道路), 교량(橋梁), 도서(島嶼), 제언(堤堰), 장시(場市), 역원(驛院), 목장(牧場), 형승(形勝), 고적(古蹟), 토산(土産), 진공(進貢), 봉름(俸廩), 환적(宦蹟), 과거(科擧), 인물(人物), 제영(題永), 비판(碑板), 책판(冊板)으로 구성되어 있다. 제17책에 수록된 「진보현읍지」는 환적에서 이건기(李建基)가 1827년 이임해 와서 1832년 교체되었다고 적고 있으며 1831년 호구 자료가 수록되어 있어, 1832년 작성된 것으로 보인다. 책의 구성은 「청송부읍지」와 동일하다. 한편 이후 편찬되는 청송과 진보의 관찬 읍지는 대체로 이 『경상도읍지』의 구성을 전범으로 따르고 있다.

14번은 1841년 편찬된 경상도 도지인 『영남여지』이다. 16책으로 구성되어 있었는데 낙질본 9책(성균관 존경각 8책과 개인 소장 1책)이 남아 있다. 청송과 진보 읍지가 수록되어 있

---

12 『경상도읍지』, 「청송부」, 「진보현」 ; 『읍지』 경상도 1, 아세아문화사, 1982.

었을 것이나 해당 부분은 현재 남아 있지 않다.

15번은 총 23책의 경상도 도지인 『영남지』에 수록된 청송과 진보 읍지이다. 일본 동경대학교 아천(阿川, 아가와)문고에 8책과 15책이 낙질된 21책이 남아 있다. 7책에는 「청송」, 20책에는 「진보」편이 수록되어 있다. 실물은 보지 못하였으나 아가와 문고의 『호남읍지』가 1859년(철종 10)에 편찬되었으므로 이 때 같이 편찬되었던 것으로 추정된다

16번은 김정호가 1866년 경에 편찬한 사찬 전국지인 『대동지지(大東地誌)』이다. 김정호는 『대동지지』를 편찬하기 이전에 1850년대 『동여도지(東輿圖志)』, 1853~1857년에는 최성환(崔瑆煥)과 함께 『여도비지(輿圖備志)』를 편찬하였다. 『여도비지』는 각 도별 군현 단위의 지지를 수록하여 주제별로 편목을 나누어 수록하고 있는 『동여도지』나 『대동지지』와는 다른 모습을 보이고 있다.[13] 『여도비지』는 행정구역의 극고표, 강역표, 방위표, 도리표 등을 제시하고 있으며, 주요 지역을 연결하는 거리가 중요하게 작동하고 있다. 거리에 대한 강조는 당시 백성들이 사유할 수 있는 공간이 확대되면서 공간을 연결할 수 있는 거리와 교통로가 중시되었기 때문이다. 『대동지지』 「청송」과 「진보」편도 각 지점의 거리를 수록하고 있다는 점에서 같은 문제의식에서 나온 것이라고 하겠다.

19세기 중엽 고종 대에 들어와 거듭된 상송령에 의해 전국 단위의 읍지 편찬이 시도되었다. 그러나 수집된 읍지는 기계적인 추보의 한계를 벗어나지 못하고 있었다. 다만 1871년, 1895년, 1899년의 상송된 관찬 읍지를 보면 재정과 군사에 대한 사항이 강화되는 모습을 보이고 있다.

17번은 『영남읍지』(규12173)에 수록된 청송과 진보 읍지이다. 『영남읍지』는 1871년(고종 3) 전국적인 읍지 상송령에 따라 수집된 경상도 읍지, 역지, 목장지, 진지 등을 모아 편찬한 것이다. 『여지도서』를 따르거나 순조대 『경상도읍지』의 예를 따라 읍 마다 체재가 균일하지 않으며, 호구 기준 연도도 다양하다.[14] 청송부는 제3책, 진보현은 제14책에 수록되어 있으며 항목의 구성은 13번의 순조 대 『경상도읍지』 유형을 따르고 있다.

---

13 내용 면에서는 『동여도지』와 『여도비지』가 유사하다. 체재적으로는 『동여도지』와 『대동지지』가 유사한 반면 『여도비지』와는 차이를 보인다. 『여도비지』는 최성환이 휘집하고 김정호가 도편하여 김정호가 이 책의 편집에서 차지하는 몫이 상대적으로 적었기 때문이었다.
14 『영남읍지』 「청송부」, 「진보현」 ; 『읍지』 경상도 4, 아세아문화사, 1982.

18번은 일본으로부터 반환받은 국립고궁박물관 소장의 각도읍지 가운데 청송과 진보 읍지이다. 국립고궁박물관 소장의 다른 각도읍지와는 달리 경상도 읍지편은 1878년 상송된 열고관 소장의 읍지이다.[15] 청송의 경우 건치연혁에서 태조, 세종, 소헌왕후, 세조 등의 묘호를 표시할 때 광곽 바깥으로 올려서 처리하였다.

19번은 오횡묵(吳宖默)이 1893년 편찬한 세계 및 조선 지리서인 『여재촬요(輿載撮要)』에 수록된 「청송」과 「진보」편이다. 이 책은 여러 차례 수정을 거치면서 내용이 대폭 증보되었으며, 서구의 지리 정보까지 수용되어 있다.[16] 조선의 방지 부분은 『동국여지승람』의 형태를 수용하면서 시대 변화에 맞게 일부 수치를 바꾸었다. 따라서 군현 단위의 내용 기술은 기존 전국지의 것을 축약하여 답습한 수준이다.

20번은 『영남읍지』(규12174)에 수록된 청송부와 진보현의 읍지이다.[17] 『영남읍지』는 기존의 읍지에 부세 정보에 초점을 맞춘 읍사례를 추가하여 1895년 편집된 것이다. 당시 각 군현의 수입과 지출과 관련된 재정 실태를 파악하는데 중요한 자료이다. 제24책에 「청송부읍지」와 「진보현읍지」가 수록되어 있다. 진보의 경우 읍지의 주요 기록이 생략되고 제목만 남아있어 중앙에서 항목에 따라 부실하게 정리한 것으로 보인다.

21번은 20번의 『영남읍지』 각 읍지를 후일 조선총독부 중추원에서 용지에 맞추어 정리한 것인데 국회도서관에 16책이 소장되어 있다. 「청송」편은 국사편찬위원회에 수집되어 있다.

22번은 『진보읍지』(규10826)로, 환적조에서 임백순(任百淳)이 1894년 도임하여 1897년 노성으로 이임한 기록이 있어 1897년 이후 편찬한 것으로 보인다.

23번은 『청송군읍지』(규10841)로, 1899년 상송령에 의해 만들어졌다.

24번은 『진보군지』(국중고2754-19)로, 외제는 진보군지, 내제는 진보읍지이다. 환적조에서 1899년 유정헌(俞正憲)의 경원 이임과 새로 군수로 오(吳)의 취임을 적고 있다. 오는 1899년 6월 새로 임명된 오횡묵(吳宖默)이었다. 1899년 4월 상송령이 있었으므로 6월 오횡

---

15 이재두, 「2011년 환수된 국립고궁박물관 읍지 74책의 유래와 특징」 『조선시대사학보』 94, 조선시대사학회, 2020.
16 박인호, 「여재촬요의 편찬과 편찬정신」 『장서각』 39, 2018.
17 『영남읍지』 「청송부」, 「진보현」 ; 『읍지』 경상도 2, 3, 아세아문화사, 1982.

묵 취임과 동시에 급하게 편찬된 것으로 보인다.[18]

이 관찬 읍지들은 6번 읍지 이래 기존의 것을 바탕으로 편찬하고 있어 대체적으로 구성이나 형식이 유사하다. 다만 상송령의 항목에 따라 일부 구성에서 차이를 보이기도 한다. 또한 시기의 변천에 따라 관련된 내용을 수정하고 있다. 특히 각 시기마다 상송령 때 주안점을 두는 부분이 있으면 해당 주제에 대한 내용이 자세하게 수록되었다. 영조 대 관찬 읍지에서는 기존의 『동국여지승람』에 비해 재정 부분이 강화되었으며, 고종 대 관찬 읍지들에서는 이전 대 『여지도서』에 비해 군사적인 측면이 강화되고 있다.

4. 20세기 초반

20세기 초반에는 기존의 관·사찬 읍지를 종합적으로 정리하면서 근대의 각종 시설물을 추보하여 명기한 근대 읍지가 편찬되었다. 따라서 읍지에서의 정보량은 이전 대와 비교할 수 없을 정도로 다양하다. 한편 전통시대의 경상도 도지 편찬을 이어 도지를 편찬하려는 노력도 지속되었다.[19]

25번의 『조선각도읍지(朝鮮各道邑誌)』는 김유동(金迪東)이 조선의 각도에 대해 쉽게 열람할 수 있도록 편집하여 1929년 조선박문사에서 현대 인쇄물로 간행하였다.

26번의 『영지요선(嶺誌要選)』은 1876년(고종 13)에 최석봉(崔錫鳳)이 영남의 읍지를 간략하게 발췌하여 만든 것으로 뒤에 박영기(朴永琪)가 증보하여 1931년 간행한 것이다.[20] 「청송」편은 권7에 수록되어 있다. 연혁(沿革), 산천(山川), 관사(官舍), 방리(坊里), 역로(驛路), 장시(場市), 고적(古蹟), 토산(土産), 정각(亭閣), 원우(院宇), 인물(人物), 사찰(寺刹), 효열(孝烈), 제영(題詠)의 순으로 간략하게 항목별 내용을 전하고 있다.

27번의 『조선환여승람』 「청송편」은 이병연(李秉延)이 1910~1937년까지 지역의 보고원

---

18 『승정원일기』 3110책(탈초본 140책), 고종 36년 6월 25일. "命 任慶源郡守俞正憲 任眞寶郡守吳宖默"
19 이재두, 「조선후기 경상도 읍지 편찬 사업 재검토」 『대구사학』 138, 대구사학회, 2020.
20 『嶺誌要選』, 규장각12621 ; 『韓國近代道誌』 7~8, 『嶺誌要選』 1~2, 韓國人文科學院, 1991 ; 김정대, 「영지요선과 '창원' 관련 기록에 대하여」 『가라문화』 27, 경남대학교박물관 가라문화연구소, 2015.

에게 위촉하여 보내온 내용을 간행하였던 것이다. 『조선환여승람』은 각 군에 관련된 현황을 50여개 항목으로 나누어 게재하고 있다. 특히 유현·학행·유일·유행·문행·훈신·원종훈·공신·명신·명환·명관·청백·문원·선문·선시·필원·행의·명망·진목·충신·절의·효자·효부·정열·문과·사마·무과·음사·수직·증직 등 인물에 관련된 조항을 세분하여 기술한 특징이 있다.[21] 형태는 전근대 읍지의 형태를 띠었으나 개별 군 단위의 지리적 내용을 상세히 담아 근대 사찬 읍지의 내용을 갖추고 있다. 청송의 경우 청송 유림의 도움을 받았던 것으로 보인다.

28번의 『경상도지(慶尙道誌)』는 이현식(李鉉式)이 편찬하여 1936년 구한회(具翰會) 발행으로 간행하였다.[22] 『경상도지』의 상권은 지리 측면을 다루어 건치연혁(建置沿革), 연혁별고(沿革別考), 산천형승(山川形勝), 산천분해(山川分解), 고사명감(古事明鑑), 누대승람(樓臺勝覽), 우체별고(郵遞別考), 신라제지(新羅祭誌), 사원일람(祠院一覽), 불우일람(佛宇一覽), 현대지방고(現代地方考), 보유(補遺), 조선도기(朝鮮圖記)로 구성하였다. 하권은 역사와 인물을 다루어 신라기(新羅記), 가락기(駕洛記), 신라육부(新羅六部), 상국열전(相國列傳), 공신열전(功臣列傳), 장수열전(將帥列傳), 사환열전(仕宦列傳), 절의열전(節義列傳), 유일열전(遺逸列傳), 유현열전(遺賢列傳), 문장열전(文章列傳), 필원열전(筆苑列傳), 유행열전(儒行列傳), 효행열전(孝行列傳), 윤행(閨行), 자선(慈善)으로 구성하였다. 기존의 읍지에서 지역별로 구성하였던 것과는 전혀 다른 모습을 보이고 있다.

31번의 『교남지(嶠南誌)』는 정원호(鄭源鎬)가 경상도 관찰사 김세호(金世鎬)의 1871년 무렵 진행한 군현지 편찬 사업을 이어 영남 지역의 지지 내용을 종합한 도지이다. 『교남지』는 76권 15책으로 1937년 편찬하여 1940년 대구 경문당에서 간행하였다.[23]

그런데 도지에서 청송이 언급한 것은 지면의 특성상 자세하지 못하였다. 그런데 근대에 들어와 청송의 지역 단위 읍지가 편찬되기 시작하였다. 근대 초기에 편찬된 것으로

---

21 허경진·강혜종, 「조선환여승람의 상업적 출판과 전통적 가치 계승 문제」 『열상고전연구』 35, 2012 ; 김경수, 「조선환여승람의 편찬과 그 의미」 『한국사학사학보』 47, 2023.
22 『韓國近代道誌』 9, 『慶尙道誌』, 韓國人文科學院, 1991 ; 『慶尙道誌』, 景仁文化社, 2000. (韓國地理風俗誌叢書 57) ; 『慶尙道誌』, 아라, 2013.
23 『嶠南誌』, 李根泳房, 1940 ; 『嶠南誌』 1~5, 景仁文化社, 1990 ; 『韓國近代道誌』 10~15, 『嶠南誌』 1~6, 韓國人文科學院, 1991.

1936년 간행된 『청이지(靑已誌)』와 1938년 간행된 『청송군지(靑松郡誌)』가 있다.

29번의 『청이지』는 1936년 청송 향교에서 발간한 근대 사찬 읍지이다. 『청이지』는 청송향교의 임원이었던 조용주(趙鏞周), 남문수(南文洙), 심능기(沈能沂), 이규백(李圭白), 유연구(柳淵龜), 심상원(沈相元), 조광규(趙廣奎), 심상광(沈相光) 등이 공동으로 편찬하였다. 건, 곤으로 나누어 편찬하고 있는데 경상북도지리총설(慶尙北道地理總說)과 건치연혁(建置沿革), 산천(山川), 풍속(風俗), 성씨(姓氏), 원사(院祠), 누정(樓亭), 봉수(烽燧), 창고(倉庫), 시장(市場), 역원(驛院), 진공(進貢), 학행(學行), 유행(儒行), 필원(筆苑) 등을 수록하였다. 경상북도지리총설은 직전에 만들어진 이병연의 『조선환여승람』에 수록된 것과 동일하다. 『청이지』는 전통적인 관찬 읍지의 내용을 바탕으로 근대적 내용을 첨보하여 편찬하였다.

30번의 『청송군지』는 1937년 신상기(申相祺), 민오식(閔五植)이 서달윤(徐達閏), 남동락(南東洛), 정규행(鄭䂓行) 등의 도움을 받아 청송군의 인문 지리서로 편찬하였다. 1938년 4권 2책으로 간행되었다. 본문 앞에는 민원식(閔元植), 권상련(權尙連), 서석췌(徐錫萃), 김상호(金象浩), 신후근(申厚根), 정한모(鄭翰模)의 서문이 실려 있다. 수록 순서는 『영가지(永嘉誌)』를 본받아 범례(凡例)와 목록이 있으며, 권1은 연혁(沿革), 강역(彊域), 기상(氣像), 산천(山川), 토산(土産), 진공(進貢), 호구(戶口), 전부(田賦), 군액(軍額), 향교(鄕校), 궁전(宮殿), 단묘(壇廟), 공해(公廨), 원사(院祠), 누정(樓亭), 임수(林藪), 장점(匠店)을, 권2는 임관(任官), 역대경찰서장급서료(歷代警察署長及署僚), 각면면적급방리(各面面積及坊里), 각면사무소(各面事務所), 각면경찰관주재소(各面警察官駐在所), 법원(法院), 우편통신(郵便通信), 위생(衛生), 각면동리급호구(各面洞里及戶口), 지적(地籍), 금융조합(金融組合), 연초경작조합(煙草耕作組合)을, 권3은 성씨(姓氏), 선정(先正), 인물(人物), 우거(寓居), 학행(學行), 유행(儒行), 문행(文行), 선행(善行), 견행(見行)을, 권4는 과환(科宦), 공훈(功勳), 수직(壽職), 증직(贈職), 충의(忠義), 효행(孝行), 규행(閨行), 열행(烈行), 총기(塚基), 비판(碑版), 제영(題永)의 순이다. 말미에는 민동호(閔東鎬), 조성진(趙性璡), 권태로(權泰魯), 남기락(南基洛), 서유(徐游), 그리고 신상기(申相祺)의 발문을 수록하였다.[24] 이 책은 관의 허락을 얻어서 편찬하였다는 점에서 관찬의 역할도 겸하였다. 권3과 권4에서 보이듯이 인물에 대한 항목 분류가 다양하고 수록 내용도 전체 지면에서 가장 많은 분량을 차지하

---

24 김명균의 번역으로 2022년 국역본이 간행되었다(『국역 청송군지』, 청송문화원, 2022).

고 있다. 각 집안의 인물에 대한 자각과 집안으로부터의 자료 제공에 따른 것이다. 다만 인물 편찬이 가져오는 물의를 피하기 위해 "어느 성씨와 가문을 막론하고 근거로 삼을 만한 행적이 있으면 가승에서 채집하여 향지에서 입증하고 널리 물어 여러 차례 교정하였다"고 밝히고 있다.[25] 또한 각 인물 조항에 대해서는 별도의 편집 총론을 두어 수록 기준을 상세히 규정하였다.[26]

32번과 33번의 1962년 간행된 『청송군사』와 1990년 간행된 『청송군지』는 청송군에서 간행위원회를 구성하여 편찬한 것이다.

Ⅲ. 조선시대 청송의 행정구역 변천

청송은 고구려 때에는 청이(靑已), 신라 때에는 적선(積善), 고려 때에는 부이(鳧伊), 운봉(雲鳳), 청부(靑鳧) 등으로 불렸다. 조선 1394년(태조 3) 일시 청부현과 진보현(眞寶縣)을 합하여 청부현이라 하고 보성군(甫城郡)에 속하게 하였으며 감무를 두었다.[27] 이 때 안덕현(安德縣)[28]은 송생현(松生縣)에 속하게 하였다. 조선 초기부터 군현의 등급과 명호의 개정을 위한 다양한 논의가 있었으며 1413년(태종 13) 10월 8도 체제를 확립하였다.[29] 이때부터 각도의 감무를 현감으로 고치고 군과 현의 명칭은 산과 천을 기준으로 바꾸었으며 군소 군현의 병합과 영역에 대한 정리가 본격화하였다. 그 과정에서 경상도는 조선 초기 동안 도의 분할과 군현의 통폐합이 가장 심한 곳이었다.

청송의 분합 과정을 보면 1416년(태종 16) 소리가 비슷한 각 고을의 칭호를 고치면서

---

25 『청송군지』,〈凡例〉. "何某氏族 有可據行蹟 則采其家乘 證諸鄕稿 廣詢累校"
26 『청송군지』,〈編輯總論〉.
27 『태조실록』 권5, 태조 3년 3월 7일 병오.
28 안덕현의 사방 경계는 동쪽으로 경주 임내인 죽장부곡 지경의 柳峴까지 24리 134보, 남쪽으로 신령현 지경의 貧峴까지 36리 97보, 서쪽으로 의성현 지경의 茅峴까지 18리 153보, 북쪽으로 안동 임내 임아현 지경의 大峴까지 11리 130보이다. 대체로 현 청송군의 남쪽 영역을 이루고 있다(『경상도지리지』,「청송」,〈兼安德縣〉).
29 이수건, 「지방 통치체제」『신편한국사』 23, 국사편찬위원회, 2002.

전라도의 보성(寶城)과 유사한 경상도의 보성(甫城)을 예전 이름인 진보를 따르면서 진보군으로 명칭을 고쳤다.[30] 1418년(세종 원) 중궁인 소헌왕후(昭憲王后)의 고향이었으므로 군으로 승격시키기 위해 진보군과 청부현을 합하여 청보군(靑寶郡)으로 승격시켰다.[31] 이후 1423년(세종 5) 청보군을 진보와 분리시키고 송생현[32]과 통합하여 청송군을 두었다.[33] 분리된 진보현은 현감을 두었다.[34] 이 때 비로소 청송이라는 이름을 가지게 되었다. 그리고 1424년(세종 6) 청송은 옛 청부현을 본읍으로 삼으라고 하였다.[35] 1459년(세조 5) 소헌왕후의 내향이었으므로 청송군을 도호부로 승격시키고 도호부 아래에 9개 면을 두었다.[36]

1474년(성종 5) 진보현(眞寶縣)에서 고을 사람이 현감을 구타하는 사건이 발생하자 진보현을 혁파하는 논의가 일어났으며,[37] 혁파한 진보현은 청송부(靑松府)에 붙였다.[38] 그러나 1478년(성종 9) 진보현 사람인 임흘(任屹)의 상언에 의거하여 다시 현을 세워 진보현을 독립시켰다.[39] 이 이후에는 1895년 지방행정 구역을 정비하기 전까지 청송도호부(靑松都護府)와 진보현(眞寶縣) 체제를 유지하였다.[40]

---

30 『태종실록』권32, 태종 16년 8월 10일 기사.
31 『세종실록』권1, 세종 즉위년 9월 25일 임신.
32 송생현의 사방 경계는 동쪽으로 영덕현 지경의 注乙山까지 32리 60보, 남쪽으로 안덕현 지경의 三者峴까지 21리 295보, 서쪽으로 청부현 지경의 叱川까지 12리 240보, 북쪽으로 청부현 지경 仇里峴까지 10리이다. 대체로 현 청송군의 동쪽 영역을 이루고 있다(『경상도지리지』, 「청송」, 〈合屬松生縣〉).
33 『세종실록』권22, 세종 5년 10월 27일 갑술.
34 『세종실록』권150, 「지리지」, 〈경상도 안동 대도호부 진보현〉.
35 『세종실록』권24, 세종 6년 4월 26일 신미. 이후 옛 청부현이 있던 월막리가 읍치로 자리잡게 되었다.
36 『세조실록』권16, 세조 5년 6월 14일 갑자. 이 때의 지방 외관직은 『경국대전』외관조의 통해 전체의 구성을 볼 수 있다. 『경국대전』당시 외관직의 구성은 경상도의 경우 관찰사1, 부윤1(경주), 대도호부사1(안동), 목사3(상주, 진주, 성주), 도호부사7(창원, 김해, 영해, 밀양, 선산, 청송, 대구), 군수14(합천, 함양, 초계, 청도, 영천(永川), 예천, 영천(榮川), 흥해, 울산, 양산, 함안, 김산, 풍기, 곤양), 도사1, 판관5(경주, 안동, 상주, 진주, 성주), 현령7(영덕, 경산, 동래, 고성, 거제, 의성, 남해), 찰방5, 현감34, 훈도55, 왜학훈도2, 심약3, 검률1, 역승6으로 이루어져 있다(『경국대전』권1, 「吏典」, 〈外官職〉).
37 『성종실록』권40, 성종 5년 3월 26일 신해.
38 『성종실록』권43, 성종 5년 6월 15일 무진.
39 『성종실록』권92, 성종 9년 5월 21일 임오.

관원으로 조선 전기의 경우 청송도호부는 부사(府使)와 교수(敎授) 각 1인, 진보현은 현감(縣監)과 훈도(訓導) 각 1인을 두었다.[41] 조선 후기의 경우 청송도호부에는 문과(文科) 종3품(從三品)의 도호부사(都護府使) 아래 좌수(座首) 1인, 별감(別監) 3인, 군관(軍官) 25인, 인리(人吏) 30인, 지인(知印) 12인, 사령(使令) 15명, 관노(官奴) 58구, 비(婢) 43구를 두었다. 진보현에는 음과(蔭科) 6품의 현감(縣監) 아래 좌수(座首) 1인, 별감(別監) 2인, 군관(軍官) 20인, 인리(人吏) 19인, 지인(知印) 9인, 사령(使令) 7명, 관노(官奴) 26구, 관비(官婢) 28구를 두었다.[42]

지방 군제인 진관체제에서는 청송은 안동대도호부 휘하에 진보와 함께 소속되었다.[43] 청송도호부사는 안동진관(安東鎭管)의 병마동첨절제사(兵馬同僉節制使)를 겸하였으며, 진보현감은 안동진관(安東鎭管)의 병마절제도위(兵馬節制都尉)를 겸하였다.[44]

사찬 읍지가 남아 있지 않아 청송과 진보의 읍치의 구성에 대해서는 잘 알 수 없다. 관찬의 읍지 공해(公廨)조 가운데『여지도서』에 의하면 청송은 객사(客舍), 신민헌(新民軒), 향사당(鄕射堂), 장관청(將官廳), 군관청(軍官廳), 부사(府司), 인리청(人吏廳)이 있었다. 진보는 객사(客舍), 봉서헌(鳳棲軒), 향사당(鄕射堂), 군관청(軍官廳), 장관청(將官廳), 인리청(人吏廳)이 있었다. 이후에 나온 읍지류의 공해조에 의하면 청송의 경우 객관(客館), 신민헌(新民軒), 향서당(鄕序堂), 강무당(講武堂), 진보의 경우 객관(客館), 봉서헌(鳳棲軒), 봉비천인루(鳳飛千仞樓), 향사당(鄕射堂), 군관청(軍官廳), 장관청(將官廳), 인리청(人吏廳) 등이 있었다. 누정(樓亭)조에서는 관아 내외의 누각과 정자로 청송부에서 찬경루(讚慶樓), 생백당(生白堂), 수고정(秀孤亭), 진보현에서 압각대(鴨脚臺), 옥류정(玉流亭) 등을 수록하였다.

이를 종합하면 청송부의 관아 건물로 동헌인 신민헌(일명 雙光軒), 공수(公須), 중랑(中廊), 공고(工庫), 문루(文樓), 마방(馬房), 그리고 내아에 연식당(燕息堂)이 있었으며, 부속 건물로 신민헌 서쪽에 수고정(秀孤亭)과 관아 북쪽에 별당으로 송백당(松栢堂)이 있었다. 19세기 후반에는 내실로 송계관(松桂館)을 두었다. 객사 건물로는 운봉관(雲鳳館), 찬경루(讚慶樓), 외삼문

---

40 『고종실록』 권33, 고종 32년 5월 26일 병신.
41 『신증동국여지승람』 권24, 「경상도」, 〈청송도호부〉; 권25, 「경상도」, 〈진보현〉.
42 『여지도서』 하, 「경상도」, 〈청송도호부·진보현〉.
43 『세조실록』 권2, 세조 1년 9월 11일 계미 ; 『세조실록』 권9, 세조 3년 10월 20일 경술.
44 『대동지지』 권8, 「경상도」, 〈청송·진보〉.

등이 있었다. 객관에 찬경(讚慶)이라는 현판을 건 것은 누각에 올라 보광산(普光山)에 있는 소헌왕후의 선조 묘소를 보면 저절로 찬사를 드리기 때문이었다. 교육 시설로 향교(鄕校), 낙일재(樂一齋), 향촌 운영 시설로 객관 앞에 향서당(鄕序堂), 인리청(人吏廳), 군사 시설로 장관청(將官廳), 군관청(軍官廳), 강무당(講武堂), 군기고(軍器庫), 화약고(火藥庫), 기치고(旗幟庫), 창고 관련 부고(府庫), 대동고(大同庫) 등이 있었다.[45]

진보현의 관아 건물로 동헌인 봉서헌(鳳棲軒, 일명 平近堂, 平建堂)과 관문루인 봉비천인루(일명 廣漢樓), 청사의 동쪽에 청성당(淸省堂)이 있었다. 객사 건물로는 객관이 있었다. 교육 시설로 향교, 낙육재(樂育齋), 향촌 운영 시설로 향사당, 인리청, 군사 시설로 군관청, 장관청 등이 있었다.[46]

청송도호부와 진보현의 구체적인 면리 조직은 현재 지리지를 조사해 보아도 하부 단위의 면리 조직은 잘 알 수 없다. 조선 전기의 면리는 촌락 단위가 아니라 동·서·남·북의 방위적인 개념이 강하였다. 임진왜란 이후 촌락을 단위로 재편성을 시행하면서 자연적 촌락을 그대로 리라고 설정하는 편제가 가능하였다. 이와 같이 면리제가 도입된 것은 조선 초기였지만 본격적인 말단의 행정 조직으로 활용되기까지는 상당한 시일이 걸렸다. 게다가 청송과 진보의 경우 하부 단위의 실상을 전하는 사찬 읍지가 없어 그 실상을 파악하는 데 어려움이 있다. 다만 면리의 구성은 읍치를 중심으로 동·서·남·북으로 면을 나누고 면 밑에 리와 동의 자연 촌락을 배치하는 일반적인 방식에 따라 형성되었을 것이다.

18세기 중반의 면리 구성에 대해 진보의 경우『진보현읍지』(규17466)의 방리조에 당시 있었던 부락의 명칭을 언급해 두고 있다.

下里面 : 新漢里, 角山里, 神法里, 等里
上里面 : 古任店里, 西士良里
東面 : 出村里, 古磨里

---

45 『청송부읍지』, 국립중앙도서관 한고조62-180. 청송부의 부치에 대한 소개와 현재 위치에 대한 고증은 청송군, 『靑松都護府文獻考察』, 2004 참조.
46 『진보군읍지』, 규장각 10826;『진보군지』, 국립 중앙도서관 국중고2754-19;『청송군지』, 1937.

北面：城項里, 文海里, 臨川里

西面：合江里, 孔巖里

南面：前周泥, 後周泥, 中坪里, 巨谷里, 松江里, 漁川里

청송의 경우 『청송부읍지』(규17467)의 방리조에 역시 부락의 명칭을 언급해 두고 있다.

府內面：月慕里, 官旨里, 校洞里, 金谷里, 月外里, 大谷里, 菊平里, 養靜里, 靑雲里, 南介谷里, 巨大谷里, 松生里

府東面：上坪里, 上三宜里, 下三宜里, 新店里, 法水洞里, 梨田坪里, 佐旨洞里, 龍所洞里

府西面：移仕谷里, 灰甲里, 仁麻里, 上德川里, 下德川里

府南面：泥峴里, 花場里, 陽宿里, 上東谷里, 下東谷里, 安興里, 洪源里, 三政院里, 甘淵里

縣內面：大巨里, 馬陵里, 縣底里

縣東面：文居里, 安仁里, 巨城里, 新豊里, 訥仁里

縣西面：月亭里, 文泉里, 毛巨里, 泉川里, 和目里, 生草田里, 豆峴里

縣南面：下德城里, 上德城里, 龍堂里, 水落里

縣北面：薪城里, 斤谷里, 老萊里, 智所里

이곳에 수록된 부락명이 전체의 부락 명칭을 모두 언급하였는지는 의문의 여지가 있지만 청송과 진보가 18세기까지 만하더라도 자연 부락에 대한 파악 혹은 면리제에 의한 부락 명칭 제정이 완비되지 못하였음을 보여준다. 한편 부락 명칭 가운데 뒤에 나오는 『호구총수』의 부락명과 상이한 곳도 있다.

그런데 18세기 후반에 나온 『호구총수』에는 당시 정비되었던 면리 조직을 모두 적고 있어 참고가 된다. 부는 청송부 소재지를 기준으로 한 것이며, 현은 안덕현을 기준으로 방향을 표시한 것이다. 1789년 기준의 『호구총수』[47]에서는 청송의 면리 조직으로 9면, 59리를 다음과 같이 적고 있다. 15~18세기 초반 방리 단위의 변동은 있었을 것이나 하부의

---

[47] 『호구총수』, 규1602, 8책-29b, 123b. ; 『호구총수』, 서울대 규장각 자료총서, 1998.

면리의 명칭은 크게 변하지 않았을 것으로 보이므로 『호구총수』에 보이는 면리의 명칭은 그 이전에도 적용할 수 있을 것으로 보인다.

府西面：仁麻里, 下德川里, 灰田里, 移仕谷里, 上德川里(5)
府內面：月幕里, 官吉, 校洞里, 金谷里, 菊坪里, 養亭里, 靑雲里, 松生里, 大谷里, 巨大谷里, 月外里(11)
府東面：佐旨洞里, 龍淵洞里, 梨田坪里, 上三宜里, 新店里, 下三宜里, 法水洞里, 上坪里(8)
府南面：屛巖里, 阿房谷里, 花場里, 陽宿里, 三政院里, 安興里, 上凍里, 下凍里, 洪原里, 甘淵里, 泥峴里(11)
縣東面：文居里, 巨城里, 訥仁里, 新豊里, 月梅里, 安仁里(6)
縣南面：水落里, 龍堂里, 上德城里, 下德城里(4)
縣西面：生草田里, 豆峴里, 月亭里, 泉川里, 聞川里, 和目里, 慕巨里(7)
縣內面：縣底里, 馬陵里, 大巨里(3)
縣北面：薪城里, 老萊里, 斤谷里, 智淵里(4)

진보는 5면 32리로 쌍행주를 적고 있으나 실제로는 5면 36리 이다.

下里面：邑內里, 城內里, 東部里, 新漢里, 角山里(5)
上里面：時良里, 高硯里, 新村里, 古任店里(4)
東面：樂坪里, 花馬里, 宅田里(3)
北面：興丘里, 方田里, 並玉里, 橋桐里, 三山里, 老達里, 文海里, 舟坡里, 省夫里, 春甘里(10)
西面：世長里, 釜谷里, 合江里, 林峴里(4)
南面：漁川里, 毛谷里, 丙浦里, 中坪里, 官洞里, 荒木里, 松江里, 甘谷里, 水淨里, 瓮店里(10)

1895년(고종 32) 지방제도의 개정으로 전국을 23부로 나누면서 청송과 진보는 안동부(安東府) 관할의 군이 되었다.[48] 1896년(건양 원)에는 다시 23부를 13도로 개정하면서 청송과 진보는 경상북도 소속의 4등군이 되었다.[49]

1914년 3월 청송군의 면의 명칭과 관할 구역에 대한 사전 조사가 있었다. 이 기록은 전통적인 자연부락을 면 단위에 결합시키려고 하였기 때문에 다수의 자연부락이 조사되어 있다.[50] 청송군(靑松郡)의 청송면(靑松面), 부동면(府東面), 부남면(府南面), 현동면(縣東面), 안덕면(安德面), 현서면(縣西面), 파천면(巴川面), 진보면(眞寶面) 8개 면의 하위 자연부락을 조사한 것이다. 이를 통해 전통시대 부락의 동리 명을 알 수 있으며, 이 때 전통 자연부락의 수는 8면 191동이 보고되었다. 『호구총수』의 94개리에 비교해 보아도 배가 늘어난 모습을 보여주고 있다.

靑松面 : 官旨里, 月幕洞, 校洞, 金谷, 草幕洞, 九坪洞, 道致洞, 新基洞, 德洞, 栗木洞, 外釜谷, 內釜谷, 月外洞, 四耳洞, 巨大洞, 橋洞, 南介谷, 大谷, 松生里, 靑雲洞(20)

府東面 : 巖前洞, 池洞, 上坪洞, 倉里, 下三宜, 上三宜, 新洞, 梨田坪, 扶日洞, 新店洞, 法水洞, 梨木洞, 內院洞, 葛田洞, 羅洞, 佐旨洞, 項洞, 外龍洞, 內龍洞(19)

府南面 : 甘淵洞, 阿房谷, 大前洞, 洪原洞, 下涑洞, 九川洞, 上涑洞, 安平洞, 屛巖洞, 花場洞, 泥峴洞, 中基洞, 擧頭山, 景巖洞, 陽宿洞(15)

縣東面 : 烏頭山, 新豊洞, 竝甫洞, 銀溪洞, 訥仁里, 牛毛谷, 開日洞, 巨城洞, 能南洞, 棠柱, 古赤洞, 下月梅, 上月梅, 道坪洞, 文居洞, 昌陽洞, 佳原洞, 細谷, 印支洞, 孫達里, 秋江洞, 牛叱里(22)

安德面 : 倉里, 三谷, 長田洞, 瑟谷, 新基洞, 明堂洞, 堂底洞, 路下洞, 路上洞, 甘隱里, 大巨

---

48 『일성록』 412책(규12816), 1895년(고종 32) 5월 26일. 시행은 윤5월 1일이다. 당시 大邱府에는 大邱郡 慶山郡 漆谷郡 仁同郡 星州郡 知禮郡 高靈郡 善山郡 開寧郡 金山郡 義城郡 義興郡 軍威郡 比安郡 密陽郡 淸道郡 永川郡 慈仁郡 新寧郡 河陽郡 昌寧郡 靈山郡 玄風郡이, 安東府에는 安東郡 靑松郡 眞寶郡 英陽郡 盈德郡 寧海郡 淸河郡 榮川郡 禮安郡 奉化郡 順興郡 豊基郡 咸昌郡 龍宮郡 醴泉郡 尙州郡이 편재되었다.

49 『일성록』 426권, 1896년(고종 건양 원) 6월 25일. 당시 경상북도의 41개 군 등급을 보면 一等 尙州郡 慶州郡 2개 군, 二等 大邱郡 星州郡 義城郡 永川郡 安東郡 5개 군, 三等 醴泉郡 金山郡 善山郡 淸道郡 4개 군, 四等 靑松郡 仁同郡 寧海郡 順興郡 漆谷郡 豊基郡 盈德郡 龍宮郡 河陽郡 榮川郡 奉化郡 淸河郡 眞寶郡 軍威郡 咸昌郡 英陽郡 興海郡 慶山郡 比安郡 玄風郡 高靈郡 長鬐郡 22개 군으로 편재되었다.

50 『행정구획 명칭 변경조사서』, 1914(대전국가기록정보센터 소장).

里, 中里, 墨方洞, 上老萊, 下老萊, 斤谷, 甘浦洞, 萬安洞, 紙所洞, 高臥谷, 大寺洞, 泥洞, 束谷, 薪城洞(24)

縣西面 : 福洞, 松臺洞, 松林洞, 金泉洞, 沙夫谷, 聖才洞, 德城洞, 中里, 藥谷, 沙介谷, 柏子洞, 武嚴洞, 斗巖洞, 楡田洞, 水洛洞, 堂洞, 葛川洞, 中外山, 上外山, 斗水洞, 文川洞, 道洞, 齋宮洞, 不老洞, 月亭洞, 沙村, 古德洞, 九坪洞, 上里, 下里, 基田洞, 豆峴洞, 生草田, 錦水洞, 德溪洞, 場基洞, 花溪洞, 和睦洞, 九山洞, 龍塘洞, 泉川洞, 琴谷, 慕溪洞, 所斤里, 冬於里, 代田洞, 五音峴(47)

巴川面 : 木溪洞, 松江洞, 魚川洞, 柏田洞, 沙湖洞, 毛谷洞, 皇木洞, 新基洞, 甘谷洞, 官洞, 丙部洞, 中坪洞, 甕店洞, 長田洞, 上德川, 上里, 下德川, 移士里, 丙甫洞, 地境洞, 友田洞, 新興洞, 酒店洞(23)

眞寶面 : 邑內洞, 西部洞, 東部洞, 角山洞, 站幕洞, 月田洞, 大谷洞, 理村洞, 後坪洞, 新漢洞, 時良洞, 高峴洞, 南角山洞, 新村洞, 槐亭洞, 世長洞, 釜谷洞, 秋峴洞, 基谷洞, 栗里洞, 合江洞(21)

1914년 4월 1일 진보군이 청송군에 합속되면서 단일한 청송군이 되었으며, 1914년 8월 6일 조선총독부 경상북도 고시 제73호 관보에 의하면 청송군은 청송면 9동, 부동면 10동, 부남면 9동, 현동면 7동, 현서면 16동, 안덕면 9동, 파천면 11동, 진보면 15동으로 8면 86동 명칭과 구역의 확정이 있었다.[51]

이때의 구역 개편을 보면 기존 면리의 자연부락을 대대적으로 합쳐 행정면 아래에 편재해 두고 있다. 각 면별로 중복된 동리를 제외한 전통 자연부락의 수치는 대체로 1914년 3월의 조사표와 유사한 모습을 보이고 있다. 그리고 개편 전 면리의 구성을 보면 『호구총수』의 면리 수에 비해 배 이상 많다. 18~19세기 면리 단위의 대폭적인 증대 현상을 엿볼 수 있다.

---

51 『조선총독부관보』 604호, 대정 3년 8월 6일.

〈표 2〉 개편 전 부락 현황[52]

面	改編前 面里	洞里(1914)	面
靑松郡 府內面	官旨里, 校洞, 月幕洞 一部	月幕洞	靑松面
	道致洞, 新基洞, 德洞, 月幕洞 一部	德洞	
	栗木洞, 外釜谷, 內釜谷·月外洞 各一部	釜谷洞	
	四耳洞, 內釜谷·月外洞 各一部	月外洞	
	金谷, 草幕洞, 九坪洞·靑雲洞 各一部	金谷洞	
	南介谷·靑雲洞 各一部	靑雲洞	
	松生里·靑雲洞 各一部	松生洞	
	大谷, 松生里·橋洞·南介谷 各一部	橋洞	
	巨大洞·橋洞·九坪洞 各一部	巨大洞	
靑松郡 府東面	金里, 上坪洞 一部	上坪洞	府東面
	池洞, 巖前洞, 上坪洞 一部	池洞	
	上三宜, 內院洞	上宜洞	
	下三宜	下宜洞	
	新洞, 扶日洞, 新店洞 一部	扶日洞	
	梨木洞, 新店洞·法水洞·梨田坪 各一部	新店洞	
	葛田, 法水洞·梨田坪 各一部	梨田洞	
	佐旨洞, 羅洞, 外龍洞 一部	羅洞	
	內龍洞, 外龍洞 一部	內龍洞	
	項洞, 淸河郡 竹北面 下玉里 一部	項洞	
靑松郡 府南面	甘淵洞, 阿房谷 一部	甘淵洞	府南面
	阿房谷·大前洞·洪原洞 各一部	大前洞	
	洪原洞·上涑洞 各一部	洪原洞	
	安平洞·上涑洞·下涑洞·九川洞 各一部	下涑洞	
	下涑洞·上涑洞·九川洞·屛巖洞 各一部	九川洞	
	屛巖洞·花場洞 各一部	花場洞	
	泥峴洞, 花場洞 一部	泥峴洞	
	陽宿洞, 擧頭山, 九川洞·景巖洞 各一部	陽宿洞	
	中基洞, 景巖洞 一部	中基洞	
靑松郡 縣東面	秋江洞, 孫達里, 印支洞·細谷 各一部	印支洞	縣東面
	昌陽洞, 佳原洞, 細谷·印支洞·道平洞·巨城洞·文居洞 各一部	昌陽洞	

---

52 越智唯七, 『朝鮮全道府郡面里洞名稱一覽』, 中央市場, 1917, 506~509 표의 내용을 그대로 전재하였다.

	烏頭山, 道平洞 一部	道坪洞
	新豐洞·巨城洞·竝甫洞·淸河郡 竹北面 吾倉里 各一部	巨城洞
	銀溪洞, 訥仁里, 牛尾谷, 新豐洞 一部	訥仁洞
	開日洞, 能南洞, 棠村, 巨城洞 一部	開日洞
	古赤洞, 上月梅 下月梅	月梅洞
靑松郡 縣南面	福洞·松臺洞·金泉洞 各一部	福洞
	松林洞, 沙夫谷, 松臺洞·金泉洞·德城洞 各一部	德城洞
	聖才洞, 德城洞·藥谷·中里 各一部	聖才洞
	栢子洞,[53] 沙介谷, 中里 一部	栢子洞
	水洛洞, 堂洞, 藥谷·武溪洞 各一部	水洛洞
	斗巖洞, 楡田洞, 武溪洞 一部	武溪洞
	葛川洞, 上外山, 中外山	葛川洞
靑松郡 縣西面	所片里, 豆峴洞, 生草田, 縣內面 大巨里, 中里 一部	豆峴洞	縣西面
	錦水洞, 德溪洞, 場基洞·九平洞·花溪洞 各一部	德溪洞
	和睦洞, 花溪洞 一部	和睦洞
	龍塘洞, 場基里·九平洞·九山洞·花溪洞 各一部	九山洞
	基田洞, 泉川洞, 琴谷, 九山洞·慕溪洞 各一部	泉川洞
	斗水洞, 古德洞, 冬於里, 文川里·慕溪洞 各一部	慕溪洞
	道洞, 齋宮洞, 下里·文川里 各一部	道洞
	上里, 不老洞, 月亭洞, 下里·垈田洞 各一部	月亭洞
	五音峴, 沙村, 垈田洞 一部	沙村洞
靑松郡 縣北面	上老萊, 下老萊, 斥谷 一部	老萊洞	安德面
	斥谷·甘浦洞 各一部	斥谷洞
	萬安洞, 紙所洞, 甘浦洞·高臥谷 各一部	紙所洞
	高臥洞·大寺洞·安東郡 吉安面 大寺洞 各一部	高臥洞
	泥洞, 東谷, 薪城洞, 縣內面 明堂洞 一部	薪城洞
靑松郡 縣內面	堂底面 路下洞, 明堂洞·老上洞·縣南面 福洞 各一部	明堂洞
	倉里, 長田洞, 三谷, 瑟谷, 路上洞·新基洞·縣南面 福洞 各一部	長田洞
	甘隱里, 墨方洞, 中里 一部	甘隱洞
靑松郡 縣東面	牛叱洞, 縣內面 新基洞·文居洞 各一部	文居洞
靑松郡 府西面	下德川, 上里, 移士里[54]	德川洞	巴川面
	上德川, 新興洞, 酒店洞	新興洞
	地境洞, 灰田洞	地境洞
	丙甫洞 一部	丙甫洞

眞寶郡 南面	長田洞, 官洞, 皇木洞 一部	官洞	
	中坪洞, 丙部洞	中坪洞	
	毛谷洞, 皇木洞 一部	皇木洞	
	魚川洞, 栢田洞, 沙湖洞	魚川洞	
	木溪洞, 松江洞	松江洞	
	甘谷洞, 新基洞, 皇木洞 一部	新基洞	
	甕店洞, 上里面 槐亭洞·靑松郡 府內面 內釜谷洞 各一部	甕店洞	
眞寶郡 上里面	槐亭洞 一部	槐亭洞	
	槐亭洞·新村洞 各一部	新村洞	
	南角山洞, 高峴洞, 新村洞·時良洞 各一部	高峴洞	
	時良洞·下里面 月田洞 各一部	時良洞	
	時良洞·下里面 月田洞 各一部, 站幕洞	月田洞	
眞寶郡 下里面	角山洞·新漢洞 各一部	角山洞	眞寶面
	東部洞, 角山洞·西部洞·大谷洞 各一部	眞安洞	
	理村洞, 西部洞·後坪洞·大谷洞 各一部	理村洞	
	邑內洞, 新漢洞 一部	廣德洞	
	後坪洞·大谷洞·西部洞·西面 基谷洞 各一部	後坪洞	
	合江洞, 下里面 栗里洞 一部	合江洞	
	釜谷洞 一部	釜谷洞	
	栗里洞·基谷洞·安東郡 臨南面 上枝洞·臨東面 高川洞 各一部	基谷洞	
眞寶郡 西面	世長洞, 下里面 後坪洞 一部	世長洞	
	楸峴洞, 下里面 釜谷洞 一部	楸峴洞	

Ⅳ. 조선시대 청송의 사회발전 양상

1. 성씨와 인구수의 변화 추이

『경상도지리지』에서 청송도호부는 토성이 5로 심(沈), 김(金), 전(全), 장(蔣), 신(申)이 있었으며, 진보현은 토성이 5로 조(趙), 이(李), 백(白), 전(全), 박(朴)이 있었다. 파질(巴叱) 부곡

---

53 『편람』(507쪽)에서는 梧子洞이라고 적었으나 백자동의 오기이다.
54 『편람』(508쪽)에서는 移土里라고 적었으나 이사리의 오기이다.

에 성이 1로 오(吳)가 있었으며, 춘감부곡에서 성이 1로 오(吳)가 있었다.

『세종실록지리지』에서 청부(靑鳧)는 성이 5로, 심(沈), 김(金), 전(全), (蔣), 신(申)이었다. 송생(松生)은 성이 3으로, 윤(尹), 노(盧), 전(全)이며, 내성(來姓)이 3으로, 전(全), 박(朴), 이(李)이었으며, 촌성(村姓)이 1로, 정(鄭)이었다. 안덕(安德)은 성이 5로, 김[55], 이, 손(孫), 전(全), 장(蔣)이다. 진보는 토성(土姓)이 5로, 조(趙), 이(李), 김(金), 박(朴), 백(白)이며, 속성(續姓)은 1로, 전(全)이었다. 춘감과 파질 두 부곡의 성이 각각 1로, 모두 오(吳)이었다. 『세종실록지리지』의 이 기사는 『동국여지승람』에서 반복되며, 이후 전통시대 지리서 성씨조의 원형을 이룬다.

18세기 중반에 나온 6번의 『청송부읍지』에 따르면 청부에 심, 김, 전, 장, 신과 송생에 윤, 노, 전과 촌성으로 정, 내성으로 전, 박, 이 있었으며, 안덕 성씨로 김, 이, 손, 전, 설(일작 장)이 있었다. 신증으로 함안 조씨, 여흥 민씨, 영해 신씨, 영양 남씨, 달성 서씨, 전주 유씨를 기록하고 있다.

7번의 『여지도서』「청송」에서도 신증을 추가하고 있다. 『여지도서』「진보」의 경우 신증에서 안동 권씨, 의성 김씨, 안동 김씨, 영해 신씨, 죽산 안씨, 연안 이씨, 재령 이씨, 원주 이씨, 월성 이씨, 춘천 박씨, 전주 최씨, 의령 남씨, 동래 정씨가 추가되었다. 8번의 『진보현읍지』에서는 속성의 전씨와 파질의 오씨가 지금 없으며, 대신 안동 권씨, 의성 김씨, 안동 김씨, 영해 신씨, 죽산 안씨, 연안 이씨, 월성 이씨, 원주 이씨, 진보 이씨, 춘천 박씨, 전주 최씨, 의령 남씨, 동래 정씨가 등장하고 있다. 다만 이러한 성씨는 1899년의 상황을 전하는 23번의 『청송군읍지』와 24번의 『진보군지』에 이르기까지 일부 성씨의 수정이 있었으나 그대로 유지되고 있다.

18~19세기 기록에서 성씨의 추가가 제대로 이루어지지 않고 기존의 성씨조 내용을 그대로 유지하고 있는 것은 관찬의 읍지가 새로운 성씨를 다양하게 적기에는 한계가 있었을 것이지만 새로운 성씨의 이입이 쉽지 않음을 보여주는 측면도 있다. 청송과 진보는 상대적으로 기존의 동족부락의 형태가 강고하게 남아 지속하였던 것으로 보인다. 20세기 초반에 나온 19번의 『청이지』에서도 진보의 성씨는 24번의 『진보군지』와 동일하다.

---

[55] 『세종실록지리지』에서는 숀이라고 하였으나 이후 『동국여지승람』에 따라 金이라고 적고 있다.

다만 근대 읍지인 30번의 『청송군지』에서는 1936년 『청이지』가 간행된 직후에 나왔음에도 불구하고 청송 지역에서 52개 성씨, 구 진보 지역에서 36개 성씨를 기록하여 이미 지역의 성씨가 다양화하였음을 보여주고 있다. 이는 과거로부터 진전되어 오던 성씨의 이입이 근대 시기에 들어와 폭발적으로 늘어나 여러 성씨가 군현 단위에서 등장하면서 구성비에서 변화가 있음을 보여주고 있다. 다만 성씨조의 변화를 통해서 본다면 조선시대 청송·진보 사회는 상대적으로 전통적인 동족부락의 형태를 오래 유지하였던 것으로 보인다.

각 지리서에서 기록한 인구수의 변동을 정리한 것이 아래의 표이다. 조선 전기의 경우 『경상도지리지』에서는 청송(송생, 안덕 포함)의 경우 134호 1589명, 『세종실록지리지』에서는 청송(송생, 안덕 포함)의 경우 134호 815명을 기록하고 있다. 진보의 경우 『경상도지리지』는 78호 994명, 『세종실록지리지』에서는 78호 526명으로 기록하고 있다. 『경상도지리지』의 호수가 『세종실록지리지』보다 더 많은 것은 『경상도지리지』의 통계가 실제 인구의 통계에 근접하였던 것으로 보인다. 다만 청송과 진보는 규모가 경상도의 다른 지역에 비해 작은 고을에 불과하였다. 속현의 이합집산이 빈번하였던 것은 군현의 인구 규모가 작았기 때문이었다.

청송과 진보의 경우 18세기 중반 이후 읍지에서 전체 호와 인구수에서 거의 변동이 없는 것으로 나온다. 실제로는 그러하지는 않았을 것이나 외부에 발표하는 수치는 기존의 것을 그대로 취하고 있다. 군현에서는 호당 인구를 정확하게 파악해야 한다고 하지만 실제로는 수취 액수를 맞추기 위해 호적대장의 수와 실제 호구수에는 차이가 있었다. 이는 군역과 과세 등의 수취 문제와 수령의 고과 문제로 인해 인구수에서는 그다지 변동이 없는 것으로 적었던 사정과 관련이 있다.

그런데 다른 지역의 경우 19세기에 사회적 혼란과 함께 인구수는 지표상 대체로 쇠퇴한 양상을 기록하고 있으나 청송과 진보은 오히려 일정한 수치를 유지하는 특징을 보이고 있다. 또한 기록에 의하면 20세기 초 읍세의 손실이 더 큰 것으로 보인다. 진보의 경우에는 기존의 기록을 그대로 가져와서 호수와 인구수를 기입하고 있다. 이것은 진보와 같은 빈한한 군현의 경우 호수의 하향 변동은 수령의 고과에 직접 영향을 미칠 것으로 보이기 때문에 일정한 수치를 그대로 유지한 것으로 보인다.

〈표 3〉 인구 변동 추이

편찬연대	책명		호	인구수	남	여
1425년	청송, 진보 (『경상도지리지』 소수)	청송	36	373	215	158
		송생현	50	707	343	364
		안덕현	48	509	255	254
		진보	78	994	526	468
1454년	청송, 진보 (『세종실록지리지』 소수)	청부	36	217		
		송생	50	343		
		안덕	48	255		
		진보	78	526		
1760년대 초반	청송, 진보 (『여지도서』 소수)	청송	2996	10367	4727	5640
		진보	1259	5873	2309	3564
1786년경	眞寶縣邑誌(규17466)	진보	1318	6157		
1786년경	靑松府邑誌(규17467)	청송	3241	12409	4654	6755
1789년	청송, 진보 (『호구총수』 규장각 소수)	청송	3259	11458	4673	6785
		진보	1321	6180	3057	3123
1807년	청송부읍지(국립중앙도서관 한古朝62-180)	청송	3147		4827	6242
19세기 초중반	청송, 진보 (『地乘』 소수)	청송	3334	11125	4484	6641
		진보	1586	7287	2795	4492
19세기 중반	청송, 진보 (『廣輿圖』,『海東地圖』 소수)	청송	3273[56]	11048	5238	5810
		진보	1776	7214	2828	4386
1832년	청송부읍지, 진보현읍지 (『경상도읍지』 규666)	청송	3353	11831	5499	6332
		진보	1337	6371	-	-
1871년	청송부읍지, 진보현읍지 (『영남읍지』 규12173)	청송	3353	11831	5499	6332
		진보	1337	6371	-	-
1878년	청송읍지, 진보읍지 (국립고궁박물관 소장)	청송	3381	12040	5594	6446
		진보	1337	6371	-	-
1893년	청송, 진보 (『輿載撮要』 소수, 장서각 소장)	청송	3353	-	-	-
		진보	1337	-	-	-
1895년	청송, 진보읍지 (『영남읍지』 규12174)	청송	3353	11831	5499	6332
		진보	1334	6398	3211	3187
1895년	靑松府邑誌 (국편DMI007_02_00C1052)	청송	3353	11831	5499	6332
1897년	眞寶邑誌(규10826)	진보	1021	-	-	-

1899년	青松郡邑誌 (규10841)	청송	元戶2095, 僧戶6, 匠戶5	8317	4541	3776
1899년	眞寶郡誌 (국중고2754-19)	진보	1021	-	-	-
1931년	청송, 진보 (『嶺誌要選』 소수)	청송	2353			
		진보	1327	-	-	-
1937년	청송, 진보 (『嶠南誌』 소수)	청송	3353	11831	5499	6332
		진보	1315			
1938년	『青松郡誌』	청송	10677	56379	-	
1962년	『青松郡史』	청송	11751	78726	34230	34496
1986년	『青松郡誌』(1990)	청송	13684	55324	28157	27167

2. 인물 관련 기사의 변동 추이

　인물 관련 기사의 변동 추이를 보면 지리서 기록으로는 『동국여지승람』에 본격적으로 인물 항목이 설정되어 나타난다. 「청송」의 경우 인물조에서 고려 때 심덕부(沈德符), 조선 때 심온(沈溫), 심종(沈淙), 심회(沈澮), 심순문(沈順門)의 심씨 가문 인물과 우거조에서 손소(孫昭)와 이종윤(李從允)을 적고 있다. 「진보」의 경우 인물조에서 조용(趙庸)과 이우(李堣)를 적고 있다.

　이후 읍지의 인물조에는 인물에 대한 기록이 차츰 증보되고 있다. 18세기 중반 『여지도서』 무렵에는 효자와 열녀조의 항목이 분립하고 있다. 그러나 18세기까지는 항목에서의 다양성이 부족하였다. 19세기가 되면서 인물조에서는 다양한 항목의 분기와 새로운 인물의 수용이 이어진다. 19세기의 지역 사회는 각 집안에서 선조를 현양하려는 의식이 어느 때보다 강하게 일어난 시기였다. 그러나 19세기 후반에 편찬된 읍지에서는 대체로 기존의 등재된 인물을 반복하는 양상으로 이어지기도 한다.

　20세기 근대 읍지류가 편찬되면서 인물 조항에 수록된 인원이 크게 증대된다. 이는 각 집안에서 경쟁적으로 전통시대 인물을 발굴하고 현창한 결과로 보인다. 특히 1935년에 간행된 『조선환여승람』에서는 선정(先正), 유현(儒賢), 학행(學行), 유일(遺逸), 유행(儒行), 문행

56　『광여도』에서는 3373호, 『해동지도』에서는 3273호로 기재되어 있다.

(文行), 훈신(勳臣), 원종훈(原從勳), 공신(功臣), 명신(名臣), 명환(名宦), 명관(名官), 청백(淸白), 필원(筆苑), 행의(行誼), 명망(名望), 선행(善行), 진목(賑睦), 충신(忠臣), 충비(忠婢), 절의(節義), 효자(孝子), 효부(孝婦), 정열(貞烈), 문과(文科), 사마(司馬), 무과(武科), 음사(蔭仕), 수직(壽職), 증직(贈職) 순으로 다양하게 인물 관련 조항을 정리하였다. 이 점은 1936년 나온『청이지(靑已誌)』에서도 마찬가지인데 건의 권2에서는 선정(先正), 유현(儒賢), 학행(學行), 유행(儒行), 행의(行誼), 필원(筆苑)의 순으로 정리하였으며, 곤의 권3에서는 훈신(勳臣), 충의(忠義), 효행(孝行), 효부(孝婦), 정열(貞烈), 열전(列傳), 곤의 권4에서는 환안(宦案), 문과(文科), 사마(司馬), 무과(武科), 사환(仕宦), 수직(壽職), 증직(贈職) 순으로 구성하였다. 1938년『청송군지』에서는 선정(先正), 인물(人物), 우거(寓居), 학행(學行), 유행(儒行), 문행(文行), 선행(善行), 견행(見行), 과환(科宦), 공훈(功勳), 수직(壽職), 증직(贈職), 충의(忠義), 효행(孝行), 규행(閨行), 열행(烈行)의 순으로 정리하였다. 이러한 대대적인 인물 조항의 신설과 읍지 수록 인물의 확대는 자신들의 선조를 현창하려는 후손들의 끈질긴 노력의 산물이었다.

〈표 4〉 인물수의 변동

편찬연대	책명		인물	우거	충신	효자	충비	열녀	총
1531년	청송, 진보 (『신증동국여지승람』 소수)	청송	5	2					7
		진보	2						2
1750년대	靑松府邑誌 (규10834)	청송	5	10	8	15		5	43
1760년대	청송, 진보 (『여지도서』 소수)	청송	5	2		3	1	3	14
		진보	10						10
1786년경	眞寶縣邑誌 (규17466)	진보	26						26
1786년경	靑松府邑誌 (규17467)	청송	5	2		3	1	3	14
1807년	청송부읍지(국립중앙도서관 한고조62-180)	청송	18		9	19	1	5	52
1832년	청송부읍지, 진보현읍지 (『경상도읍지』 규666)	청송	5	4		4	1	4	18
		진보	26						26
1871년	청송부읍지, 진보현읍지 (『영남읍지』 규12173)	청송	13	5	8	20	1	4	52
		진보	54	4		효자1, 효부1		4	64

1878년	청송읍지, 진보읍지 (국립고궁박물관 소장)	청송	14	5	9	22	1	4	55
		진보	22						22
1895년	청송읍지, 진보읍지 (『영남읍지』규장각12174)	청송	14	5	9	24	1	4	57
1897년	眞寶邑誌 (규10826)	진보	54	4		효자1, 효부1		4	64
1899년	靑松郡邑誌 (규10841)	청송	14	5	9	24	1	4	57
1899년	眞寶郡誌 (국중고2754-19)	진보	54	4		효자1, 효부1		4	64

3. 도로와 지역망의 확대

『경상도지리지』에 따르면 역로와 관련하여 합속된 송생현에서는 신안(新安)역이 있었으며, 안덕현에서는 문거(文居)와 화목(和睦)역이 있었다. 진보에서는 신일(新馹)역이 있었다. 『세종실록지리지』에서도 동일하게 나오나 진보의 경우 역이 하나로 조선 태조 1395년 신(新)역을 설치하였다. 『경상도속찬지리지』에서는 청송은 청운(靑雲)역, 문거(文居)역, 화목(和睦)역이 나온다. 진보는 각산(角山)역이 나온다.

16세기 『신증동국여지승람』의 「청송」에서는 문거역, 화목역, 청운역, 삼자원(三者院), 지원(枝院), 눌인원(訥仁院)이 등장하며, 「진보」에서는 보시원(普施院), 보현원(普賢院), 추현원(楸峴院), 삼두등원(三豆等院)이 등장한다. 18세기 『여지도서』의 「청송」에서는 1711년 새로 설립된 이전평(梨田坪)역이 신증되었으나 삼자원, 지원, 눌인원은 운영하지 않고 있다. 『여지도서』의 「진보」에서는 각산역 외의 보시원, 보현원, 추현원, 삼두등원이 모두 폐지되어 있다. 19세기 『경상도읍지』의 「청송」에서는 역원으로 청운역, 문거역, 화목역, 이전평역이 운영되고 있으면서 「진보」에서는 각산역이 운영되고 있다. 역로는 이후 한말에까지 운영이 이어진다.

한편 도로는 사람들이 왕래하면서 일찍부터 고개를 넘는 길이 마련되었을 것인데 관에서는 관찰사가 순시하는 기간 등이 이르면 새로 다져 평탄하게 하였다. 도로를 통한 지역 교통의 실상을 살펴보면 여헌 장현광은 1589년과 1595년 청송의 초정(椒井)을 방문하였다.[57] 인동에서 출발하여 군위 고로 인곡, 안동 길안 만음을 거쳐 청송부에 도달하였다.

전에 왔던 청송부 서쪽 5리에 있는 초정은 당시 손질되어 있지 않아 1595년에는 진보에 있는 초정으로 가서 목욕을 하였다. 장현광은 1597년 정유재란이 일어나자 청송 안덕면 속곡마을로 피란을 갔다. 그리고 이해 여름 주왕산을 유람하고 유람록을 작성하였다.[58] 이러한 노정으로 볼 때 군위, 의성, 안동, 청송으로 이르는 길은 지역민들에게 일찍부터 활용되었던 것으로 보인다.

사방 경계에 대한 서술에서도 『세종실록지리지』에서는 「청송」의 사방 경계의 기술에서 동쪽으로 영덕(盈德)에 이르기 46리, 서쪽으로 안동(安東)의 임내(任內) 임하(臨河)에 이르기 13리, 남쪽으로 신녕(新寧)에 이르기 90리, 북쪽으로 진보 부곡(眞寶部曲) 파질(巴叱)에 이르기 2리로 적고 있다. 「진보」의 사방 경계로 동쪽으로 영덕(盈德)에 이르기 20리, 서쪽으로 안동(安東) 임내(任內)인 임하(臨河)에 이르기 12리, 남쪽으로 청송(靑松)에 이르기 20리, 북쪽으로 영해(寧海) 임내(任內)인 영양(英陽)에 이르기 17리로 적고 있다. 군현 단위의 사방 경계는 도로망의 구축과도 통할 것인데 일찍부터 마련되고 있다. 사방 경계에 대한 기술은 『신증동국여지승람』을 거쳐 각 관찬 읍지에 이어진다.

그런데 『여지도서』가 편찬되는 18세기 이후로는 사방 경계에서 인근 고을뿐만 아니라 서울이나 감영·병영·수영까지의 거리가 확인되고 새로이 도로조가 설정되어 일반 도로의 운영에 따른 주요 거점별 거리의 확보에 따른 새로운 공간 인식이 마련되고 있다. 도로조의 기술에서는 군현 단위에서 시작하여 서울, 감영, 병영, 통영까지의 거리가 기술되어 있다. 이러한 형태는 이후 관찬의 『영남읍지』에 이어진다. 한편 지방의 군현별 지도에서는 교통로의 정확한 묘사가 가장 중시되었다. 『해동지도』와 『1872년 지방지도』의 「청송부」와 「진보현」에서 교통로가 고개와 함께 묘사되었다.[59] 19세기 말 김정호가 편찬한 사찬 전국지인 『여도비지』와 『대동지지』에서는 영로 항목이 들어와 「청송」은 도현(刀峴), 삼자현(三者峴), 모현(茅峴), 유현(柳峴), 어화현(於火峴), 지현(枝峴), 우현(牛峴)이, 「진보」는 임물현(林勿峴), 추현(楸峴), 정현(井峴)이 기술되어 있다.

---

57 張顯光, 「龍蛇日記」 『旅軒先生全書』 下, 인동장씨 남산파종친회, 1963. 朴遂一, 『健齋逸稿』, 국립중앙도서관 한古朝46-가1744.
58 張顯光, 『旅軒集』 8, 「周王山錄」.
59 『해동지도』, 규 古大4709-41 ; 『1872년 지방지도』, 규 기타99999.

역로에서 출발한 도로망이 차츰 일반 도로로 확대되어 나가고 있으며 이에 따라 일반 사람들이 인지할 수 있는 공간이 확장되고 있음을 확인할 수 있다. 또한 거리의 치수에 대한 인지를 통해 공간의 거리 지식도 한층 정밀해지고 있다.

4. 생산 기반 시설의 확충

청송과 진보는 18세기 이래 원장부의 수치가 『여지도서』 이래 2300결, 1700결 전후로 거의 동일하게 나오고 있다. 세금 징수의 기준이 되는 시기전의 경우에도 1260결, 750결 전후로 동일하게 나온다. 다른 지역의 경우 18~19세기가 되면 시기전의 수치가 급격하게 낮아지는 양상을 보이고 있는데 청송과 진보는 시기전 수치에서도 큰 변화를 보이지 않고 있다. 이는 지역이 상대적으로 전부(田賦)에서 안정성을 보이고 있음을 보여준다. 다만 전반적으로 각종의 세역 부담이 있었으므로 시기전의 수치 자체가 낮은 것은 지역민들이 과도한 세역 부담을 지고 있음을 보여준다.[60]

한편 밭과 논의 구성비를 보면 두 고을 모두 논에 비해 밭의 비중이 90%를 넘길 정도로 높다. 이는 청송과 진보의 농지가 하천의 용수 공급을 통한 수전 농사에 적절하지 못한 환경을 가지고 있었던 것을 보여준다. 농업 생산의 기초가 되는 제언의 경우 18세기에 이르러서야 등장한다. 『여지도서』에 의하면 청송에는 상평제(上枰堤), 보헌제(寶軒堤), 주산제(注山堤)가 나타난다.[61] 진보에는 비봉산을 뒤로 하면서 아래에서 갈라져서 쌍지(雙池)와 동천지(動天池)가 등장한다.[62] 『여지도서』가 편찬된 직후인 1786년 경 『진보현읍지』에서는 쌍지, 동천지 외에 피암지(皮巖池)와 성부지(省夫池)가 추가되었다. 제언이 많다고 하여 수전의 활용도가 높은

---

60 『청송군지』 권1, 「풍속」(1938)에 의하면 검소함을 숭상하거나(청송), 땅은 척박한데 세금이 중하다(진보)의 평이 있다.
61 상평제는 부의 동쪽 20리에 있다. 둘레가 1,503척, 수심이 5척이다. 보헌제는 부의 동쪽 30리에 있다. 둘레 305척, 수심이 3척이다. 주산제는 부의 동쪽 60리에 있다. 둘레 1,180척, 수심은 8척이다(『여지도서』, 「청송부」, 제언).
62 쌍지는 현의 남쪽 4리에 있다. 둘레가 587척이며, 수심이 5척이다. 남매지라고도 한다. 동천지는 현의 남쪽 4리에 있다. 둘레가 67척, 수심이 5척이다(『여지도서』, 「진보현」, 제언).; 『1892년 지방지도』, 「진보현」.

것이라고 일률적으로 말할 수는 없으나[63] 제언의 크기가 소규모이고 설치된 곳도 3, 4곳에 불과하다는 것은 청송과 진보의 농업 생산의 영세화와 낮은 생산력을 보여준다.

한편 두 군현 모두 이후 제언조에 변화가 없다가 진보의 경우 1871년에 상송된 『영남읍지』「진보현읍지」에서는 사동지(寺洞也)가 추가되었다. 청송의 경우 제언조에서 크게 변화가 없는 것은 건식 위주의 파종법을 크게 벗어나지 못하였기 때문으로 보인다. 진보의 경우 못이 추가된 것은 물을 가둘 수 있는 하천의 존재와 이앙법과 같은 농경 방식의 수용과 관련이 있을 것으로 보인다. 제언을 통한 논농사는 근대 시기가 되어서야 가능하였다. 『청송군지』(1938)에서는 기존의 제언 외에 일제 강점기에 새로 구축된 제언을 기록하면서 조성한 인물의 이름을 모두 밝히고 있는 것은 특징적이다. 이점은 관개시설도 마찬가지이다.

한편 청송과 진보는 산악 지형을 근간으로 하고 있으면서 연간 강수량도 적은 지역이며, 낙동강과 같은 큰 하천을 통한 용수의 공급도 쉽지 않은 상태였다. 현재 청송을 흐르는 하천으로 반변천(半邊川)과 용전천(龍纏川), 길안천(吉安川)이 있는데 현재 진보면 진안리, 청송읍 월막리, 주왕산면 지리 등 일부 지역에서 관개의 혜택을 받고 있다. 따라서 청송과 진보는 대규모 농사가 가능한 충적지를 가지지 못하여 소규모의 농지로 건답식 농사를 주로 하였을 것으로 보인다.[64]

〈표 5〉 청송·진보의 지리지서 소재 전결 변동

편찬 연대	책명			총결수	밭	논
1531년	청송, 진보 (『신증동국여지승람』 소수)	청송	원장부	1315	1200	115
		진보	원장부	877	795	82
1760년대 초	청송, 진보 (『여지도서』 소수)	청송	원장부		1789(3,1)	546(95,8)
			시기전		932(96,9)	335(41,6)
		진보	원장부		1503(11,1)	242(90,2)
			시기전		981(52,1)	26(7,8)

---

63 향토사연구소 역사문화연구팀, 「주산지 역사문화 연구」 『청송향토사연구논문집』 2, 청송문화원, 2021, 395쪽, 〈표 2〉 『여지도서』 경상도의 인구, 제언, 몽리면적 참고.

64 『청송군지』 권1, 「土品」(1938)에 의하면 일부 면을 제외하고는 산전이 많거나(부동면), 메마르거나(부남면), 메마른 논이 많았다(진보면).

연도	자료	지역	구분			
1786년경	眞寶縣邑誌 (규17466)	진보	원장부		1503(1,3)	242(90,2)
			시기전		648(93,9)	146(70,6)
1786년경	靑松府邑誌 (규17467)	청송	원장부		1794(4,9)	546(95,8)
			시기전		975(54,1)	345(32,1)
1807년	청송부읍지 (국립중앙도서관 한고조62-180)	청송	원장부	2327(80,9)	1780(85,1)	546(95,8)
			시기전		1004(75,)	354(53,3)
1832년	청송부읍지, 진보현읍지 (『경상도읍지』 규666)	청송	원장부	2327(80,9)	-	-
			시기전		1007(31,6)	328(46,6)
		진보	원장부		1481(93,3)	275(9,1)
			시기전		547(76,2)	183(61,6)
1871년	청송부읍지, 진보현읍지 (『영남읍지』 규12173)	청송	원장부	2327(80,9)		
			시기전		1007(31,6)	328(46,6)
		진보	원장부		1481(93,3)	275(9,1)
			시기전		546(3,4)	144(1,2)
1878년	청송읍지, 진보읍지 (국립고궁박물관 소장)	청송	원장부	1512(96,3)		
			시기전		973(87,2)	322(10,)
		진보	원장부		1430(53,9)	326(59,1)
			시기전		501(26,6)	235(48,7)
1895년	청송읍지, 진보읍지 (『영남읍지』 규12174)	청송	원장부	2327(80,9)		
			시기전		1007(31,6)	328(46,6)
		진보	원장부		540(31,3)	250(7,4)
			시기전	740(66,5)	504(74,)	235(92,5)
1899년	靑松郡邑誌(규10841)		원장부	1530(20,7)		

* 단위는 結(負, 束)으로 표기함.

5. 장시의 설립과 경제 변동

　장시에 대한 기록은 18세기 중반부터 읍지에 등장하기 시작한다. 이는 대동법 시행 이후 교환 경제가 발전한 것과 관련된 현상이라고 할 수 있다. 물론 그 이전에도 소규모의 시장에서 곡물이나 해산물이 거래되었을 것이다.

　청송과 진보의 경우 18세기 말의 기록에 장시 개시 기록이 나타난다. 8번의 1786년경 『진보현읍지』에 의하면 진보는 현내에서 매월 2일과 7일 시장을 열고 있다. 9번의

〈그림 1〉『1872년 지방지도』「청송부」

1786년 경『청송부읍지』에 의하면 읍내 장이 4일과 9일, 부남면 속곡장(束谷場)이 3일과 8일, 현동면 천변장(川邊場)이 5일과 10일, 현서면 화목장이 4일과 9일 개시하였다.[65] 13번의 1832년『경상도읍지』소수의 「청송부읍지」에서도 읍장(부치의 관문 바깥), 속곡장(부 남쪽 40리), 천변장(안덕현 동쪽 10리), 화목장(안덕현 서쪽 20리)을 기록하고 있으며, 「진보현읍지」에서도 시장(읍내)를 기록하고 있다. 장시 기사는 1899년 마지막 관찬 읍지가 편찬되었을 때도 기록되어 있을 정도로 18세기부터 20세기에 이르기까지 계속 시장 기능을 유지하고 있었다.[66]

지도에 교통로가 중요하게 기록되고 있으며 이와 함께 장시가 기록된 것은 차츰 지역 간 상품의 유통이 활발하게 이루어지고 있음을 보여주고 있다.

V. 맺음말

이 논문에서는 청송 관련 지리서의 내용을 비교하여 지역에서의 사회적 변화 양상을 살펴보았다. 여기서는 행정편제와 행정구역의 변천, 성씨의 분화와 인구의 증가, 도로망의 확대와 지역망의 확충, 인물 관련 인식의 변화 양상, 생산 기반 시설의 확충과 상품의 유통 등을 살펴보았다.

---

65 『1892년 지방지도』, 「청송부」. 속곡장, 천변장, 화목장의 위치가 표시되어 있다.
66 『청송군지』(1938)에 의하면 青松邑場(4, 9), 府東場(폐지), 府南場(3, 8), 縣東場(5, 10), 安德場(2, 7), 和睦場(1, 6), 眞寶場(4, 9)이 개설되었다. 『청송군사』(1962)에 의하면 青松市場(4, 9), 眞寶市場(3. 8), 府南市場(3. 8), 縣東市場(5, 10), 安德市場(4, 9), 和睦市場(1, 6), 月亭市場(5, 10)이 개설되었다.

청송과 진보는 하부 면리 구역의 경우 상대적으로 변동성이 부족하며 성씨의 확대도 지리서 상에서 급격한 증대 현상을 보이고 있지 못하다. 인구에 있어서도 19세기 이래 정체된 양상을 보이고 있다. 이는 전통시대 청송과 진보의 사회적 성장이 더딘 것이었는지, 세금 탈루와 관련하여 일정 수치를 그대로 온존시키려고 하였던 것인지는 더 살펴보아야 할 것이지만 상대적으로 지속성이 강한 사회였던 것으로 보인다. 경제적인 면에서도 원장부의 수치가 일정하고 시기전도 낮게 설정되어 있어 이 시기 청송과 진보 사회의 어려움을 수치상 확인할 수 있다. 이러한 낮은 수치는 농업의 영세성과 관에 의한 지속적인 수탈과 세금의 포탈 등의 복합적 요인에 기인하는 바가 크다.

한편 청송과 진보가 보이고 있는 이러한 성장 양상은 경상도의 교통로 축선에 있었던 일부 지역이 조선 전기 고도의 성장을 구가하다가 임진왜란을 전후하여 몰락하거나 혹은 경상도의 남부 지역에서 19세기 대춘궁기를 맞아 크게 붕괴되는 것과는 다른 성장 패턴을 보인 것이다. 이는 경상도 지역 내에서는 각 소 구역 단위로 매우 다른 성장 패턴을 가지고 있었던 것을 의미한다. 이것은 같은 경상도 지역이라고 하더라도 성장과 발전의 측면에서 개별 소지역 단위로 살펴보아야 함을 의미하기도 한다.

이상으로 볼 때 전통시대 청송과 진보는 지속성이 강한 사회였던 것으로 보인다. 그러나 그러한 지속성이 일정하게 머물고 있는 정체를 의미하는 것은 아니다. 도로망의 확충이나 경제 기반의 변동에서 보이듯이 꾸준한 사회적 변화를 내포하고 있다. 이는 전국의 여러 군현 가운데 상대적으로 궁벽한 지역에서의 군현 단위가 성장해 나가는 양상을 의미하는 것으로 보면 될 것이다.

【참고문헌】

1. 자료

『1872년 地方地圖』
『健齋逸稿(朴遂一)』
『承政院日記』
『旅軒先生全書(張顯光)』
『日省錄』
『朝鮮王朝實錄』
『朝鮮總督府官報』
『海東地圖』
『行政區劃 名稱 變更調査書』, 1914.
『戶口總數』

2. 논저

김경수, 「조선환여승람의 편찬과 그 의미」『한국사학사학보』 47, 2023.
김정대, 「영지요선과 '창원' 관련 기록에 대하여」『가라문화』 27, 경남대학교박물관 가라문화연구소, 2015.
박인호, 「여재촬요의 편찬과 편찬정신」『장서각』 39, 2018.
박인호, 「유형원의 동국여지지 편찬을 위한 고투와 실학적 지리학」『조선사연구』 26, 조선사연구회, 2017.
박인호, 「지리지를 통해 본 전통시대 선산 사회의 변화」『조선사연구』 23, 조선사연구회, 2014.
박인호, 『구미 지역사 연구』, 보고사, 2022.
배우성, 「18세기 전국지리지 편찬과 지리지 인식의 변화」『한국학보』 85, 1996.
이성무, 「한국의 관찬지리지」『규장각』 6, 서울대, 1982.
이수건, 「지방 통치체제」『신편한국사』 23, 국사편찬위원회, 2002.
이재두, 「2011년 환수된 국립고궁박물관 읍지 74책의 유래와 특징」『조선시대사학보』 94, 조선시대사학회, 2020.
이재두, 「조선후기 경상도 읍지 편찬 사업 재검토」『대구사학』 138, 대구사학회, 2020.
이재두, 『조선후기 읍지편찬의 계보』, 민속원, 2023.

향토사연구소 역사문화연구팀, 「주산지 역사문화 연구」『청송향토사연구논문집』 2, 청송문화원, 2021.
허경진·강혜종, 「조선환여승람의 상업적 출판과 전통적 가치 계승 문제」『열상고전연구』 35, 2012.

越智唯七, 『朝鮮全道府郡面里洞名稱一覽』, 中央市場, 1917.

청송(靑松) 지역의 역사지리적 변천
– 지명·행정구역·읍치를 중심으로 –

권 선 정 (동명대학교 동양문화학과 교수)

Ⅰ. 들어가며
Ⅱ. '청송(靑松)' 지명의 역사적 연원
Ⅲ. 행정구역 변화를 통해 본 청송
Ⅳ. 나가며

청송(靑松) 지역의 역사지리적 변천
- 지명·행정구역·읍치를 중심으로 -

Ⅰ. 들어가며

　인간 삶이 펼쳐지고 있는 지역은 마치 생명체처럼 생성, 소멸, 변화의 과정을 겪으며 현재까지 이어지고 있다. 그로인해 지역에는 역사상 전개되어 온 수많은 사건이나 물질적인 역사문화 경관 그리고 다양한 의미들이 촘촘히 충전되어 있다. 지역에 대한 관심에서 현재 보이는 모습만이 아닌 겉껍질 아래 쌓여 있는 다양한 시간의 지층들을 함께 관심갖는 소위 공간과 시간을 결합시킨 역사지리적 접근(historical geography)이 필요한 이유이다. 이에 본고에서는 일정한 경계에 의해 구분되는 지역을 지칭하는 언어적 표현으로서 '지명' 그리고 지역을 구분 짓는 대표적인 공간 영역으로서 '행정구역' 변화에 주목하여 경북 청송군(靑松郡) 지역에 대한 역사지리적 접근을 시도하고자 한다.
　먼저 지명은 사람에게 있어서 이름과 마찬가지로 땅(地)과 관련된 이름이다.[1] 낯선 사람들이 만나 가장 먼저 하는 일 중 하나가 서로 통성명을 하는 것이다. 서로가 자신을 상대에게 알리고 상대에 대해 알고자 하는 일차적인 시도라고 할 수 있다. 그렇다면 누군가 청송에 대해 알고자 하거나 또는 청송을 다른 지역이나 외지인에게 알리고자 할 때 가장

1　공간적 차원에서 땅은 여러 가지로 구체화될 수 있는데 권역(geographical realm), 지역(region), 장소(place), 경관(landscape) 등이 그것이다. 권역이나 지역은 지표상의 차이나는 조건이나 자연적·인문적(문화적) 경계에 의해 구분되는 공간단위로서, 장소는 인간의 경험이나 의미가 관련된 삶의 무대로서, 그리고 경관은 이들 권역이나 지역, 장소를 구성하는 구체적 요소로서 구분될 수 있다. 결국 공간적 차원에서의 지명은 지표상의 실재하는 권역, 지역, 장소, 경관 등을 지시하고 다양한 의미까지 구성하는 지리적 언표라고 할 수 있다.

먼저 주목할 것 중 하나가 바로 지명이 될 수 있다는 것이다.

그래서인지 최근 전국의 여러 지자체에서는 지역과 관련된 여러 지명 중 특히 지역의 역사성이나 장소정체성을 대변하는 주요 지명을 매개로 지역 브랜드슬로건을 만들고 다양한 관련 사업을 추진하고 있다. 가령 '예산 지명 탄생 1100주년', '홍주지명 1000년', '천년고을 회덕', '울주 정명 천년', '부평 정명 700주년', '경기 정도 600년', '전라도 정명 천년', '울산 정명 600주년', '인천 정명 600주년', '김포 정명 1260년', '사천 지명 600년' 등이 그것이다. 흥미롭게도 청송군의 경우 2023년 올해는 역사상 처음으로 '청송(靑松)'이라는 명칭이 등장한 1423년(세종 5)으로부터 정확히 600주년이 되는 해이다.

이렇듯 지명을 중심으로 지역 브랜드슬로건을 구성하는데 있어서도 지명의 역사적 연원은 중요한 의미를 갖는다. 그렇지만 단순히 시간의 길이만을 가지고 해당 지명이 언제부터 시작되었는지에 대한 지명의 역사적 연원의 의미를 재단할 수는 없다. 지명은 마치 살아있는 생명체처럼 그와 관련된 인간 삶과의 관계 속에서 생성, 변화, 소멸하며 현재에 이르게 된 것이다. 앞으로도 그럴 것이다. 그만큼 지명과 관련된 역사적 사건이나 지리적 인식, 물질적 경관이나 장소, 행정구역 변화 등이 함께 엮어질 때 의미가 있는 것이다. 본고에서 1423년 처음 등장한 '청송' 지명의 역사적 연원이나 변천과정을 관심 가질 때 그와 관련된 역사적 사건이나 계기를 함께 관심 갖는 이유가 여기에 있다.

다음으로 행정구역 변화라는 측면에서 청송군을 접근하고자 하는 것은 인간 삶이 펼쳐지는 구체적 장으로서 지역이 일정한 경계에 의해 구분되는 공간단위이기 때문이다.[2] 행정구역은 지역을 구분 짓는 수많은 기준 중에서 행정경계에 의해 구분되는 지역으로 그 영향 범위가 광범위하고 또한 막강할 수밖에 없다. 가령 가장 거시적인 행정경계라고 할 수 있는 국경에 의해 구분되는 지역, 소위 국가영역과 관련해 자국민과 외국인 간의 차이

---

2 어떤 식으로든 공간이 구분되지 않은 채 연속적으로 펼쳐져 있다면 인간은 공간을 포착하지 못한다. 인간이 공간을 포착한다는 것은 인간의 생존이나 복지와 관련해 공간을 적절하게 분절하고 이용하는 것이다. 그렇기에 역사상 공간을 분절하는 방식은 수없이 다양했고 계속해서 변화되어 왔다. 소위 시대, 지역, 문화권마다 공간을 분절하는 특징적 방식으로서 환경론이나 지리적 인식이 다양할 수밖에 없는 이유이다. 한반도를 포함한 동북아 지역에서는 예로부터 근·현대 자본주의적 공간 분절 방식과 대비되는 풍수(風水)라고 하는 특징적인 지리적 지혜가 공유되어 왔다.

를 떠올려보면 쉽게 이해할 것이다.

이와 관련해 지명과 더불어 청송군의 행정구역이 역사상 어떻게 형성되었고 변화되어 왔는지 살펴보는 것은 본고의 연구대상이 되는 청송 지역에 대한 역사지리적 접근에서 지극히 일차적인 작업이라고 할 수 있다. 일례로 '청송군(青松郡)'이라는 동일 지명으로 구분되는 행정구역만 보더라도 지역이 얼마나 역동적으로 변화하는 지 쉽게 이해할 수 있다. 즉 1423년(세종 5) 역사상 처음으로 등장한 경상도의 청송군, 1895년(고종 32) 근대적 행정구역 개편 당시 안동부(安東府)에 속하게 된 청송군, 1914년 일제에 의한 통폐합으로 형성된 경상북도 청송군은 비록 명칭은 동일할지라도 그 행정구역은 전혀 다른 것이다. 그러면 이제 청송 지역을 대표하는 지리적 언표로서 '지명' 그리고 지역을 구분 짓는 공간 영역으로서 '행정구역' 변화를 중심으로 경북 청송군(青松郡) 지역에 대한 시간여행을 떠나보고자 한다.

Ⅱ. '청송(青松)' 지명의 역사적 연원

현재 '청송'과 관련된 명칭은 '청송군', '청송읍', '청송초·중등(여중등)학교', '청송경찰서', '청송소방서', '청송버스터미널', '청송휴게소', '청송자연휴양림', '청송교도소'(현 법무부 경북북부교정기관), '청송톨게이트(TG)' 등 청송읍 지역뿐만 아니라 군 관내 다양한 영역에서 확인된다. 그런데 현재 일상생활에서 거의 무의식적으로 사용하고 있는 '청송'이라는 명칭의 역사적 연원을 거슬러 올라가보면, 조선 초 지방 행정구역을 지칭하는 명칭의 하나로 '청송군(青松郡)'이 사용되기 시작하면서부터임을 알 수 있다.

'청송군'은 지금으로부터 600년 전인 1423년(세종 5) 전국 8도를 구성했던 도호부(都護府)·목(牧)·부(府)·군(郡)·현(縣) 등 300개 이상의 지방 행정구역 중에서 경상도 관할 66개 행정구역 중 하나의 명칭으로 처음 등장하게 된다. 문헌 상 『세종실록』에서 처음 그 명칭을 확인할 수 있는데, 가령 "청보군(青寶郡)을 고쳐 **청송(青松)**으로 하였다. 청부현(青鳧縣)은 소헌왕후(昭憲王后)의 고향이기에 진보현(眞寶縣)을 합하여 군으로 승격시켜 청보군이라고 하였던 것인데, 이에 이르러 송생현(松生縣)을 옮겨 합쳐서 **청송군**이라 하였다."[3]라거나 "송생현(松生縣)은 신라 때의 명칭은 자세히 알 수 없고 … 〈중간 생략〉 … 금상 5년 계묘(1423년)에

〈그림 1〉『세종실록』(5년 10월 27일-좌)과
『세종실록지리지』(청송-우)의 '청송군(靑松郡)'
*출처: 서울대학교 규장각한국학연구원

청부(靑鳧)에 합하여 이름을 청송(靑松)으로 고치고 진보(眞寶)를 쪼개어 다시 현감을 두었다."[4]라는 내용 등이 그것이다(그림 1). 이러한 내용은 『세종실록』 외에도 이후 『신증동국여지승람』(청송), 『여지도서』(청송), 「청송부읍지」, 『대동지지』(청송), 『영남읍지』(1871년, 1895년, 청송), 『해동지도』(청송) 등 청송 관련 지리지 및 고지도에서 반복적으로 확인된다.

그렇다면 '청송(靑松)'이라는 명칭은 어떻게 만들어진 것인지 궁금해질 수밖에 없다. 앞서 역사상 '청송'이라는 명칭이 처음 등장한 때가 1423년 기존 청보군(靑寶郡)과 송생현(松生縣)이 통합되면서부터라고 했다. 이러한 역사적 사실에 주목하면 짐작할 수 있듯이, 바로 이때 새롭게 합쳐진 청보군의 진보현을 분리하고 청부현과 송생현을 병합하면서, 두 현(縣)의 머리글자인 청부의 '청(靑)'자와 송생의 '송(松)'자를 따서 '청송군(靑松郡)'이라고 했던 것이다. 마치 아버지(父)와 어머니(母) 간 음양적 조화를 통해 자식이 생성되듯 청보와 송생이 만난 생성의 묘가 지금으로부터 600년 전 등장한 청송군이라고 할 수 있다.

이 지점에서 '청송' 지명의 역사적 연원에 대한 관심은 자연스레 그 부모 격에 해당하

---

3 『세종실록』, 5년 10월 27일 갑술.: "改靑寶郡爲靑松 靑鳧縣卽昭憲王后鄕也故合眞寶縣升爲郡號靑寶 至是移合松生縣爲靑松郡."
4 『세종실록』, 지리지, 경상도, 안동대도호부, 청송군.: "松生縣新羅時稱號未詳 高麗顯宗戊午屬禮州任內仁宗二十一年癸亥始置監務 今上五年癸卯合于靑鳧更號靑松析眞寶復置縣監."

는 청보군과 송생현의 연혁으로 거슬러 올라갈 수밖에 없다. 먼저 청보군의 등장을 보면 세종 즉위년인 1418년 현 청송군의 북쪽에 위치했던 진보현(眞寶縣)과 중간 지역인 청부현(靑鳧縣)이 역사상 처음으로 만났던 것에서 유래한다. 물론 『세종실록지리지』, 『신증동국여지승람』(청송) 등 청송 관련 지리지에서 이미 1394년(태조 3) 진보와 청부 두 현이 합쳐졌다는 기록을 어렵지 않게 확인할 수 있다.[5] 그렇지만 1394년의 만남은 청부현(靑鳧縣)이 진보현(眞寶縣)의 속현이 되었던 것으로[6] 1418년 청보군 등장과 관련된 청부·진보 두 현의 통합과는 다르다고 할 수 있다. 이것은 '청보(靑寶)'라는 명칭에서도 잘 드러나는데 청부현의 머리글자 '청(靑)'자과 진보현의 중간글자 '보(寶)'자를 각 각 따서 붙여진 이름이라고 할 수 있다. 말하자면 1418년 청보군의 등장은 "청부현(靑鳧縣)은 소헌왕후(昭憲王后)의 고향이다. 그렇기에 진보현(眞寶縣)을 합하여 군으로 승격시켜 청보군이라 하였던 것이다."[7]라는 기록을 통해 알 수 있듯이, 1394년 진보현의 속현으로 청부현이 합쳐진 것과 달리 청부현이 중심이 되어 진보현을 통합하면서 군으로 승격된 결과라고 할 수 있다.

다음으로 송생현은 『세종실록지리지』, 『신증동국여지승람』(청송), 『여지도서』(청송) 등 대부분의 청송 관련 지리지의 〈고적〉 항목에 그 명칭의 연원을 확인할 수 있는 내용은 없이 '송생폐현(松生廢縣)'으로 기록되어 있다. 조선후기 여러 고지도 상에도 '송생고현(松生古縣)' 또는 '고송생현(古松生縣)' 등으로 표시되어 있다(그림 2).[8] 그렇지만 유일하게 『대동지지』

---

5 『세종실록』, 지리지, 경상도, 안동대도호부, 청송군.: "예전 청부(靑鳧)는 본디 고구려의 청이현(靑已縣)인데 … 〈중간 생략〉 … 본조 태조 3년(1394년) 갑술에 진보(眞寶)와 합하였는데, 무술년(1418년)에 금상(今上)이 즉위하자 공비(恭妃)의 내향(內鄕)인 까닭에 청보군(靑寶郡)으로 승격시켰다(古靑鳧本高句麗靑已縣 … 本朝太祖三年甲戌合于眞寶, 戊戌今上卽位以恭妃內鄕陞爲靑寶郡.)."; 『신증동국여지승람』(청송), 건치연혁.: "본래 고구려의 청이현(靑已縣)인데 … 〈중간 생략〉 … 본조 태조 3년에 진보현(眞寶縣)에 합쳤고 세종이 즉위하던 해에 소헌왕후(昭憲王后)의 본향(本鄕)이라고 하여 청보군(靑寶郡)으로 승격시켰다(本高句麗靑已縣 … 本朝太祖三年合于眞寶縣. 世宗卽位之年以昭憲王后之鄕陞爲靑寶郡.)."
6 『신증동국여지승람』(청송)의 청송도호부 〈건치연혁〉에는 "본조 태조 3년(1394)에 진보현에 **합했다**(本朝太祖三年**合于眞寶縣**)."라 하고, 『세종실록』에는 "이조에서 계하기를 '**진보(眞寶)의 속현(屬縣) 청부(靑鳧)**는 곧 중궁의 내향(內鄕)이니 청컨대 승격시켜 청보군(靑寶郡)으로 하시옵소서.'하니 그대로 따랐다(吏曹啓 **眞寶屬縣靑鳧**是中宮內鄕 請陞爲靑寶郡 從之, 『세종실록』, 즉위년 9월 25일 임신)."라는 기록을 볼 때 1394년 청부현을 진보현에 합했다는 것은 곧 청부가 진보의 속현이 되었음을 말하는 것이다.
7 『세종실록』, 5년 10월 27일 갑술.

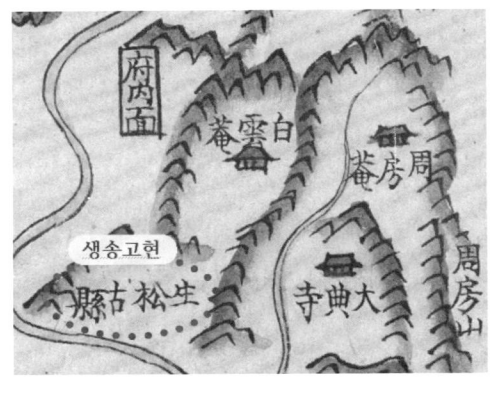 

〈그림 2〉 『여지도』(청송-좌), 『지승』(청송-우)의 '송생고현(松生古縣)'
* 지도출처: 서울대학교 규장각한국학연구원

(청송)에서는 "송생(현)은 동쪽 15리에 있는데 본래 신라 소량(召良)이다. 경덕왕 16년(757년) 송생(松生)으로 고쳐 야성군(영덕)의 영현이 되었다."[9]라고 하여 청보군보다 훨씬 앞서 '송생' 명칭이 사용되어 왔음을 알 수 있다.

이렇듯 '청송'이라는 지명은 1418년(세종 즉위년) 현 청송군의 북쪽 지역에 있던 진보현과 중간 지대인 청부현이 합쳐져 등장한 '청보군'과 신라 경덕왕 때 등장한 '송생현'이 합쳐지면서 새롭게 신설된 명칭임을 알 수 있다. 그러다보니 경상도에 속하는 하위 행정구역 명칭으로 1423년(세종 5) 처음 등장한 '청송군'에는 적어도 진보현, 청부현, 송생현이 관련되어 있음을 알 수 있다. 게다가 1423년 청보군의 진보현을 분리하고 청부현과 송생현이 합쳐질 당시 송생현에는 이미 1394년(태조 3) 속현으로 편입된 안덕현(安德縣)이 있었기 때문에[10] 실제적으로는 진보현, 청부현, 송생현, 안덕현 등 네 개 지역이 관련되어 있음을 알

---

8 구체적으로 『해동지도』(청송), 『여지도』(청송, 국립중앙도서관), 『지승』(청송), 『경상도읍지』(19세기 초, 청송), 『영남읍지』(1871, 청송), 『1872년 지방지도』(청송), 「청송군읍지」(1899) 등에는 '송생고현(松生古縣)'으로, 『여지도서』(청송)에는 '고송생현(古松生縣)'으로 표시되어 있다. 그런데 서울대학교 규장각한국학연구원 소장 『여지도』(청송)에는 '생송고현(生松古縣)'으로 표기되어 있기도 하다(그림 2 참조).
9 『대동지지』, 권7, 청송, 고읍.: "松生東十五里本新羅召良 景德王十六年改松生爲野城郡領縣"
10 『세종실록지리지』(청송), 『신증동국여지승람』(청송), 『여지도서』(청송)를 비롯한 청송 관련 지리지에는 안덕현이 청송의 속현으로 본래 고구려 '이화혜현(伊火兮縣, 伊火縣)'이었는데 신라 때 '연무(緣武)'로 고쳐 곡성군(曲城郡)의 영현(領縣)으로 삼았고 고려 초 지금의 이름

수 있다(그림 3). 이들 청송군 등장과 관련된 여러 명칭들의 역사적 연원을 정리한 것이 〈표 1〉이다.

그렇지만 1423년 처음 등장한 청송군이 관할했던 행정구역은 이들 네 개 지역을 모두 포함하고 있지 않다. 왜냐하면 1423년 최초의 청송군 등장과 더불어 1418년에 청보군으로 합쳐졌던 진보현이 분리되어 나가기 때문이다.[11] 그로인해 실제적으로 청송군이 관할했던 지역은 기존 청보군에서 진보현이 빠진 나머지 지역과 새롭게 통합된 송생현 그리고 송생현 속현으로 유지됐던 안덕현 지역이다.

따라서 1423년 당시 처음 등장한 청송군, 1895년 근대적 행정구역개편 당시 전국 23부 중 안동부(安東府)로 편제된 청송군, 1914년 행정구역 통폐합으로 등장하는 청송군 그리고 현재의 청송군은 비록 그 명칭은 같을지라도 그 영역이나 관할구역의 편제는 다를 수밖에 없다.

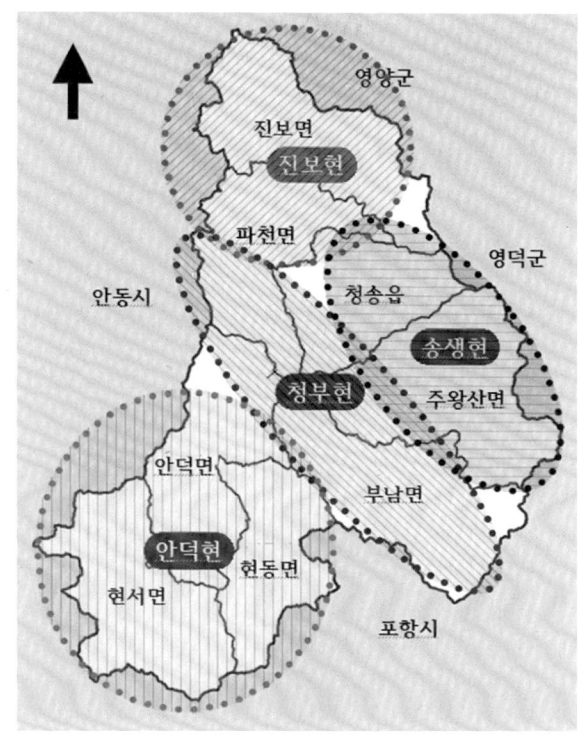

〈그림 3〉 1423년(세종 5) '청송군' 등장 당시 관련 지역
* 읍·면 구분은 현재의 행정구역임.

인 '안덕(安德)'으로 개칭했다고 기록하고 있다. 『대동지지』에서는 '연무'로 고쳐진 시기가 신라 경덕왕 16년(757년)이고 '안덕'으로 개칭된 것은 고려 태조 23년(940년)임을 구체적으로 제시하고 있다(『대동지지』, 권7, 청송, 고읍, 安德南五十三里 本新羅伊火兮景德王十六年改緣武爲曲城郡領縣置伊火兮停 高麗太祖二十三年改安德).

11 『세종실록지리지』(청송)에 "송생현(松生縣)은 신라 때의 명칭은 자세히 알 수 없고 … 〈중간 생략〉 … 금상 5년 계묘(1423년)에 청부(靑鳧)에 합하여 이름을 청송(靑松)으로 고치고 진보(眞寶)를 쪼개어 다시 현감(縣監)을 두었다."라는 기록을 볼 때 기존 청보군에 송생현을 합쳐 새롭게 청송군으로 개칭하면서 진보현은 다시 분리되었음을 알 수 있다. 이후 진보현은 1914년 행정구역 통폐합 때 다시 청송과 합쳐져 통합 청송군(靑松郡)의 8개 면 중 하나인 진보면(眞寶面)과 파천면(巴川面) 일부로 편제된다.

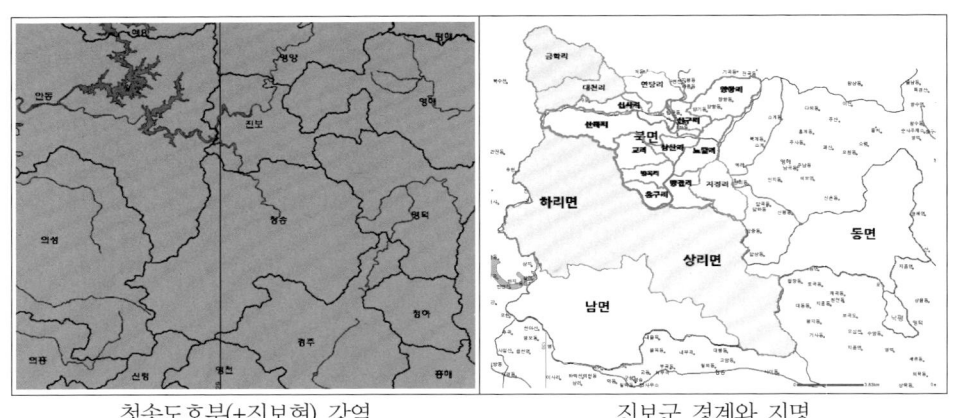

| 청송도호부(+진보현) 강역 | 진보군 경계와 지명 |

〈그림 4〉 영양군과 영덕군에 편입된 진보군 지역

*출전: 고려대학교 민족문화연구원 '조선시대 전자문화지도 시스템'
http://www.atlaskorea.org/historymap.web/IdxMap.do?method=JR

〈표 1〉 '청송(靑松)' 명칭의 역사적 연원과 청송군(靑松郡)의 등장

조선 초 행정구역	삼국시대	757년 (경덕왕 16)	고려			조선		
			940년 (태조 23)	868년 (성종 5)	1018년 (현종 9)	1394년 (태조 3)	1498년 (세종 즉위)	1423년 (세종 5)
진보현 (眞寶縣)	(신라) 칠파화현 (漆巴火縣)	진보현 (眞寶縣)	보성부 (甫城府) 진보+진안		예주 (禮州:영해) 임내	진보현 (眞寶縣)	청보군 (靑寶郡)	진보현 (眞寶縣)
	(고구려) 조람현 (助攬縣)	진안현 (眞安縣)						
청부현 (靑鳧縣)	(고구려) 청이현 (靑已縣)	적선현 (積善縣)	부이현 (鳧伊縣) 운봉현 (雲鳳縣)	청부현 (靑鳧縣)	예주 (禮州:영해) 임내	(속현) 청부현 (靑鳧縣)		청송군 (靑松郡)
송생현 (松生縣)	(고구려) 소량현 (召良縣)	송생현 (松生縣)			예주 (禮州:영해) 임내	송생현 (松生縣)	송생현 (松生縣)	
안덕현 (安德縣)	(고구려) 이화혜현 (伊火兮縣)	녹무현 (綠武縣)	안덕현 (安德縣)		안동부 예속	(속현) 안덕현	(속현) 안덕현	(속현) 안덕현

* 자료: 『삼국사기』(지리지) ; 『조선왕조실록』; 『신증동국여지승람』(청송) ; 『여지도서』(청송) ; 한글학회, 『한국지명총람』 7 - 경북편4, 1979

단순히 지역을 지칭하는 명칭이 동일하다고 해서 그것과 관련된 공간영역이 같다고 볼 수는 없는 것이다. 현재적 입장에서 지명의 역사적 연원이나 변천과정과 더불어 행정구역의 변화 등을 살펴보는 이유가 여기에 있다.

Ⅲ. 행정구역 변화를 통해 본 청송

1. 근대 이전 청송부(靑松府), 진보현(眞寶縣), 안덕현(安德縣)

앞서 말했듯이 '청송'이라는 명칭이 역사상 처음 확인되는 것은 지금으로부터 정확히 600년 전이다. 1423년(세종 5) 경상도 관할 66개 하위 행정구역 중 하나의 명칭으로 '청송군(靑松郡)'이 등장하면서부터이다. 당시 청송군 관할 지역은 현재의 청송군 북쪽을 차지하고 있는 진보면(眞寶面) 전체와 파천면(巴川面) 일부(관리官里, 중평리中坪里, 황목리皇木里, 어천리魚川里, 송강리松江里, 신기리新基里), 군 남서부의 현동면(縣東面), 현서면(縣西面), 안덕면(安德面) 등을 제외한 지역과 거의 일치한다(그림 5). 현재 청송군 북쪽과 남서부에 해당하는 이들 지역은 다름

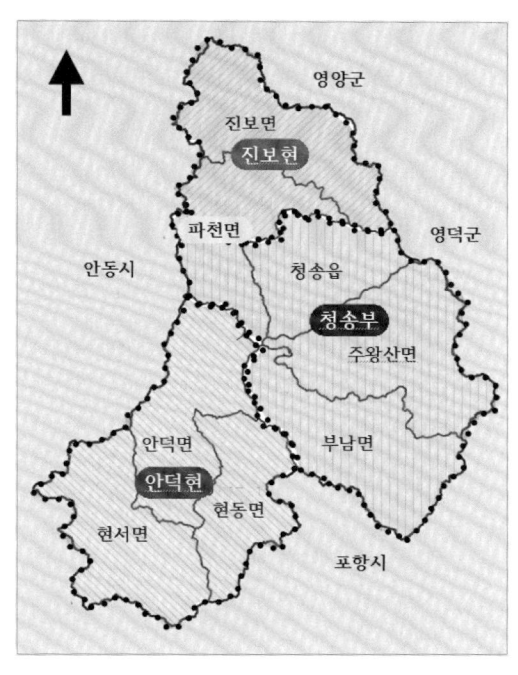

〈그림 5〉 청송의 행정구역(조선시대와 현재)

아닌 조선시대 진보현(眞寶縣)과 안덕현(安德縣) 지역이다.

진보현[12]은 1418년(세종 즉위년) 청부현(靑鳧縣)과 합쳐져 청보군(靑寶郡)으로 편제되는데

---

12 『대동지지』, 권8, 진보, 연혁.: "진보현은 본래 신라 칠파화현인데 경덕왕 16년(757년) 진보

통합 당시 진보현의 위상은 1394년(태조 3) 통합 때와는 확연히 다르다고 할 수 있다. 앞서 말했듯이 1394년 통합 때는 진보현이 청부현을 속현으로 편입하는 형태였는데, 1418년 두 현의 통합은 '청보군(靑寶郡)'이라는 명칭에서도 짐작할 수 있듯이 청부현이 중심이 되어 진보현을 통합하며 군으로 승격하게 된 것이다.

이것은 명실공히 청부현 지역이 역사상 처음 청송 지역 일대의 중심으로 등장하게 되었음을 의미하는 것이다. 그리고 그 계기는 『세종실록』에 "청보군(靑寶郡)을 고쳐 청송(靑松)으로 하였다. 청부현(靑鳧縣)은 소헌왕후(昭憲王后)의 고향이다. 그렇기에 진보현(眞寶縣)을 합하여 군으로 승격시켜 청보군이라 하였던 것인데 이에 이르러 송생현(松生縣)을 옮겨다 합쳐서 청송군이라 하였다."[13]라고 했듯이 청부현이 다름 아닌 세종의 왕비인 소헌왕후 심씨(1395~1446)의 고향이었기 때문이다.

1418년 청부현 중심의 진보현 통합과 청보군으로의 승격 외에도 곧 이어지는 1423년의 진보현 분리와 송생현 편입을 통한 청송군으로의 개칭, 1459년(세조 5) 청송도호부(靑松都護府) 승격[14] 등 경상도에 속하는 하위 지방행정구역 중 하나로서 청송군의 위상은 세종의 왕비였던 소헌왕후 심씨의 내향이라는 역사적 장소성과 깊이 관련되어 있다고 할 수 있다.[15] 그래서인지 세조 대 청송도호부 승격 이후 청송부는 별다른 행정구역의 변동 없이 진보현과 분리되어 조선후기까지 그대로 유지되는 모습을 보이고 있다. 다만 청보군이 1423년 송생현 편입과 함께 청송군으로 개칭될 당시, 기존에 송생현의 속현이었던 안덕현

로 고쳐 문소군의 영현이 되었다. 고려 태조 때 보성군(일명 재암성)으로 승격시켜 진안현을 내속시켰다(本新羅漆巴火景德王十六年改眞寶爲聞韶郡領縣 高麗太祖陞爲甫城郡一云載岩城以眞安縣來屬)." 이에 대해 『세종실록지리지』(진보)나 『신증동국여지승람』(진보)에는 (진보, 진안) 두 현이 합해져 보성부가 된 것이라고 기록하고 있다. 이후 "현종 9년(1018년) 예주(영해)에 속하게 하고 또 진안현은 분리시켜 영덕에 속하게 하였다. 공양왕 2년(1390년) 감무를 두었고 본조 태조 3년(1394년) 청부에 합했다. 세종 조 때 쪼개어 현감을 두었다(顯宗九年屬禮州又析眞安屬于盈德 恭襄王二年置監務 本朝太祖三年合于靑鳧 世宗朝析置縣監.)".

13 『세종실록』, 5년 10월 27일 갑술.
14 『세조실록』, 5년 6월 14일 갑자: "경상도의 청송군(靑松郡)을 승격시켜 도호부(都護府)로 삼았으니 소헌왕후(昭憲王后)의 내향(內鄕)인 까닭이었다."
15 심지어 1446년(세종 28) 소헌왕후 심씨는 후일 세조로 등극하는 수양대군 사저에서 승하하게 되는데, 『세조실록』(5년 6월 14일 갑자)의 기록처럼 세조 등극 후 1459년(세조 5) 청송군을 청송도호부로 승격시키는 것과도 깊은 관련이 있다고 할 수 있다.

〈표 2〉 근대 이전 청송 지역의 행정구역 변화(조선 초~1914년)

조선시대 구역 구분	1394년 (태조 3)	1418년 (세종 즉위)	1423년 (세종 5)	1459년 (세조 5)	1474년 (성종 5)	1478년 (성종 9)	23부제 (1895년)	1906년 (지방제도 조사)	1914년
진보현 (眞寶縣)	진보현 (眞寶縣)	청보군 (靑寶郡) 승격58)	진보현 (眞寶縣)	진보현 (眞寶縣)	청송도호부 (靑松都護府)	진보현 (眞寶縣)	진보군 (眞寶郡), 6면	영양군 (英陽郡) 편입 계획	청송군 (靑松郡), 8면
청송부 (靑松府)	(속현) 청부현 (靑鳧縣)		청송군 (靑松郡)	청송도호부 (靑松都護府)	* 진보현 폐현	청송도호부 (靑松都護府)	청송군 (靑松郡), 9면	청송군 (靑松郡), 9면	
송생현 (松生縣)	송생현 (松生縣)	송생현 (松生縣)							
안덕현 (安德縣)	(속현) 안덕현	(속현) 안덕현	(속현) 안덕현	(속현) 안덕현	(속현) 안덕현	(속현) 안덕현			

* 자료: 『삼국사기』(지리지), 『조선왕조실록』.: 『신증동국여지승람』(청송).: 『여지도서』(청송).: 『지방제도조사』(1906).: 『구한국지방행정구역명칭일람』(1912).: 『신구대조조선전도부군면리동명칭일람』(1917).: 한글학회, 1979, 한국지명총람 7: 경북편 4.

지역이 청송부의 실제적인 행정체제(면리제)로 편입되는 변동이 있었을 뿐이다(표 2).

현재 청송군 서남부 지역에 해당하는 안덕현(安德縣)과 관련해 『세종실록지리지』(청송)에는 "안덕현은 본디 고구려의 이화혜(伊火兮)현인데 … 〈중간 생략〉 … 본조 태조 3년 갑술(1394년)에 송생현에 합하였다가 금상 계묘년(1423년)에 내속(來屬)시켰다."[16]라고 하여 1423년 청보군이 진보현과 분리되며 송생현을 합쳐 청송군으로 개칭되면서 그 속현으로 편입되었음을 알 수 있다. 또한 『세종실록지리지』(청송)나 『신증동국여지승람』(청송)에는 안덕현이 1423년(세종 5) 새로 개칭된 청송군의 속현으로 편제되기 전 이미 "태조 3년(1394년) 송생현과 합해졌다(本朝太祖三年甲戌合于松生)"고 했는데, 보통 속현으로 편입되는 "△△지역이 ○○에 합해졌다(△△合于○○)."는 식의 서술 방식을 볼 때, 1394년 송생현과의 합쳐짐은 곧 안덕현이 송생현의 속현으로 편입되었음을 짐작케 한다. 『태조실록』에서도 "안덕(安德)을 송생(松生)에 속하게 하고"[17]라는 기록을 확인할 수 있다. 그러다가 1423년 안덕현을 속현으로 두고 있던 송생현이 청보군과 합쳐져 청송군으로 개칭되면서 자연스레 송생현의 속현이었던 안덕현은 청송군의 속현으로 편제되었다고 할 수 있다. 이와 관련해 『한국지명

---

16 『세종실록』, 지리지, 경상도, 안동대도호부, 청송군.: "安德縣本高句麗伊火縣 … 本朝太祖三年甲戌合于松生 今上癸卯來屬."
17 『태조실록』, 3년 3월 7일 병오: "安德屬松生."

총람』에는 안덕현이 1421년(세종 3) 청부(청송)에 폐합되었다고 했는데,[18] 이는 오류로 보인다. 왜냐하면 안덕현은 앞서 말했듯이 1394년 송생현의 속현으로 편입되었다가 다시 1423년(세종 5) 청보군이 송생현을 합쳐 청송군으로 개칭되며 그 속현으로 편입되기 때문이다.

그렇지만 이후 안덕현이 1459년(세조 5) 도호부(都護府)로 승격된 청송에 완전히 통합되는 시기는 정확히 확인되지 않는다. 『신증동국여지승람』(청송)을 비롯하여 『여지도서』(청송), 「청송부읍지」(18세기 중엽), 「청송군읍지」(18세기 후반), 『영남읍지』(1871, 1895), 「청송군읍지」(1899) 등 조선후기에 편찬되는 청송 관련 지리지에도 안덕현은 청송군 〈속현〉 항목이나 청송도호부의 〈건치연혁〉 항목에 계속해서 속현으로 기록되어 있다.

그런데 고려시대부터 수행된 속현의 정리 작업은 조선시대 접어들어서도 계속되는데 15세기 후반에 이르면 『신증동국여지승람』에 기재된 70여개 정도만 남게 된다. 이것도 점차 주현(主縣)으로 승격되거나 주현의 면리제로 재편되는 것이다. 그래서인지 지리지와 달리 조선후기 제작된 여러 청송 관련 고지도에서는 속현이었던 안덕현이 이미 정리되어 청송부에 편입되었음을 짐작케 하는 표현을 확인할 수 있다. 가령 『해동지도』(청송)에는 안덕현이 이미 폐현된 옛 행정구역임을 짐작케 하는 '안덕고현창(安德古縣倉)'이라고 표시되어 있는데, 여기서 현창은 『여지도서』(청송)의 〈창고〉 항목에 "현창(縣倉)은 부 서쪽 50리에 있다."고 기록되어 있는 안덕현의 현창을 말한다. 따라서 『해동지도』(청송)가 제작될 당시 부에서 50리 거리의 현창이 있던 안덕현은 이미 청송부에 완전히 통합되어 현내면, 현동면, 현서면, 현남면, 현북면 등으로 편제되었던 것으로 보인다. 조선후기 청송 관련 지리지나 고지도에 청송부 관할 방리로 부내면, 부동면, 부남면, 부서면 외에 현내면, 현동면, 현서면, 현남면, 현북면 등이 과거 안덕현 지역에 편제되어 있는 이유라고 할 수 있다(그림 6). 『해동지도』(청송) 외에 『안동도회(좌통지도)』(청송), 『지승』(청송), 『광여도』(청송), 『여지도』(청송, 국립중앙도서관 소장) 등에도 '안덕고현창(安德古縣倉)'이 표시되어 있다(그림 7). 특히 『1872년 지방지도』(청송)에는 "안덕고현(安德古縣)은 부에서 50리 떨어져 있다.", "현창(縣倉)은 부에서 50리 떨어져 있다."라고 하여 부에서 50리 거리의 현창이 있던 곳이 옛 안덕현이었음을 표시하고 있다(그림 8).

---

18 한글학회, 『한국지명총람 7: 경북편 4』, 1979, 436.; 450.

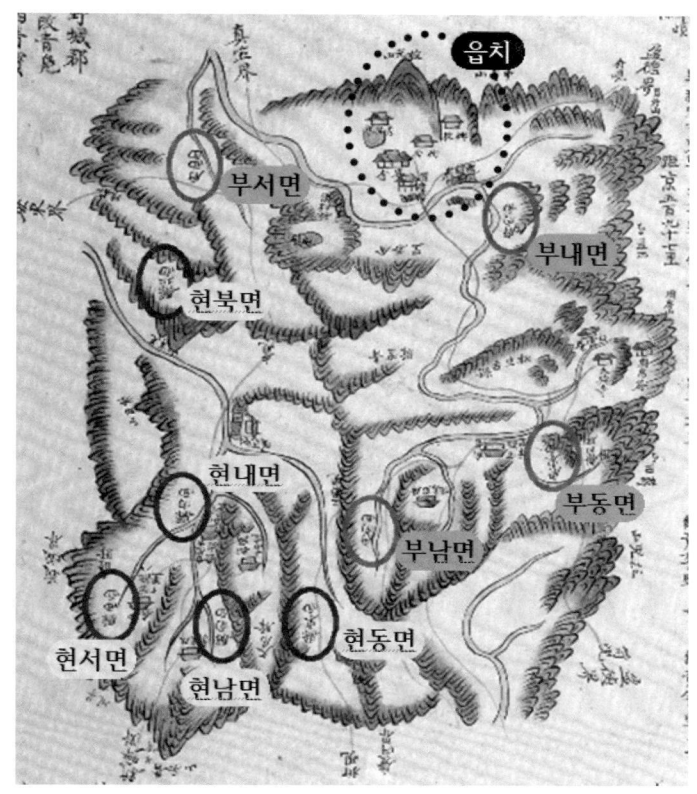

<그림 6> 『해동지도』(청송)의 청송부 행정구역
  * 지도출처: 서울대학교 규장각한국학연구원

이후 1895년(고종 32) 전국을 23부제로 재편한 근대적 지방관제 개편(23부제)[19] 당시 안덕현을 편입한 청송도호부는 청송군으로 그리고 진보현은 진보군으로 되어 함께 안동부(安東府)에 속하게 된다. 이듬해인 1896년(고종 33)[20]에는 경상북도 청송군과 진보군으로 그

---

19 칙령 제98호 '지방제도개정에 관한 건'(『관보』 1895년 5월 26일).
20 1896년 칙령 제36호(8월 4일 공표, 『관보』 1896년 8월 6일)에 의해 23부제를 전면 폐지하고 도제를 부활하여 전국을 13도로 재편하게 되는데, 구체적으로 ① 전국 23부를 13도로 개정하고(8도 중 함경도·평안도·충청도·경상도·전라도 등 5도가 남북으로 분리) 각 도에 관찰사를 둔다, ② 23부제 하에서 군으로 격하되었던 한성을 특별히 도와 동격의 부로 하고 판윤을 둔다, ③ 도 아래에 다시 부·목·군으로 나누어 7부(광주·개성·강화·인천·동래·덕원·경흥), 1목(제주), 331군으로 구획한다, ④ 13도에 속하는 각 군을 5등급으로 구분하여 군수의 대우를 달리 한다."는 내용 등으로 되어 있다. 당시 경상북도 청송군과 진보군은 4등

소속이 바뀌게 된다. 즉 1895년 '청송군'과 '진보군'의 등장은 기존에 도호부·목·부·군·현 등으로 구분되어 있던 지방 행정조직을 일률적으로 군(郡)으로 개칭하고 전국을 새롭게 개편한 23부 아래 분속시킨 결과였다.

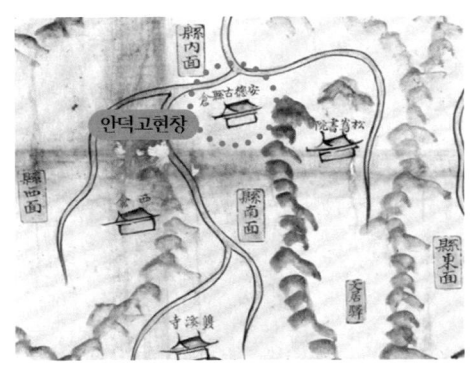
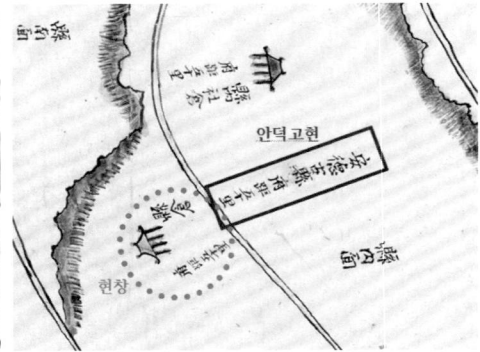

〈그림 7〉 『안동도회(좌통지도)』(청송)의 '안덕고현창'
* 지도출처: 서울대학교 규장각한국학연구원

〈그림 8〉 『1872년 지방지도』(청송)의 '안덕고현'
* 지도출처: 서울대학교 규장각한국학연구원

2. 1914년 통합 청송군의 등장

현재 청송군은 청송읍(靑松邑), 주왕산면(周王山面), 부남면(府南面), 파천면(巴川面), 안덕면(安德面), 현동면(縣東面), 현서면(縣西面), 진보면(眞寶面) 등 1읍 7개면으로 구성되어 있다. 이러한 청송군의 행정구역 체제는 지금으로부터 약 110년 전 기존의 청송군(靑松郡) 9개면(부내면府內面, 부동면府東面, 부서면府西面, 부남면府南面, 현내면縣內面, 현동면縣東面, 현서면縣西面, 현남면縣南面, 현북면縣北面)과 진보군(眞寶郡) 6개 면 중 4개 지역(상리면上里面, 하리면下里面, 남면南面, 서면西面)[21]이 합쳐져 통합 청송군(靑松郡)이 등장하면서부터이다.

1914년 행정구역 통폐합 당시 총 8개면 86개 동리로 편제된 청송군(靑松郡)은 조선시대 청송도호부(靑松都護府)와 진보현(眞寶縣)에 해당하는 지역이었는데, 1895년(고종 32) 근대적

군에 속하게 된다.
21 진보현에 속했던 6개 면 중 북면(北面)과 동면(東面)은 1914년 행정구역 통폐합 때 영양군(英陽郡)에 편입된다.

행정구역 개편으로 안동부(安東府)[22] 청송군(靑松郡), 진보군(眞寶郡)으로 편제되었다가 통합된 곳이다. 그림 5에서는 청송부와 진보현 외에 군 남쪽에 위치한 안덕현(安德縣)이 표시되어 있는데, 안덕현은 〈표 2〉에서 보듯이 1423년(세종 5) 기존 청보군(靑寶郡)이 송생현(松生縣)을 합쳐 청송군(靑松郡)으로 개칭될 때 속현으로 되었다가 후에 승격된 청송도호부에 합쳐진 지역이다.

이와 같이 안덕현을 편입한 기존의 청송도호부와 진보현 지역은 1895년 행정구역 개편 당시 청송군 9개 면 156개 동리와 진보군 6개 면 52개 동리로 편제된다. 그로 인해 현재의 청송군 지역은 청송군과 진보군 두 개 행정구역으로 구분되어 유지되다가 1914년 일제에 의한 행정구역 통폐합 때 다시 청송군 9개 면이 통합 청송군의 청송면(靑松面)·부동면(府東面)·부남면(府南面)·안덕면(安德面)·현동면(縣東面)·현서면(縣西面)으로, 진보군 6개 면 중 3개 면(상리면, 하리면, 서면) 지역은 진보면(眞寶面)으로 그리고 청송군의 부서면과 진보군의 남면이 합쳐져 파천면(巴川面)으로 되어 총 8개 면으로 개편되는 것이다(표 3).

이렇듯 1914년의 청송군은 1895년 군으로 개편된 청송군 9개 면 전체와 진보군 6개 면 중 4개 면이 통합되어 이루어진 것이다. 이러한 청송군의 행정구역 편제는 이미 1906년(광무 10) 시도하고자 했던 지방 행정구역 개편과 관련이 있어 보인다. 1906년 통감부 치하에서 수행된 지방 행정구역 개편[23]의 주 내용은 지방제도조사소를 설치하여 지방 행정구획의 설정, 지방과 중앙의 경비분담, 공무 분배, 조세징수의 지방관청 관장 범위, 경찰과 지방관의 충돌회피 방법 등을 포괄하는 지방제도 개정과 지방구역 분합 등을 포함하는 것이었다. 당시 계획했던 지방 행정구역 재조정 및 통·폐합에 대해서는 『국립중앙도서관』에 소장되어 있는 『지방제도조사』(1906)를 통해 알 수 있다. 그렇지만 거센 저항에 계획은 수정되고 결국 그해 가을 전국에 남아있던 비입지(飛入地, 월경지)와 두입지(斗入地, 犬牙相入地)의 정리를 기본으로 하는 지방 행정구역 개편으로 방향을 전환하게 된다.[24]

---

22 1895년 23부제 시행 당시 안동부에는 청송군과 진보군 외에 안동군(安東郡), 영양군(英陽郡), 영덕군(盈德郡), 영해군(寧海郡), 청하군(淸河郡), 영천군(榮川郡), 예안군(禮安郡), 봉화군(奉化郡), 순흥군(順興郡), 풍기군(豊基郡), 함창군(咸昌郡), 용궁군(龍宮郡), 예천군(醴泉郡), 문경군(聞慶郡), 상주군(尙州郡) 등 총 17개 군이 편제된다.
23 칙령 제49호 '지방구역정리건'(1906년 9월 24일 공표, 『관보』 1906년 9월 28일).
24 윤해동, 『지배와 자치: 식민지기 촌락의 삼국면구조』, 역사비평사, 2006. 51-52.

〈표 3〉 청송 지역의 행정구역 변화(1914년 ~ 현재)

조선 시대	23부제(1895년)[25]		청송군(1914년)		청송군(2023년 12월 현재)	
	군명	면명(동리수)	면(동리수)	소속 동리	읍·면(동리수)	소속 동리[26]
안덕현(安德縣) 지역	청송군(靑松郡)	현동면(縣東面, 22)	현동면(縣東面, 7)	인지동(印支洞)	현동면(縣東面, 7)	인지리(印支里)
				창양동(昌陽洞)		창양리(昌陽里)
				도평동(道坪洞)		도평리(道坪里)
				거성동(巨城洞)		거성리(巨城里)
				눌인동(訥仁洞)		눌인리(訥仁里)
				개일동(開日洞)		개일리(開日里)
				월매동(月梅洞)		월매리(月梅里)
		현북면(縣北面, 11)	안덕면(安德面, 9)	문거동(文居洞)	안덕면(安德面, 12)	문거리(文居里)
				노래동(老萊洞)		노래리(老萊里)
				근곡동(斤谷洞)		근곡리(斤谷里)
				지소동(紙所洞)		지소리(紙所里)
				고와동(高臥洞)		고와리(高臥里)
				신성동(薪城洞)		신성리(薪城里)
		현내면(縣內面, 13)		명당동(明堂洞)		명당리(明堂里)
				장전동(長田洞)		장전리(長田里)
				감은동(甘隱洞)		감은리(甘隱里)
		현남면(縣南面, 19)		복동(福洞)		복리(福里)[27]
				덕성동(德城洞)		덕성리(德城里)
				성재동(聖才洞)		성재리(聖才里)
			현서면(縣西面, 16)	백자동(栢子洞)	현서면(縣西面, 13)	백자리(栢子里)
				수락동(水洛洞)		수락리(水洛里)
				무계동(武溪洞)		무계리(武溪里)
				갈천동(葛川洞)		갈천리(葛川里)
				두현동(豆峴洞)		두현리(豆峴里)
				덕계동(德溪洞)		덕계리(德溪里)
				화목동(和睦洞)		화목리(和睦里)
		현서면(縣西面, 28)		구산동(九山洞)		구산리(九山里)
				천천동(泉川洞)		천천리(泉川里)
				모미동(慕美洞)[28]		모계리(慕溪里)
				도동(道洞)		도리(道里)
				월정동(月亭洞)		월정리(月亭里)
				사촌동(沙村洞)		사촌리(沙村里)

청송(靑松) 지역의 역사지리적 변천   231

청송부(靑松府) 지역	청송군(靑松郡)	부내면(府內面, 20)	청송면(靑松面, 9)	월막동(月幕洞)	청송읍(靑松邑, 9)[29]	월막리(月幕里)
				덕동(德洞)		덕리(德里)
				부곡동(釜谷洞)		부곡리(釜谷里)
				월외동(月外洞)		월외리(月外里)
				금곡동(金谷洞)		금곡리(金谷里)
				청운동(靑雲洞)		청운리(靑雲里)
				송생동(松生洞)		송생리(松生里)
				교동(橋洞)		교리(橋里)
				거대동(巨大洞)		거대리(巨大里)
		부동면(府東面, 19)	부동면(府東面, 10)	상평동(上坪洞)	주왕산면(周王山面, 10)[30]	상평리(上坪里)
				지동(池洞)		지리(池里)
				상의동(上宜洞)		상의리(上宜里)
				하의동(下宜洞)		하의리(下宜里)
				부일동(扶日洞)		부일리(扶日里)
				신점동(新店洞)		신점리(新店里)
				이전동(梨田洞)		주산지리(注山池里)[31]
				나동(羅洞)		라리(羅里)
				내룡동(內龍洞)		내룡리(內龍里)
				항동(項洞)		항리(項里)
		부남면(府南面, 15)	부남면(府南面, 9)	감연동(甘淵洞)	부남면(府南面, 9)	감연리(甘淵里)
				대전동(大前洞)		대전리(大前里)
				홍원동(洪原洞)		홍원리(洪原里)
				하수동(下涑洞)[32]		하속리(下涑里)
				구천동(九川洞)		구천리(九川里)
				화장동(花場洞)		화장리(花場里)
				이현동(泥峴洞)		이현리(泥峴里)
				양숙동(陽宿洞)		양숙리(陽宿里)
				중기동(中基洞)		중기리(中基里)
		부서면(府西面, 9)	파천면	덕천동(德川洞)	파천면	덕천리(德川里)
				신흥동(新興洞)		신흥리(新興里)
				지경동(地境洞)		지경리(地境里)
				병보동(丙甫洞)		병부리(丙夫里)

진보현 (眞寶縣) 지역	진보군 (眞寶郡)	남면 (南面, 14)	(巴川面, 11)	관동(官洞)	(巴川面, 11)	관리(官里)
				중평동(中坪洞)		중평리(中坪里)
				황목동(皇木洞)		황목리(皇木里)
				어천동(魚川洞)		어천리(魚川里)
				송강동(松江洞)		송강리(松江里)
				신기동(新基洞)		신기리(新基里)
				옹점동(瓮店洞)		옹점리(瓮店里)
		상리면 (上里面, 5)	진보면 (眞寶面, 15)	괴정동(槐亭洞)	진보면 (眞寶面, 15)	괴정리(槐亭里)
				신촌동(新村洞)		신촌리(新村里)
				고현동(高峴洞)		고현리(高峴里)
				시량동(時良洞)		시량리(時良里)
				월전동(月田洞)		월전리(月田里)
		하리면 (下里面, 10)		각산동(角山洞)		각산리(角山里)
				진안동(眞安洞)		진안리(眞安里)
				이촌동(理村洞)		이촌리(理村里)
				광덕동(廣德洞)		광덕리(廣德里)
				후평동(後坪洞)		후평리(後坪里)
				합강동(合江洞)		합강리(合江里)
				부곡동(釜谷洞)		부곡리(釜谷里)
				기곡동(基谷洞)		기곡리(基谷里)
		서면 (西面, 2)		세장동(世長洞)		세장리(世長里)
				추현동(楸峴洞)		추현리(楸峴里)

* 자료:『구한국지방행정구역명칭일람』(1912);『신구대조조선전도부군면리동명칭일람』(1917); 행정안전부, 2012, 2012년도 지방행정구역요람.

25 23부제 실시로 청송부과 그 속현이었던 안덕현 그리고 진보현 지역은 각 각 청송군과 진보군으로 편제되어 안동군, 영양군, 영덕군, 영해군, 청하군, 영풍군, 예안군, 봉화군, 순흥군, 풍기군, 함창군, 용궁군·예천군·문경군·상주군 등과 함께 안동부(安東府, 17개 군)에 속하게 된다.

26 청송군의 동리명과 관련해 1988년 5월 1일 군 조례 제1059호(청송군 읍·면·리의 명칭과 구역에 관한 조례)에 의해 동(洞)을 리(里)로 개칭하였다(행정안전부,『2012년도 지방행정구역요람』, 2012, 1289.). 그런데『한국지명총람』의 청송군, 안덕면, 진보면, 청송읍, 현동면, 현서면 등의 연혁 관련 내용에는 1973년 7월 1일 대통령령 제6542호에 의해 소속 동(洞)이

『지방제도조사』(1906)에 의하면 청송 지역의 경우 당시 진보군 6개 면은 모두 영양군(英陽郡)에 이속되고 청송군은 9개 면 그대로 유지하는 것이 골자였다(그림 9).[33] 그런데 1906년 이후부터 1914년 행정구역 통·폐합 이전까지의 청송 일대 상황을 엿볼 수 있는 『구한국지방행정구역명칭일람』(1912)에는 청송군과 진보군 모두 『지방제도조사』(1906)의 영양군으로의 진보군 편입 없이 1895년 개편된 모습 그대로 유지되고 있었음을 알 수 있다. 그러다가 1914년 진보군 4개 면(面)은 청송군으로 편입되고 나머지 북면(北面)과 동면(東面) 2개 면(面)은

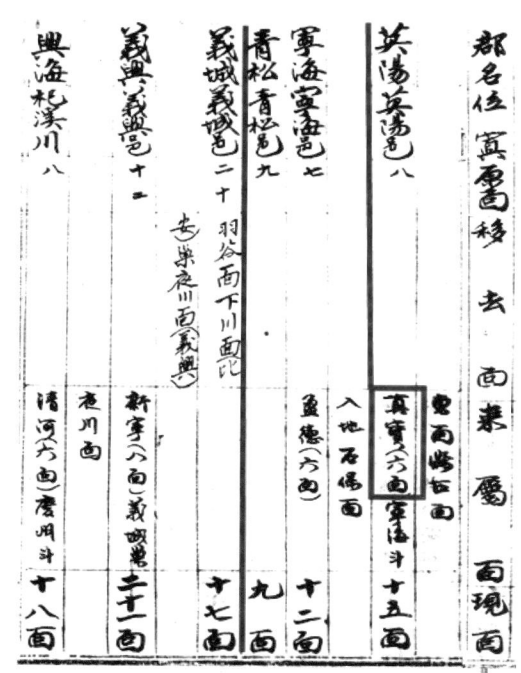

〈그림 9〉『지방제도조사』(1906) 상 청송군과 진보군
출처: 국립중앙도서관

리(里)로 변경된 것으로 서술되어 있는데(한글학회, 『한국지명총람 7: 경북편 4』, 1979, 435.; 450.; 460.; 470.; 485.; 488.) 이것은 오류로 보인다.

27 1973년 7월 1일 대통령령 제6542호(시·군·구·읍·면의관할구역변경에관한규정)로 덕성리, 성재리와 함께 안덕면에 편입.

28 본래 청송군 현서면 지역으로 『구한국지방행정구역명칭일람』(1912)에는 '모계동(慕溪洞)'으로 기록되어 있는데, 『신구대조조선전도부군면리동명칭일람』(1917)에 '모미동(慕美洞)'으로 잘못 기술되어 있다.

29 1979년 5월 1일 청송읍(靑松邑)으로 승격.

30 2019년 3월 1일 주왕산면(周王山面)으로 개칭.

31 2019년 3월 1일 기존 부동면을 주왕산면(周王山面)으로 개칭하면서 면소재지였던 '이전리(梨田里)'의 명칭도 '주산지리(注山池里)'로 변경되었다.

32 『신구대조조선전도부군면리동명칭일람』(1917)의 '하수동(下涑洞)'은 『호구총수』(청송)에는 '하동리(下涑里)', 『구한국지방행정구역명칭일람』(1912)에는 '하속동(下涑洞)'으로 기록되어 있다.

33 『지방제도조사』(1906년, 국립중앙도서관 한古朝31-62), 328.

영양군(英陽郡), 동면 일부는 영덕군(盈德郡)에 편입되는 것이다. 따라서 1914년 통합 청송군의 등장은 1906년 계획했던 진보군의 영양군 편입 계획을 약간 변경한 결과라고 볼 수 있다.

이러한 청송 지역의 통폐합 과정은 전통적 행정체계 상 역사적으로 오랫동안 유지돼 왔던 현 청송군의 중부와 북부, 남부를 차지하고 있던 청송도호부, 진보현, 안덕현 지역이 마치 1/3씩 골고루 참여하여 통합 청송군을 형성하는 모습이다. 특히 8개 면 중 통합 청송군의 소재지 월막동(月幕洞)을 포함한 청송면 지역은 청송 지역의 중심지로 성장하여 1979년 청송읍(靑松邑)으로 승격 현재에 이르고 있다.[34]

3. 청송 지역의 전통중심지 읍치(邑治)의 변화

앞서 행정구역 변화에서 살펴보았듯이 조선시대 행정체제 상 현재의 청송군 북부에는 진보현이 그리고 군 중부와 남부에는 청송도호부가 있었다(그림 5 참조). 이들은 지방통치의 근간이 되는 지역적 수준(regional scale)의 공간단위로서 『동여비고』 상 경상도 지역에는 청송도호부와 진보현을 비롯 69개의 목·부·군·현이 있었다. 이들 각 군·현에 속하는 여러 면·리 중 지방행정의 중심지로서 또 주변 지역과의 교통 상 결절지로서 역할을 수행해 온 곳이 다름 아닌 읍치(邑治)이다. 말하자면 지금의 도시기능을 담당했던 전통도시가 읍치인 것이다.

1914년 청송군으로 통합된 청송면(현 청송읍)의 월막동(月幕洞-현 월막리) 그리고 진보면의 진안동(眞安洞-현 진안리)과 광덕동(廣德洞-현 광덕리) 일대가 그곳이다. 최근 전국의 여러 지자체에서는 이들 전통도시 읍치에 대한 기초조사와 복원 등에 많은 관심을 기울이고 있는데, 지역바로알기, 장소정체성 구성 그리고 지역의 역사문화콘텐츠 개발 및 확보 등과 관련해 주목하고 있는 것이다.

조선시대 지방행정의 중심지였던 읍치는 지역 내, 지역 간 교통의 결절지로서 뿐만 아

---

34 청송면은 「대통령령 제9409호」(1979. 4. 7 공포)에 의해 1979년 5월 1일 청송읍(靑松邑)으로 승격된다.

〈그림 10〉 청송부 객사 운봉관(雲鳳館) 전경

나라 국가적 차원에서 통일된 중앙집권체제를 공고히 하기 위한 정치적 의도나 통치 이데올로기가 구현되는 구체적 실천의 장이기도 하였다. 그로인해 읍치에는 지방행정과 유교적 '예(禮)'의 실천을 위한 여러 가지 행정 및 제사시설들이 필수적으로 갖추어져 있었다. 가령 중앙정부에서 파견한 지방관과 행정업무를 보조하는 향리들의 업무 공간인 동헌(東軒)과 객사(客舍), 향청(鄕廳), 질청(秩廳), 옥(獄), 창고(倉庫) 등 그리고 문묘를 모신 향교(鄕校)와 사직단(社稷壇), 성황사(城隍祠, 城隍壇), 여단(厲壇) 등이 그것이다.

이들 중에서 객사와 동헌(아사)은 읍치를 구성하는 핵심 경관들로 지방관이 행정업무를 수행하던 동헌이 읍치의 실제적 중심이었다면, 객사는 전청에 임금을 상징하는 궐패(闕牌)와 전패(殿牌)를 남면(南向)하도록 모셔놓고 초하루와 보름(朔望, 음력 1일과 15일)에 향궐망배(向闕望拜, 望闕禮)하던 읍치의 상징적 중심이었다고 할 수 있다(그림 9). 조선후기 청송부와 진보현 관련 지리지에서 확인되는 동헌, 객사를 포함한 읍치 내 행정시설을 정리해보면 〈표 4〉〈표 5〉와 같다.[35]

---

35 지리지의 〈공해〉 항목에서 관련 기록을 확인할 수 있다.

〈표 4〉 지리지 상 청송도호부의 읍치 내 주요 행정시설

지리지	읍치 내 행정시설
『여지도서』(청송)	객사(客舍), 신민헌(新民軒), 향사당(鄕射堂), 장관청(將官廳), 군관청(軍官廳), 부사(府司), 인리청(人吏廳)
「청송부읍지」(18세기 중엽)	〈공해〉 항목 없음.
「청송부읍지」(18세기 후반)	객사(客舍), 아사(衙舍), 아동헌(衙東軒), 향사당(鄕射堂), 장관청(將官廳), 군관청(軍官廳), 부사(府司), 인리청(人吏廳)
『경상도읍지』(19세기 초, 청송)	객관(客館, 衙舍南), 신민헌(新民軒), 향서당(鄕序堂, 客館東), 강무당(講武堂, 客館東)
『영남읍지』(1871, 청송)	『경상도읍지』(19세기 초, 청송)와 동일.
『영남읍지』(1895, 청송)	『경상도읍지』(19세기 초, 청송)와 동일.
「청송군읍지」(1899)	객관(客館, 衙舍南), 신민헌(新民軒), 향서당(鄕序堂, 客館東), 강무당(講武堂, 客館東)
「청송군지」(1937)	『경상도읍지』(19세기 초, 청송)와 동일.

〈표 5〉 지리지 상 진보현의 읍치 내 주요 행정시설

지리지	읍치 내 주요 행정시설
『여지도서』(진보)	객사(客舍), 봉서헌(鳳棲軒), 향사당(鄕射堂), 군관청(軍官廳), 장관청(將官廳), 인리청(人吏廳)
「진보현읍지」(18세기 후반)	객관(客館), 봉서헌(鳳棲軒), 향사당(鄕射堂), 군관청(軍官廳), 장관청(將官廳), 인리청(人吏廳)
『경상도읍지』(19세기 초, 진보)	「진보현읍지」(18세기 후반)와 동일.
『영남읍지』(1871, 진보)	객관(客館), 봉서헌(鳳棲軒: 平近堂), 봉비천인루(鳳飛千仞樓, 官門樓), 향사당(鄕射堂), 군관청(軍官廳), 장관청(將官廳), 인리청(人吏廳)
『영남읍지』(1895, 진보)	객관(客館), 관아(官衙), 향사당(鄕射堂), 군관청(軍官廳), 인리청(人吏廳)
「진보읍지」(1899)	객관(客館), 봉서헌(鳳瑞軒: 平建堂), 봉비천인루(鳳飛千仞樓, 官門樓-廢), 향사당(鄕射堂), 군관청(軍官廳), 장관청(將官廳), 인리청(人吏廳)
「청송군지」(1937)	객관(客館, 衙舍北), 봉서헌(鳳棲軒: 平建堂), 향사당(鄕射堂, 衙門西), 인리청(人吏廳, 衙門南), 봉비천인루(鳳飛千仞樓, 官衙門樓)

현재 청송 지역에서는 소헌공원 내 자리 잡고 있는 청송부 객사 운봉관(雲鳳館, 경북 청송군 청송읍 월막리 381-4)을 확인할 수 있는데 1990년 8월 7일 경상북도 유형문화재 제252

호로 지정되었다. 운봉관은 본래 정청(正廳)을 중심으로 좌우에 양익헌이 배치된 건물이었으나 일제강점기인 1918년 무렵 정청과 서익헌이 훼손돼 동익헌만 남아 보존되어 오다가 2008년 철거지에 대한 발굴조사와 고증을 거쳐 지금의 모습으로 복원되었다.[36] 현재 확인되지 않는 군·현 읍치의 동헌이나 객사의 위치 및 배치, 방위 등은 조선후기 제작된 각종 고지도를 통해 확인할 수 있다.

가령 '물을 등지고 산에 임해 있는(背水臨山)' 입지 여건 상 여러 차례 읍치를 옮긴 경험이 있는 진보현의 경우 『해동지도』, 『광여도』, 『여지도』, 『지승』 등에는 반변천(半邊川)[37] 남쪽 즉 진보현의 진산이자 주산으로 인식돼 온 남각산(南角山)으로부터 맥을 잇는 비봉산(飛鳳山) 아래 동헌과 객사를 비롯한 여러 행정시설이 자리 잡은 읍치가 확인된다. 그에 반해 『1872년 지방지도』(진보)에는 반변천 북쪽 광덕산(廣德山) 남쪽에 자리 잡은 읍치를 확인할 수 있다(그림 11).[38] 이들 조선시대 군·현 읍치의 동헌이나 객사터에는 대부분 현재

 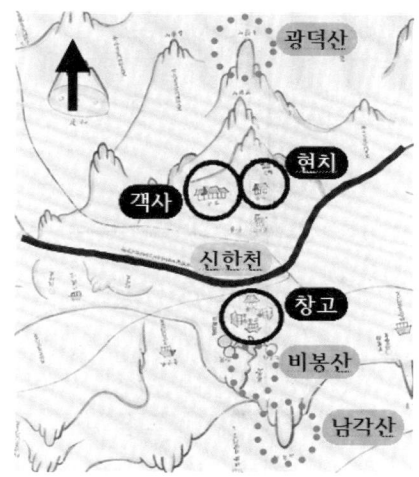

〈그림 11〉 고지도 상 진보현 읍치의 입지 및 공간구성(좌:『지승』, 우:『1872년 지방지도』)
  * 지도출처: 서울대학교 규장각한국학연구원

---

36 소헌공원 내 운봉관 안내판.
37 조선시대에는 '신한천(神漢川, 新漢川)'으로 불렸다.
38 이렇듯 고지도 상 진보현 읍치의 입지가 다르게 표시되어 있는 것은 1811년(순조 11) 관아를 옮겼다가(『순조실록』, 11년 11월 22일 정유) 곧이어 바로 1820년 다시 옛 터로 돌아왔

개교 100년이 넘는 초등학교가 자리 잡고 있어 과거의 건축물이 사라진 경우에도 그 대략적 입지는 추정할 수가 있다.

가령 백제의 고도로 알려진 충남 부여군의 경우 조선시대에는 부여현(扶餘縣)·임천군(林川郡)·석성현(石城縣)·홍산현(鴻山縣) 등 4개의 군·현 읍치가 있었다. 이중에서 석성초등학교(1912년 석양공립보통학교 개교), 임천초등학교(1913년 임천공립보통학교 개교)는 석성현과 임천군 읍치의 객사터에 자리 잡고 있고, 홍산초등학교도 1912년 홍산공립보통학교로 개교하기 전 사립홍산한흥학교를 인수하여 구 객사에서 개교했다고 전해진다.[39] 다만 부여현 읍치가 자리한 부소산 동남쪽 쌍북리에 위치한 부여초등학교의 경우는 이러한 사례에 해당되지 않아 흥미롭다.[40]

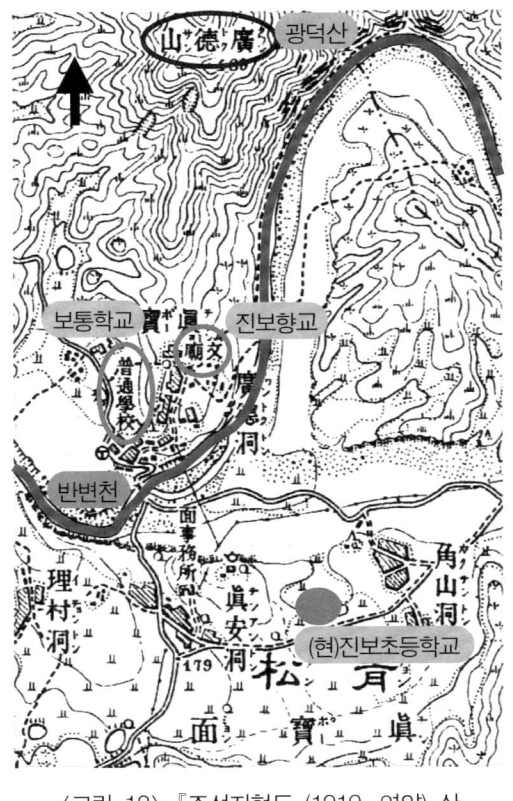

〈그림 12〉『조선지형도』(1919, 영양) 상 진보공립보통학교

청송군의 경우 현재 청송 읍내에 자리 잡고 있는 청송초등학교(청송읍 월막리 432-1)는 1909년 사립 낙일학교(樂一學校)를 시작으로 1912년 청송공립보통학교로 개교하였고, 진보초등학교(진보면 진안리 54-74)도 사립 광덕학교(廣德學校)를 모태로 하여 1912년 진보공립보통학교로 개교하였다. 당시 낙일학교와 광덕학교는 지역 인사들이 뜻을 모아 각 각 청송향교와 진보향교의 재원으로 현재의 위치가 아닌 청송읍 월막리와 진보면 광덕리에 설

고(『순조실록』, 20년 4월 19일 갑진), 이후 1870년(고종 7)에는 물을 등지고 산에 임해 있는 읍치를 신한천(반변천) 북쪽 광덕리로 옮겼기 때문이다(『고종실록』, 7년 12월 9일 경오).
39 현재 홍산초등학교의 위치는 홍산 객사로부터 동쪽으로 약 500m 떨어진 곳이다.
40 부여초등학교는 1911년 소양, 부흥, 신명의숙 등 세 개의 사립학교를 흡수하여 부여공립보통학교로 개교하였다.

립되었는데(그림 11), 이후 진보공립보통학교는 1921년, 청송공립보통학교는 1924년 현 위치로 이전하여 오늘에 이르게 된다. 이러한 두 학교의 설립과 이전 과정을 보면 앞서 사례로 들은 부여군의 개교 100년 이상 된 초등학교들이 대개 읍치의 객사터에 자리 잡은 것과는 조금 다른 상황이 아닌가 한다. 향후 청송부와 진보현 읍치의 공간구성 및 변화에 대한 보다 면밀한 조사 연구를 통해 그동안 확인되지 않았던 동헌이나 객사 그리고 행정 및 교육 관련 시설 등의 정확한 입지와 공간배치 등이 드러날 수 있을 것으로 기대한다.

이렇듯 1911년 일제가 식민지 교육방침으로 내세운 1차 조선교육령(1911. 8. 23) 공포에 의해 들어서게 된 공립보통학교(현 초등학교)가 전국의 대부분 객사터에 자리 잡게 된 것은 일제강점기 수행된 전통적 장소의 해체 및 식민지 공간 구성과 관련된 것이었다. 일제는 조선시대 지역의 행정중심지였던 읍치 공간의 해체와 관련해 동헌과 객사 심지어 읍치가 기댄 뒷산(진산, 주산)에 행정편의나 근대교육, 종교 등의 명목으로 학교나 관청, 교회, 신사, 도로 등을 건설하였던 것이다.[41]

다음으로 동헌과 객사 등의 행정시설 외에 읍치의 공간구성에서 주목해야 할 것이 다양한 제사시설들이다. 앞서 말했듯이 조선시대 지방의 행정중심지였던 읍치에 꼭 갖추어야 할 제사시설들로는 향교에 모셔지는 문묘, 문묘와 좌묘우사(左廟右社) 원리에 의해 배치되는 사직단, 그리고 성황사(단)와 여단 등이 대표적이다.[42] 읍치공간에서 이들 제사시설의 입지는 중심에

---

41 권선정, 「전통도시 읍치(邑治)를 통해 본 지역역사지리의 구성: 충남 예산군을 사례로」, 『기전문화연구』 38(1), 2017, 51.
42 주지하다시피 문묘는 문성왕 공자를 받드는 사당이고, 사직단은 토신(土神)인 사(社)와 곡식신(穀神)인 직(稷)에게 제사 지내던 제단으로 이들은 읍치의 중심이 되는 동헌이나 객사를 기준으로 보통 좌우에 배치되는 것이 일반적이었다. 그리고 성황사는 지역수호신으로 이해되는 성황신을 모시는 사당으로 민속에서의 돌무더기 형태의 서낭당이나 산신당과는 구분되는 것이다. 성황신을 지역수호신으로 보는 것은 그 명칭에서도 잘 나타나는데 '성(城)'은 외부로부터 마을을 방어하기 위해 구축한 시설물을 말하고, '황(隍)'은 성의 주변에 움푹 패인 방어시설(해자, 연못 등)을 말하는 것이다. 특히 조선시대 읍치에서 수행되던 성황제는 문묘나 사직단에서 지내던 제사와 더불어 지방관이 의례의 주체가 됨으로써 제사 영역까지 유교적 이념, 중앙집권적 통치체제를 실현하기 위해 관심 가졌음을 알 수 있다. 마지막으로 여단은 제사를 받지 못하는 '무사귀신(無祀鬼神)'들을 위로하기 위해서 마련된 것인데 보통 여제는 왕의 이름이나 지방관의 주재 하에 이루어졌다. 흥미로운 점은 여제를 위해 먼저 지역수호신인 성황신께 제사의 시작을 알리는 성황발고제를 올렸다는 것인데, 그만큼 성황신은 뭇 귀신께 올리는 여제에 있어서도 주향이 되었음을 의미하는 것이다(권선정, 「자연환경

자리한 동헌·객사 등의 행정시설 주변 말하자면 읍치 국면의 경계지대에 주로 포진하고 있다(그림 13 참조).[43]

〈그림 13〉 충청도 연기현(현 세종시) 읍치의 제사시설 분포

현재 이들 제사시설 그 자체나 위치를 확인하는 것은 문묘가 모셔져있는 향교를 제외하고는 결코 쉽지 않다. 물론 『신증동국여지승람』에서부터 『여지도서』·『영남읍지』(1871, 1895) 등 조선 전기에서 후기에 이르기까지의 각종 지리지에는 이들 제사시설의 위치가 오랫동안 빠짐없이 기록되고 있는데, 청송도호부와 진보현의 문묘(향교), 사직단, 성황사, 여단 관련 내용을 정리하면 〈표 6〉 〈표 7〉과 같다.

과 인문경관」, 충남대학교 마을연구단, 『예산 동서·상중리』, 민속원, 2009, 41.).
43 전통적 공간인식체계이자 지리학이었던 풍수(風水)의 입장에 볼 때 이들 제사시설이 입지한 곳은 주로 읍치를 명당 국면으로 형성하는 사신사(四神砂: 현무-주작-청룡-백호) 기슭에 해당한다. 읍치를 둘러싸고 있는 이들 사신사에 의해 읍치공간은 행정시설이 자리 잡은 내부(삶) 공간, 제사시설이 위치한 외부(죽음) 공간으로 구분되는 이중적 공간구성을 보여준다.

〈표 6〉 지리지 상 청송도호부의 제사시설

지리지 \ 제사시설	문묘(향교)	사직단	성황사(단)	여단
『신증동국여지승람』(청송)	부동1리	부서	부서1리	부북
『여지도서』(청송)	부동1리	부서5리	부서1리	부북3리
「청송부읍지」(18세기 중엽)	부북1리[44]	부서	부서1리	부북
「청송부읍지」(18세기 후반)	부동1리	부서5리	부서1리	부북3리
『경상도읍지』(19세기 초, 청송)	부동1리	부서5리	부서1리	부북3리
『영남읍지』(청송, 1871)	부동1리	부서5리	부서1리	부북3리
『영남읍지』(청송, 1895)	부동1리	부서5리	부서1리	부북3리
「청송군읍지」(1899)	군동1리	군서5리	군서1리	군북3리
「청송군지」(1937)	군동1리	군서5리	군서1리	군북3리

〈표 7〉 지리지 상 진보현의 제사시설

지리지 \ 제사시설	문묘(향교)	사직단	성황사(단)	여단
『신증동국여지승람』(진보)	현남4리	현서	현북2리	현북
『여지도서』(진보)	현동3리	현서3리	현남4리	현북4리
「진보현읍지」(18세기 후반)	현북3리	현서3리	현남4리	현북4리
『경상도읍지』(19세기 초, 진보)	현북3리	현서3리	현남4리	현북4리
『영남읍지』(진보, 1871)	현동	현서3리	현남4리	현동4리
『영남읍지』(진보, 1895)	현북2리	×	×	×
「진보읍지」(1899)	현북2리	현서3리	현남4리	현북4리
「청송군지」(1937)	광덕산아래	진보북3리	진보북4리	진보북4리

　이렇듯 지리지나 고지도에서는 읍치의 제사시설 관련 기록을 어렵지 않게 확인할 수 있다. 그렇지만 현재 입장에서는 향교를 제외한 제사시설의 경우 대부분 그것이 위치해 있던 장소와 관련된 지명이나 마을에 전해오는 구전 등을 통해 대략 그 위치를 가늠해 볼 수 있다. 가령 향교와 관련된 '향교'・'향교리'・'향교촌'・'행교촌'・'향교동'・'향교말'・'교촌'・

44　청송향교의 위치와 관련해 「청송부읍지」(18세기 중엽)의 본문 기록에는 부 북쪽1리에 있다고 하고, 읍치 맨 앞의 첨부지도에는 읍치 동쪽에 위치하고 있는 것으로 표시되어 있다.

'교촌리'·'교동'·'구교리'·'향교터'·'향교산' 등의 지명처럼 사직단이 있던 '사직'·'사직동'·'사직리'·'사직골'·'사직산'·'사직단산'·'사직단터'·'사직단골'·'사직거리'·'사직봉' 등, 성황사(단)가 있던 '성황'·'성황동'·'성황리'·'성황당터'·'성황당산'·'성황거리'·'성황골' 등, 그리고 여단이 있던 '여단'·'여단리'·'여단이'·'여단터' 등 관련 지명과의 관계에서 그 위치를 추정해 볼 수 있을 뿐이다.

Ⅳ. 나가며

지금까지 청송 지역을 대표하는 지리적 언표로서 '청송(靑松)'이라는 지명의 역사적 연원과 청송군의 행정구역 변화를 중심으로 경북 청송군(靑松郡) 지역에 대한 역사지리적 접근을 시도하였다. 다양한 규모, 형태, 입지, 역사, 문화 등을 지닌 지역에 대한 역사지리적 접근(historical geography)은 지역의 현재 모습과 더불어 오래된 시간의 지층들을 함께 관심 갖는 소위 공간과 시간이 통합된 지역연구의 한 방편이라고 할 수 있다. 그렇기 때문에 지역의 자연환경 및 행정구역, 지명, 지도(고지도, 근·현대지도), 지리지, 경관, 장소 등 제반 지역 관련 언표적, 물질적 공간텍스트(spatial texts)에 대한 관심을 지속적으로 유지할 필요가 있는 것이다.

먼저 '청송'이라는 명칭은 1423년(세종 5) 지방 행정구역을 지칭하는 명칭의 하나로 '청송군(靑松郡)'이 사용되기 시작하면서부터 처음 등장하게 되었음을 확인하였다. 문헌 상『세종실록』에서 처음 그 명칭을 확인할 수 있었는데, 청송군은 기존 청보군(靑寶郡)의 진보현(眞寶縣)을 분리하고 청부현(靑鳧縣)과 송생현(松生縣)이 통합되면서 등장한 지명이다. 어찌 보면 청보군과 송생현이 청송군의 부모 격에 해당한다고 할 수 있다. 자연스레 '청송' 지명의 역사적 연원이 되는 청보군과 송생현, 청보군에 관련된 청부현(靑鳧縣)과 진보현(眞寶縣), 송생현과 관련된 안덕현(安德縣) 등으로 관심이 확장될 수밖에 없다.

특히 1423년 청송군의 등장에 깊이 관련되어 있는 1418년(세종 즉위년) 청보군 승격은 『세종실록』에 "청부현(靑鳧縣)은 소헌왕후(昭憲王后)의 고향이다. 그렇기에 진보현(眞寶縣)을 합하여 군으로 승격시켜 청보군이라 하였던 것이다."라고 했듯이 1394년 진보현의 속현으로 청부현이 합쳐진 것과 달리 청부현이 중심이 되어 진보현을 통합한 결과라고 할 수 있다. 이것은 명실공히 청부현 지역이 역사상 처음 청송 지역 일대의 중심으로 등장하게 되었음을 의미하는 것이다. 그리고 그 계기는 청부현이 다름 아닌 세종의 왕비인 소헌왕후 심씨(1395~1446)의 고향이었기 때문이다. 1418년 청부현 중심의 진보현 통합과 청보군으로의 승격 외에도 곧 이어지는 1423년의 진보현 분리와 송생현 편입을 통한 청송군으로의 개칭, 1459년(세조 5) 청송도호부(靑松都護府) 승격 등 경상도에 속하는 하위 지방 행정 구역 중 하나로서 청송군의 위상은 세종의 왕비였던 소헌왕후 심씨의 내향이라는 역사적 장소성과 깊이 관련되어 있음을 알 수 있다. 현재적 입장에서 청송 지역의 역사적 장소성 구성과 관련해 주목해야 할 역사적 사실이라고 할 수 있다.

다음으로 행정구역 변화라는 측면에서 볼 때, 청송군(靑松郡)이라는 명칭으로 편제된 행정구역 변화를 보면 지역이 얼마나 역동적으로 변화하는 지 쉽게 이해할 수 있다. 즉 1423년(세종 5) 역사상 처음으로 등장한 경상도의 청송군, 1895년(고종 32) 근대적 행정구역 개편 당시 안동부(安東府)에 속하게 된 청송군, 1914년 일제에 의한 통폐합으로 형성된 경상북도 청송군 그리고 현재의 청송군은 비록 명칭은 동일할지라도 그 관할 영역이나 행정구역 편제는 전혀 다른 것이다. 1423년의 청송군은 현 청송군의 중간 부분을 중심으로 북쪽에 진보현, 남서부에 안덕현이 자리 잡고 있다. 1895년에는 북쪽의 진보군과 중간과 남서부를 차지하고 있는 청송군이 이원적으로 구분되어 있는 형태이다. 그러다가 1914년 북쪽의 진보면을 편입하며 현재와 같은 통합 청송군을 형성하게 되는 것이다.

이러한 청송 지역의 통폐합 과정은 전통적 행정체계 상 역사적으로 오랫동안 유지돼 왔던 현 청송군의 중부와 북부, 남부를 차지하고 있던 청송도호부, 진보현, 안덕현 지역이 마치 1/3씩 골고루 참여하여 통합 청송군을 형성하는 모습이다. 그리고 그 연원을 거슬러 올라가 보면 주현과 속현 관계의 변화를 포함해 이들 세 지역보다 더 분화된 행정구역 변동이 있었음을 확인할 수 있다. 이렇듯 행정구역 변화라는 측면에서 볼 때, 청송군의 역사적 과정은 서로 다른 이런 저런 지역, 환경, 문화 등 다양한 것들을 서로 끌어안는 통합의 과정이라고 볼 수 있지 않을까 한다.

청송 지역에 대한 역사지리적 접근은 어찌 보면 필자에게도 낯선 지역에 대한 시간여행과도 같았다고 할 수 있다. 다양한 역사 자료나 지리지 및 고지도, 지역 관련 문헌 등에 대한 역사지리적 접근을 통해 조금만 심도 있게 들여다보면 확인할 수 있었던 역사적 사실조차 그사이 간과되고 있었음을 다시금 확인하였다. 본고에서 정리하거나 제시한 내용도 그렇지 않으리란 법이 없다. 차후 계속되는 관심과 질책을 통해 수정 보완되길 바란다. 더불어 지역의 역사적 장소성 구성을 위한 시·공간 통합적인 지역역사지리적 접근(Regional Historical Geography) 그리고 지역민의 구체적 삶과 관련된 지역(장소)의 의미 구성이나 공간 상 실천 행위를 담보하는 지역인문학적 접근(Regional Humanities)의 한 통로로 지명과 행정구역 변천에 대한 관심이 연구주제나 대상 지역을 떠나 기본적으로 수행될 수 있기를 기대해 본다.

【참고문헌】

『경상도읍지』(19세기 초, 청송, 서울대학교 규장각한국학연구원, 奎 666)
『고려사』(서울대학교 규장각한국학연구원, 가람古 951.04-J464ga-v.1-89)
『광여도』(서울대학교 규장각한국학연구원, 古4790-58)
『구한국지방행정구역명칭일람』(조선총독부, 1912)
『대동지지』(서울대학교 규장각한국학연구원, 古 4790-37-v.1-15)
『삼국사기』(서울대학교 규장각한국학연구원, 奎貴 3614-v.1-10)
『세종실록지리지』(서울대학교 규장각한국학연구원, 奎 12524-v.1-8)
『신구대조조선전도부군면리동명칭일람』(越智唯七, 1917)
『신증동국여지승람』(서울대학교 규장각한국학연구원, 奎貴 1932-v.1-25)
『안동도회(좌통지도)』(청송, 서울대학교 규장각한국학연구원, 古4709-25)
『여지도』(국립중앙도서관 M古2-1998-49~50)
『여지도』(서울대학교 규장각한국학연구원, 古4790-68)
『여지도서』(국사편찬위원회, 1973)
『영남읍지』(1871, 서울대학교 규장각한국학연구원, 奎 12173)
『영남읍지』(1895, 서울대학교 규장각한국학연구원, 奎 12174)
『조선지형도』(조선총독부)
『증보문헌비고』(명문당 간, 1957)
『지방제도조사』(1906, 국립중앙도서관, 한古朝31-62)
『지승』(서울대학교 규장각한국학연구원, 奎15423)
「진보읍지」(1899, 서울대학교 규장각한국학연구원, 奎 10826)
「진보현읍지」(18세기 후반, 서울대학교 규장각한국학연구원, 奎 17466)
「청송부읍지」(18세기 중엽, 서울대학교 규장각한국학연구원, 奎 10834)
「청송부읍지」(18세기 후반, 서울대학교 규장각한국학연구원, 奎 17467)
「청송군읍지」(1899, 서울대학교 규장각한국학연구원, 奎 10841)
『해동지도』(서울대학교 규장각한국학연구원, 古大 4709-41)
『1872년 지방지도』(서울대학교 규장각한국학연구원)
경상북도교육연구원 편, 『경상북도지명유래총람』, 경상북도교육위원회, 1984.
권선정, 「행정구역 변화를 통해 본 대전의 도시 변천」 『대전문화』 23, 2014, 197-220.
권선정, 「자연환경과 인문경관」, 충남대학교 마을연구단, 『예산 동서·상중리』, 민속원, 2009,

23-52.

권선정, 「전통도시 읍치(邑治)를 통해 본 지역역사지리의 구성: 충남 예산군을 사례로」, 『기전문화연구』 38(1), 2017, 41-66.

김명균 역(신상기·민오식 편저), 『국역 청송군지』, 청송문화원, 2022.

민족문화추진위원회, 『국역 신증동국여지승람』, 1969.

박용수 해설(신경준 저), 『산경표』, 1990.

변주승 역주, 『여지도서 33: 경상도 Ⅲ』, 다자인흐름, 2009.

세종대왕기념사업회, 『(국역)증보문헌비고: 여지고』, 1978.

신상기·민오식 편, 『청송군지』, 청송군지출판소, 1937.

신서원편집부(사회과학원 고전연구실 편찬), 『북역 고려사』, 도서출판 신서원, 1991.

안팎너머, 『전주읍치』, 신아출판사, 2021.

윤해동, 『지배와 자치: 식민지기 촌락의 삼국면구조』, 역사비평사, 2006.

이병도 역주(김부식 저), 『국역 삼국사기』, 한국학술정보, 2012.

청송군지편찬위원회 편, 『청송군지』, 1990.

한글학회, 『한국지명총람 7: 경북편 4』, 1979.

행정안전부, 『2012년도 지방행정구역요람』, 2012.

국립중앙도서관(https://www.nl.go.kr).

디지털청송문화대전(http://www.grandculture.net/cheongsong).

서울대학교 규장각한국학연구원(http://kyujanggak.snu.ac.kr).

자치법규정보시스템(http://www.elis.go.kr).

조선왕조실록(sillok.history.go.kr).

청송군민신문(http://www.cheongsongnews.co.kr).

청송군청(https://www.cs.go.kr).

한국고전종합DB(https://db.itkc.or.kr).

향토문화전자대전(http://www.grandculture.net/korea).

부록 : 청송군의 지지류(紙誌類) 자료집

Ⅰ. 『삼국사기』 청송군 원문
Ⅱ. 『고려사』 청송군 원문
Ⅲ. 『조선왕조실록』 청송군 원문
Ⅳ. 국립중앙도서관 소장 고지도
Ⅴ. 규장각한국학연구원 소장 고지도
Ⅵ. 한국학중앙연구원 장서각 소장 고지도

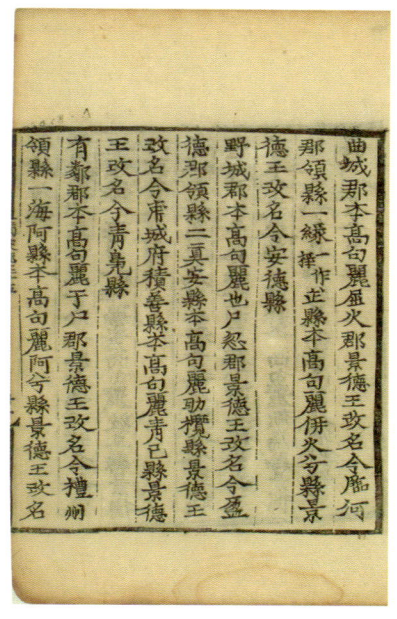

『三國史記』卷35, 雜志4, 地理2, 新羅, 溟州, 曲城郡; 野城郡 (정덕본)

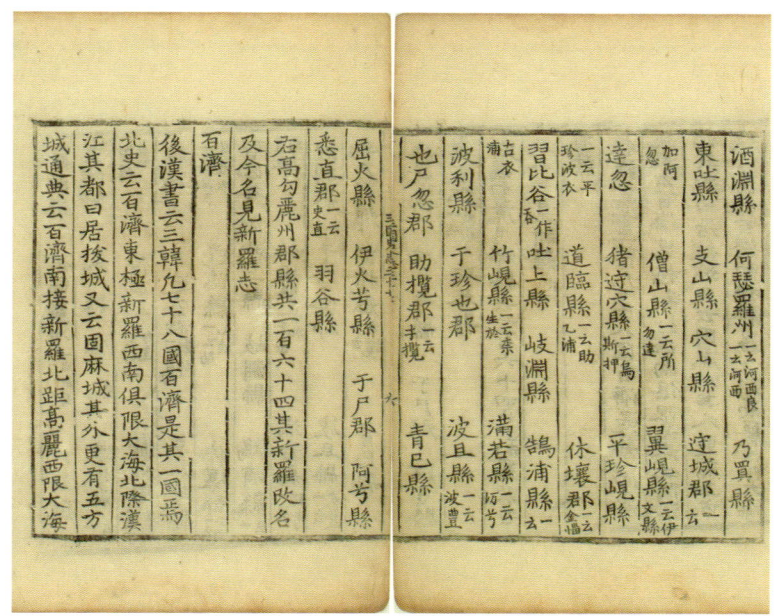

『三國史記』卷37, 雜志6, 地理4, 高句麗, 何瑟羅州 p. 2 (정덕본)

『三國史記』卷37, 雜志6, 地理4, 高句麗, 何瑟羅州 p. 1 (정덕본)

『高麗史』 卷57, 志11, 地理2, 慶尙道, 序 (규장각 소장)

『高麗史』 卷57, 志11, 地理2, 慶尙道, 禮州, 甫城府 p. 1 (규장각 소장)

『世宗實錄』 卷22, 世宗 5年(1423) 10月 甲戌(27日) (태백산사고본)

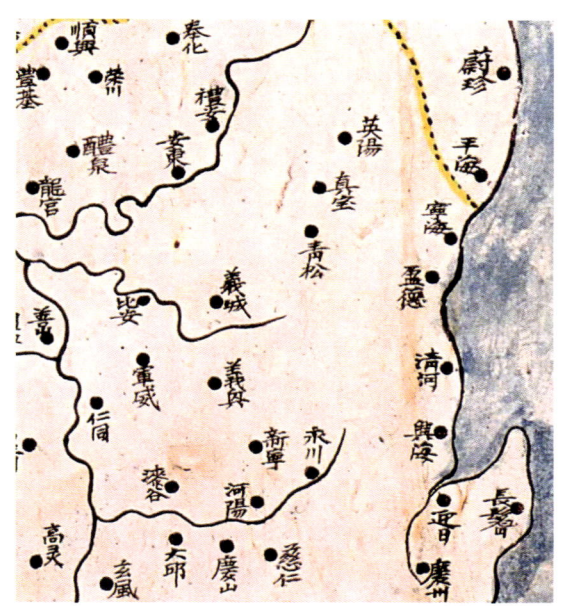

『大東輿地圖』 [M古 3648-39-3-2; 古朝61-1]
(국립중앙도서관 소장, 1861) - 朝鮮全圖(청송·진보 확대)

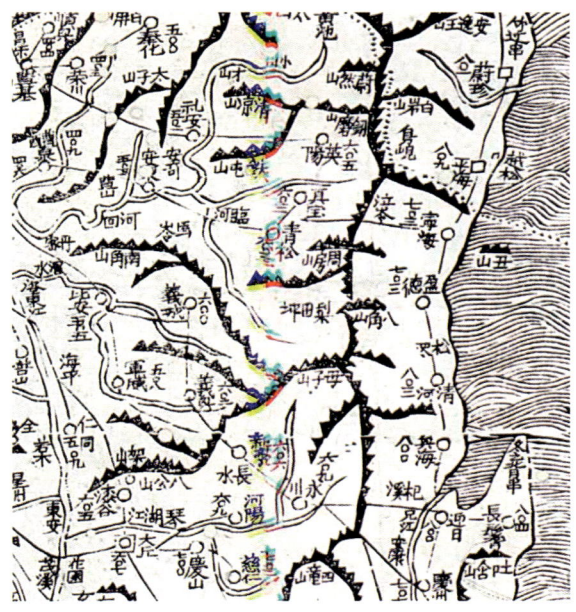

『大東輿地全圖』 [M古 2-1999-37; 古朝 61-15]
(국립중앙도서관 소장, 1859-69) (청송·진보 확대)

『大東地圖』 [M古 2-1998-47; 88. 古朝61-9] (국립중앙도서관 소장, 1822) - 嶺南(청송·진보 확대)

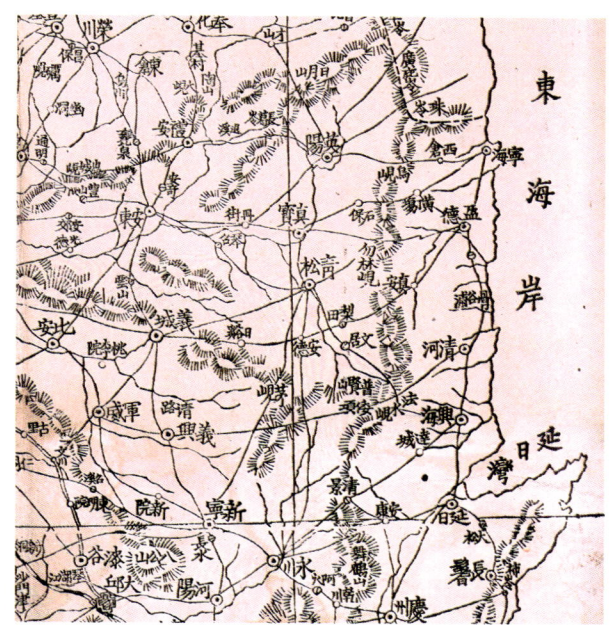

『大韓新地志附地圖』 [MF 1-81-561; 古朝 61-84]
(국립중앙도서관 소장, 1897-1909) - 慶尙北道(청송·진보 확대)

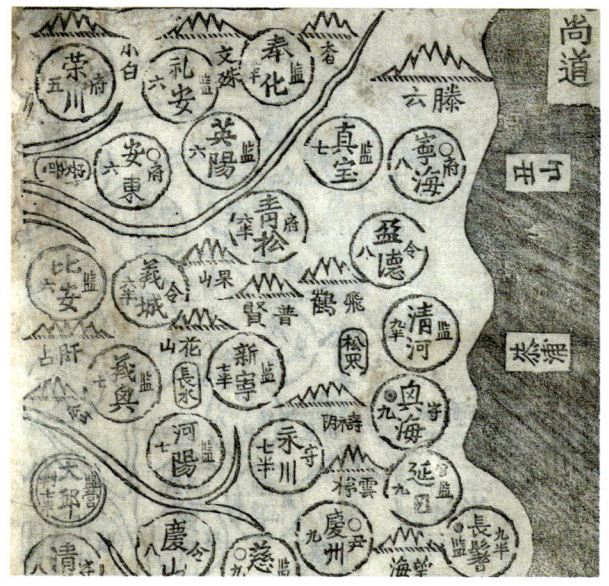

『東國輿地圖』 [古2107-363]
(국립중앙도서관 소장, 1849) - 慶尙道(청송·진보 확대)

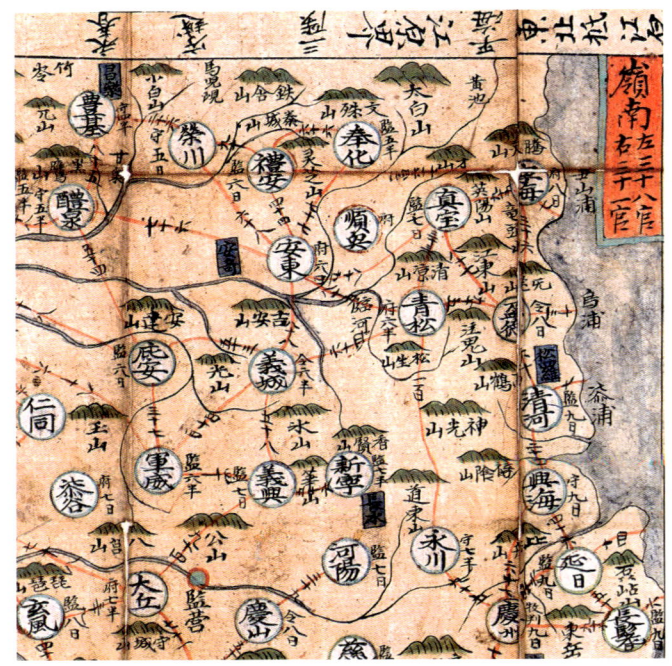

『普率章地圖』 [M古2-1998-67; 古朝61-37]
(국립중앙도서관 소장, 1651후) - 嶺南(청송·진보 확대)

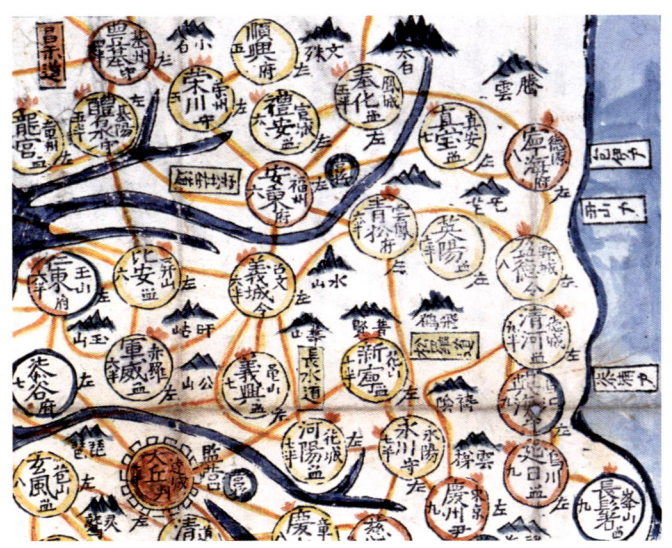

『輿地攷覽圖譜(幷搢紳總紀入)』 [M古 2-1998-47; 古朝61-18]
(국립중앙도서관 소장, 1719후) - 慶尙道(청송·진보 확대)

부록: 청송군 지지류(地誌類) 자료집 ■ 255

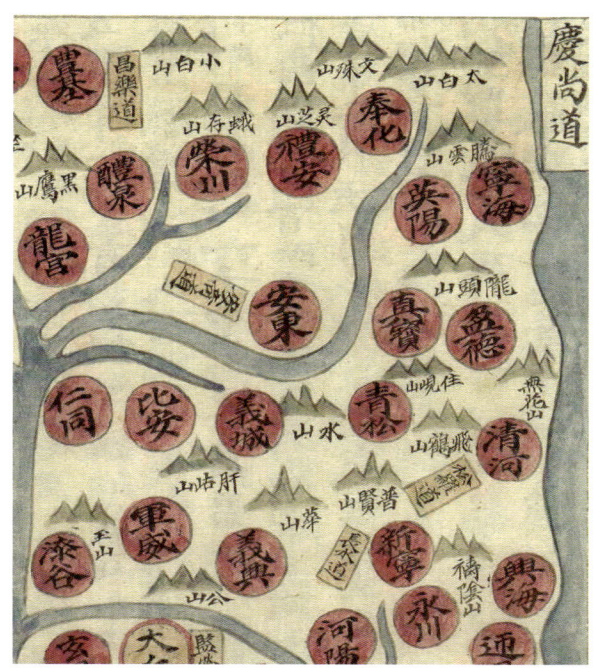

『輿地圖』 [M古 2-1998-69; 古朝61-8]
(국립중앙도서관 소장, 1870) - 慶尙道(청송·진보 확대)

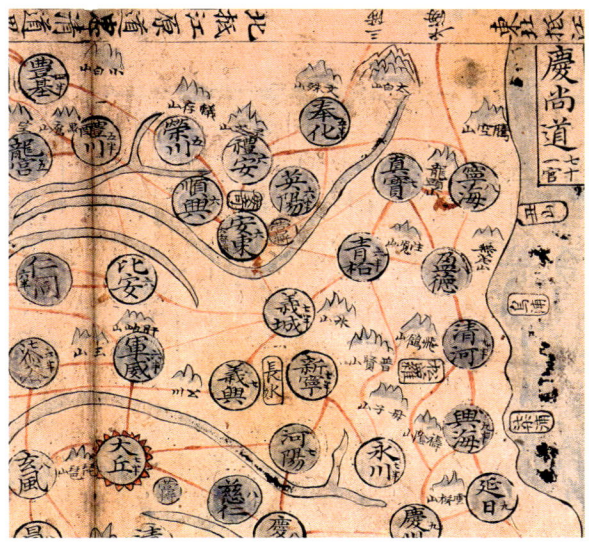

『輿地圖』 [古2802-2] (국립중앙도서관 소장, 1751후 제작;
1793후 수정) - 慶尙道(청송·진보 확대)

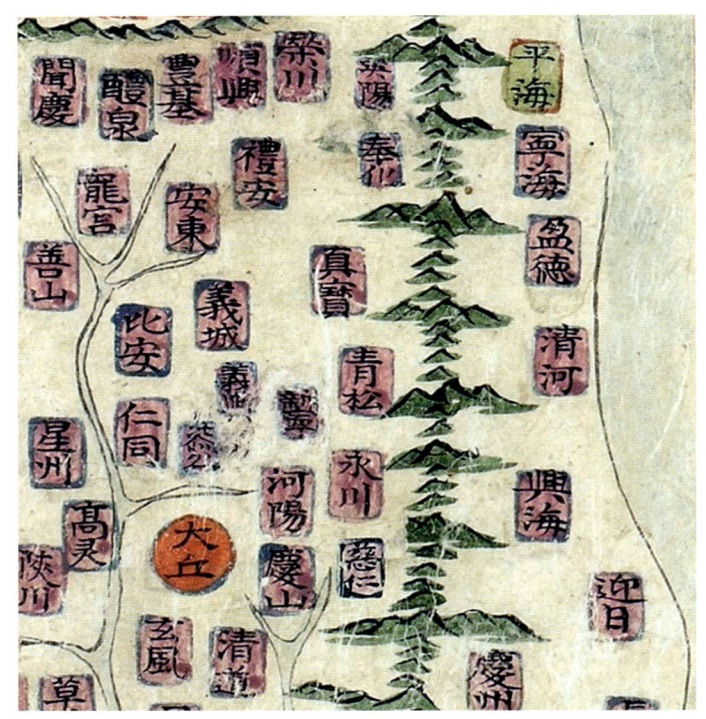

『輿地圖』 [M古2-1998-49; 古朝61-3]
(국립중앙도서관 소장, 1776후) 1冊, 朝鮮地圖(청송·진보 확대)

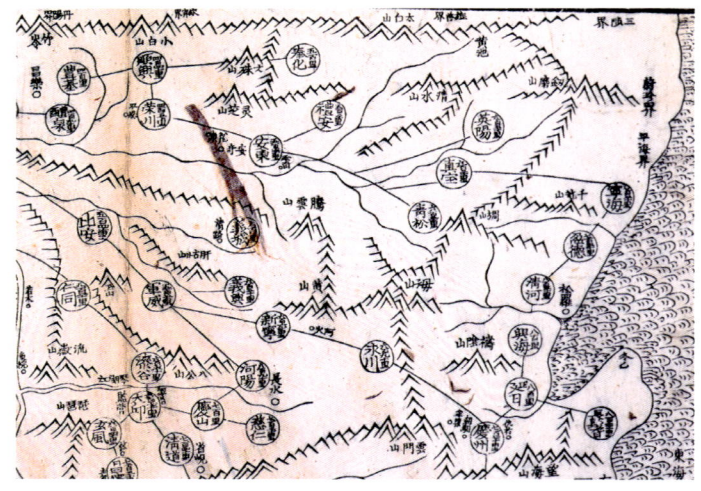

『鰈域地圖』 [M古2-1999-37; 古朝61-69]
(국립중앙도서관 소장, 1889후) - 慶尙道圖(청송·진보 확대)

『朝鮮古圖(朝鮮八道之圖)』 [M古2-1998-57; 古朝61-64] (국립중앙도서관 소장, 1785) (청송·진보 확대)

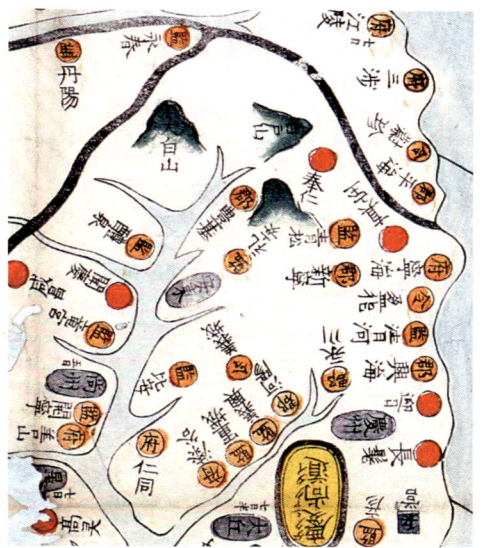

『朝鮮世表全圖』 [M古2-1999-37; 古朝61-76] (국립중앙도서관 소장, 1806) - 朝鮮八道之圖(청송·진보 확대)

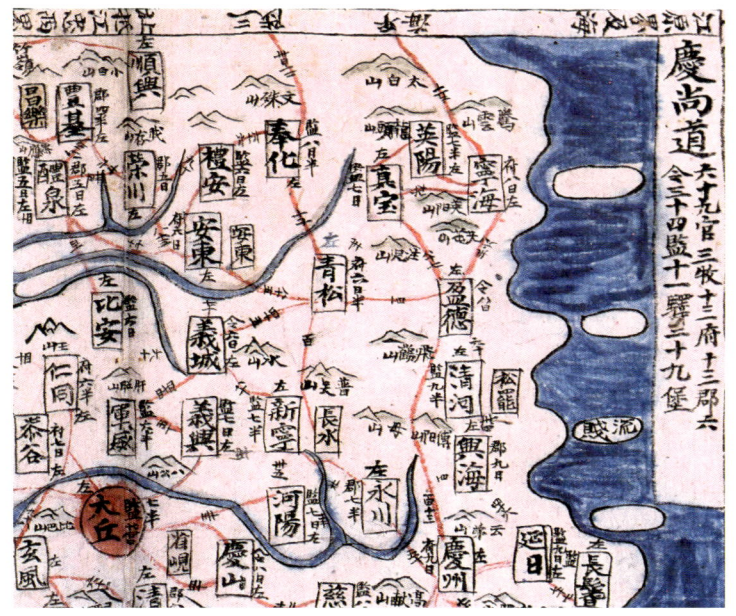

『朝鮮地圖(幷八道天下地圖)』 [M古2-1998-69; 古朝61-6] (국립중앙도서관 소장, 1800후) - 慶尙道(청송·진보 확대)

『朝鮮八道之圖』 [M古2-1998-57; 古朝61-61]
(국립중앙도서관 소장, 1800후) (청송)

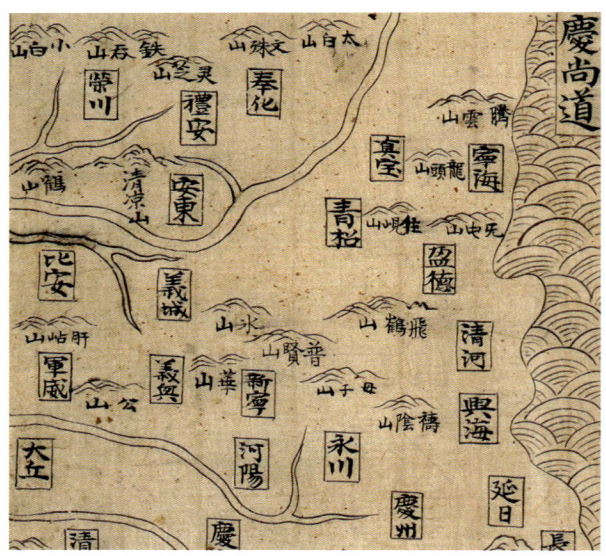

『地圖』 [M古 2-1998-69; 古朝61-4]
(국립중앙도서관 소장, 1604후) - 慶尙道 p. 1(청송·진보 확대)

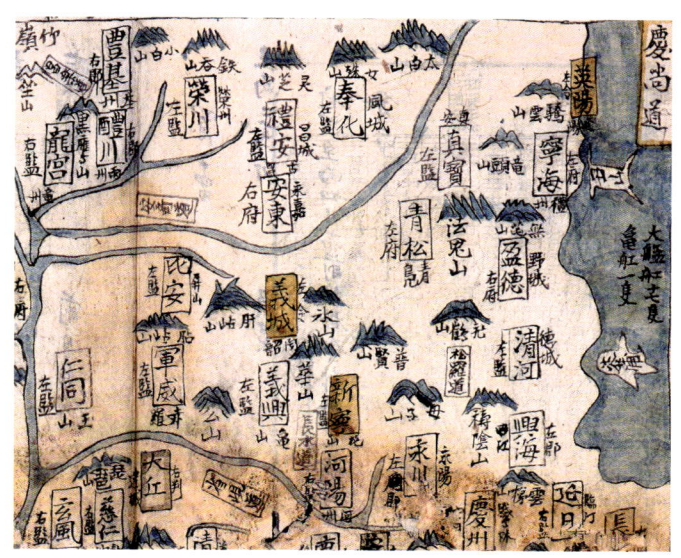

『天下圖』 [M古2-1999-37; 古朝61-86]
(국립중앙도서관 소장, 1800후) - 慶尙道(청송·진보 확대)

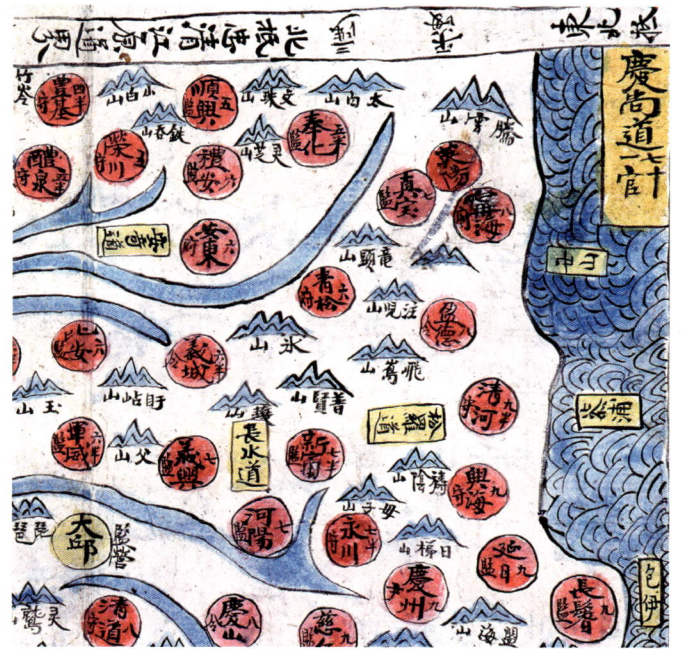

『天下之圖』 [M古2-1998-69; 古朝61-5]
(국립중앙도서관 소장, 1793후) - 慶尙道(청송·진보 확대)

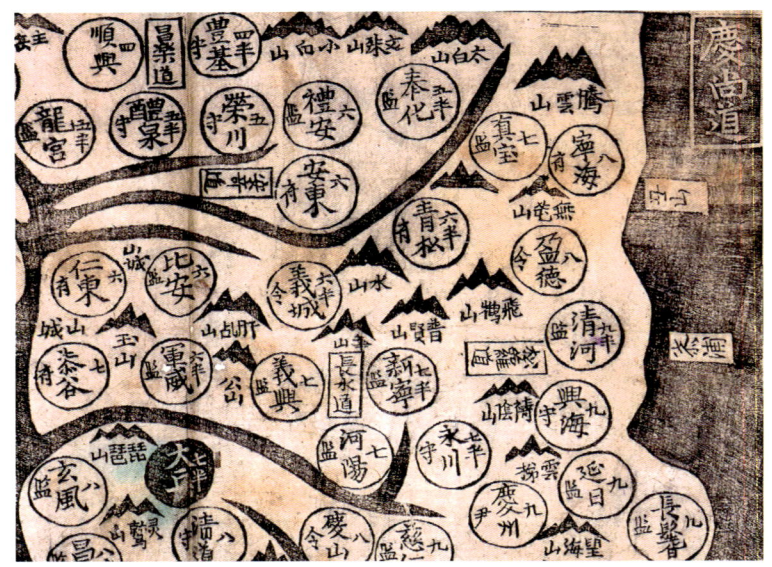

『天下地輿』[M古 2-1998-53; 古262-5]
(국립중앙도서관 소장, 17c후반) - 慶尙道(청송·진보 확대)

『八道輿地圖』[M古2-1999-38; 古2702-14]
(국립중앙도서관 소장, 1728-36) 2冊, 嶺南圖(청송·진보 확대)

부록: 청송군 지지류(地誌類) 자료집 ■ 261

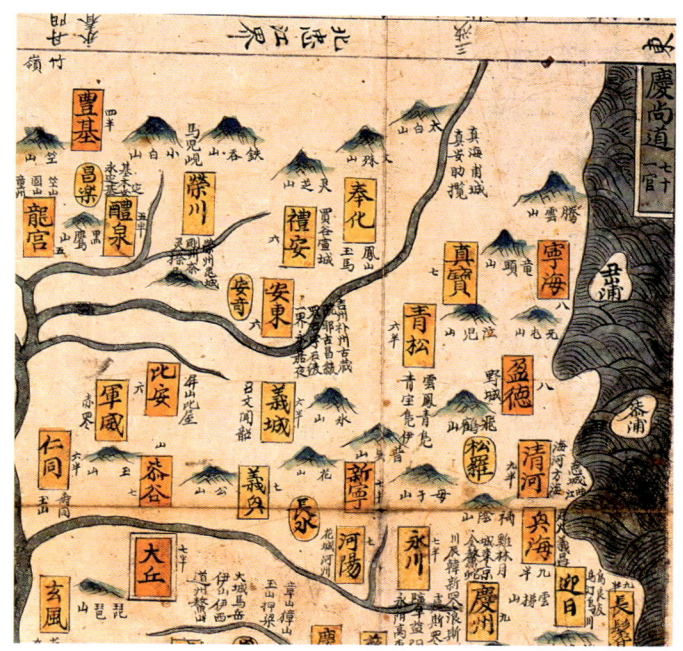

『八道地圖』 [MF 2-80-39; 古朝61-20]
(국립중앙도서관 소장, 1684후) - 慶尙道(청송·진보 확대)

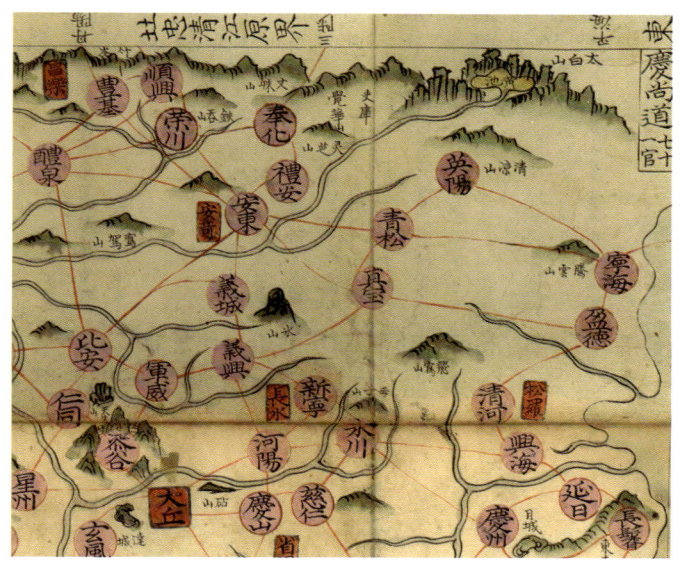

『海東總圖』 [M古 2-1998-67; 古朝61-42]
(국립중앙도서관 소장, 1656-1767 제작; 1776후 수정) - 慶尙島(청송)

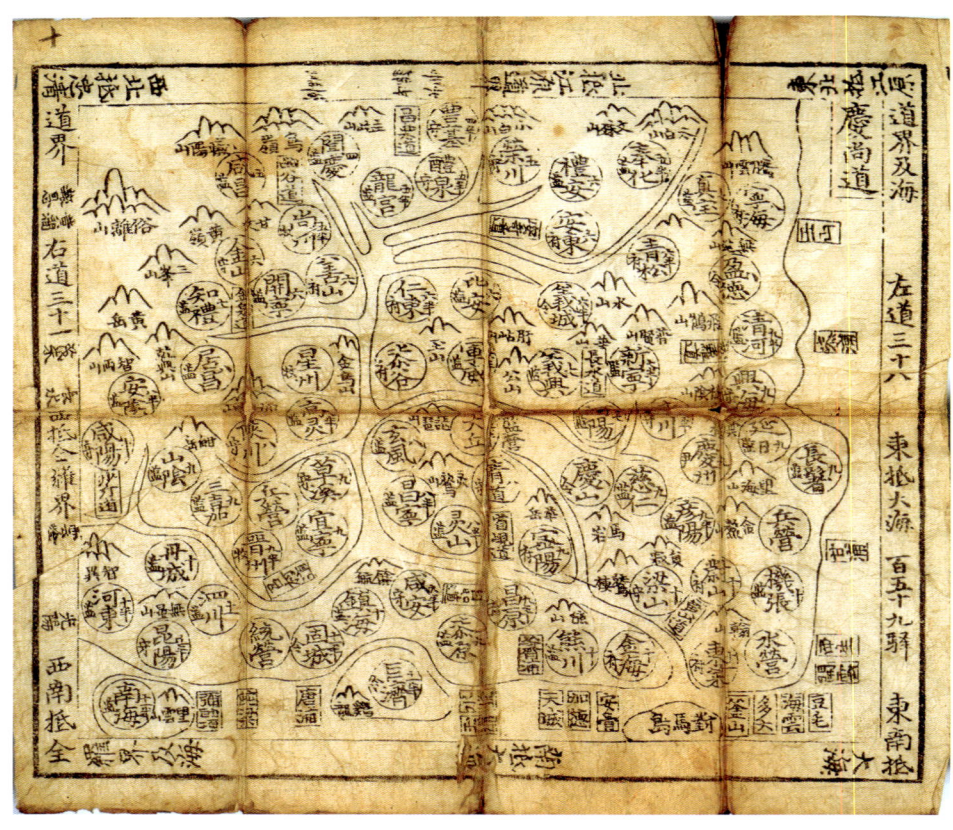

『地圖』[가람古912.5-J561] (규장각한국학연구소 소장, 1676전후) - 경상도

『東國地圖』 [一簑古912.51-D717]
(규장각한국학연구소 소장, 1589전) - 경상도(청송)

『地乘』 [奎15423]
(규장각한국학연구소 소장, 1776-87) 3冊, 慶尙道(청송)

『地乘』[奎15423]
(규장각한국학연구소 소장, 1776-87) 3冊, 眞寶縣

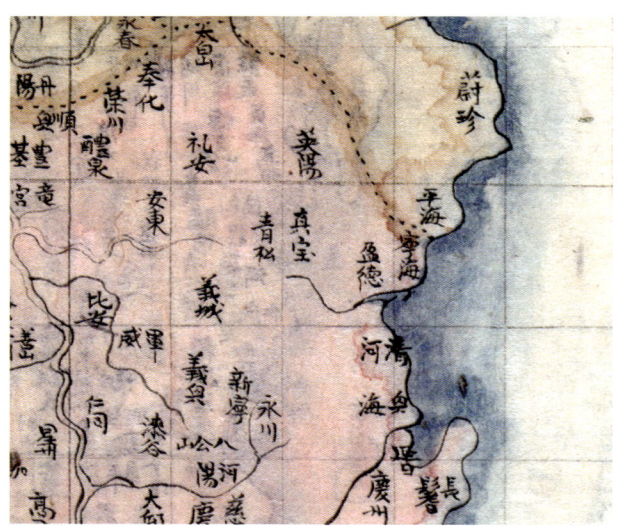

『靑邱圖』[古4709-21]
(규장각한국학연구소 소장, 1823-34) - 본조팔도군현총도(청송)

『東域圖』 [古4709-27]
(규장각한국학연구소 소장, 1800-34) - 경상도(청송)

『海東諸國地圖』 [古4709-31]
(규장각한국학연구소 소장, 18c말) - 慶尙道(청송)

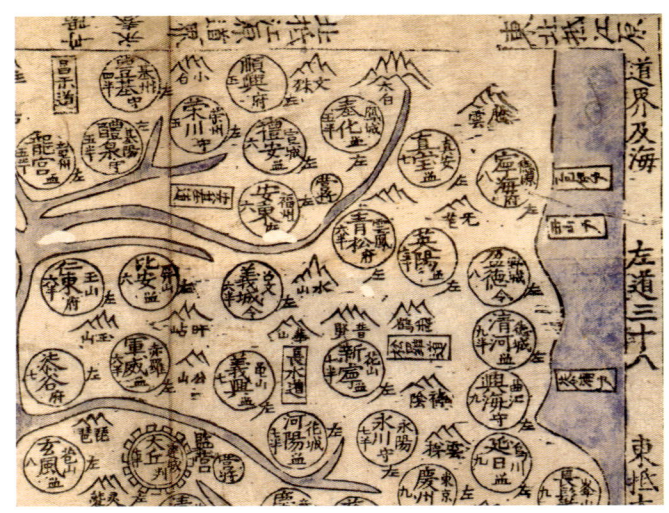

『朝鮮地圖』 [古4709-32]
(규장각한국학연구소 소장, 1719-60) - 경상도(청송)

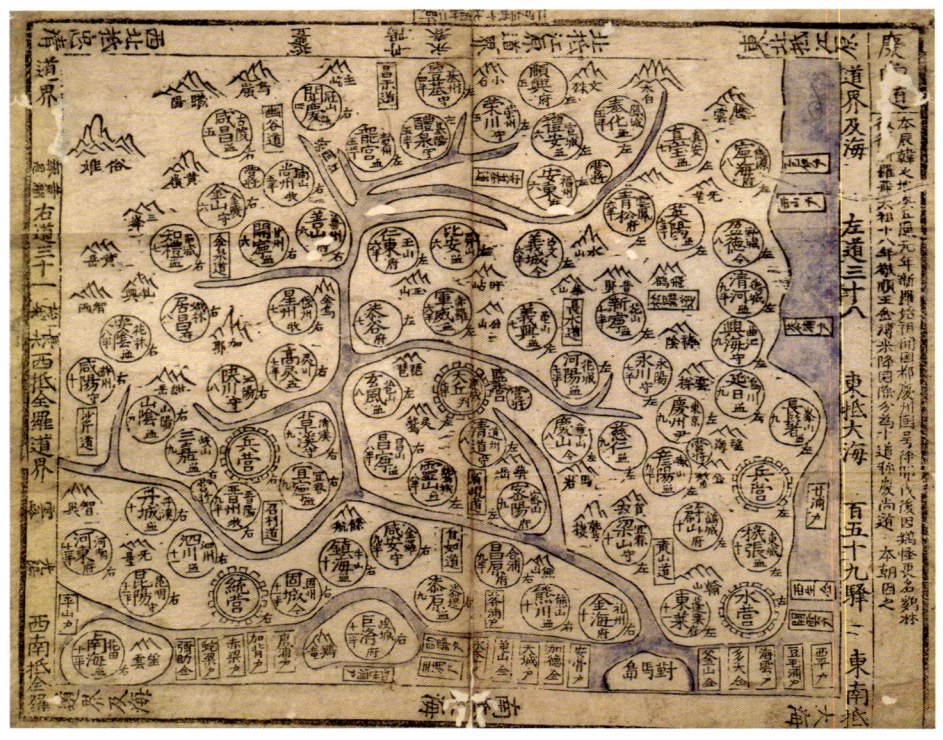

『朝鮮地圖』 [古4709-32] (규장각한국학연구소 소장, 1719-60) - 경상도

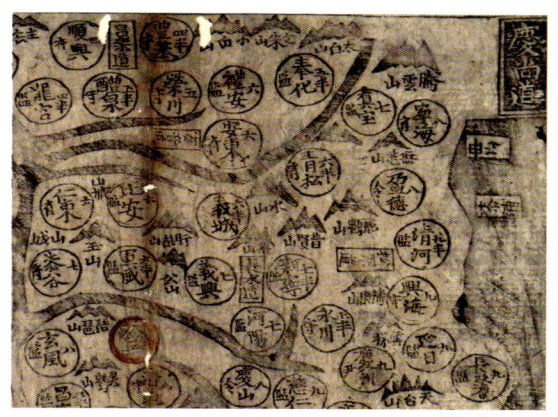

『朝鮮地圖』 [古4709-38]
(규장각한국학연구소 소장, 1767후) - 慶尙道(청송)

『海東地圖』 [古大4709-41]
(규장각한국학연구소 소장, 1750-51) 5帖, 眞寶縣

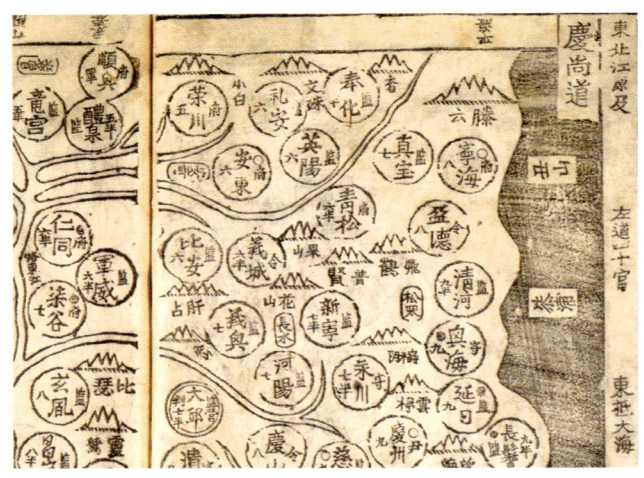

『輿地圖』[古4709-58]
(규장각한국학연구소 소장, 1800-22) - 경상도(청송)

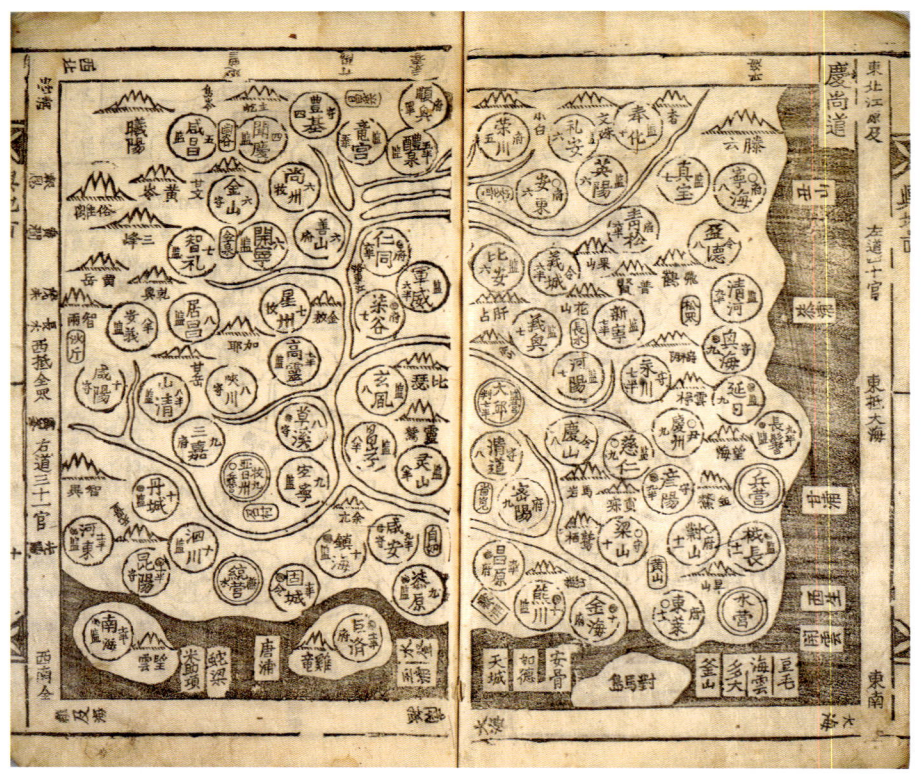

『輿地圖』[古4709-58] (규장각한국학연구소 소장, 1800-22) - 경상도

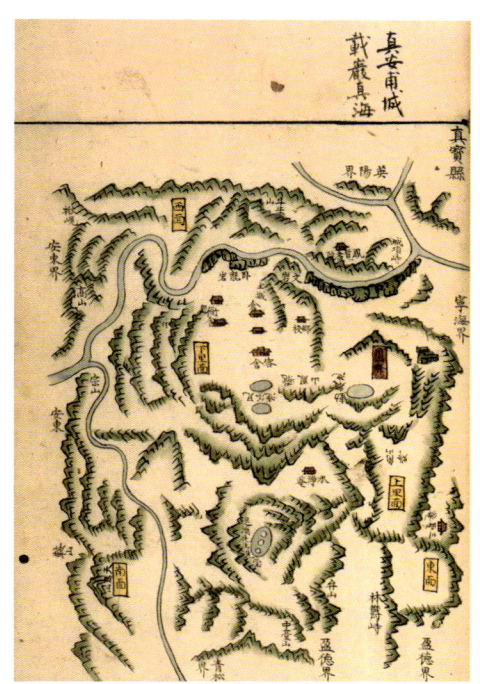

『輿地圖』[古4709-68]
(규장각한국학연구소 소장, 1736-67) 4冊,
眞寶縣

『輿地圖』[古4709-68]
(규장각한국학연구소 소장, 1736-67) 4冊,
靑松府

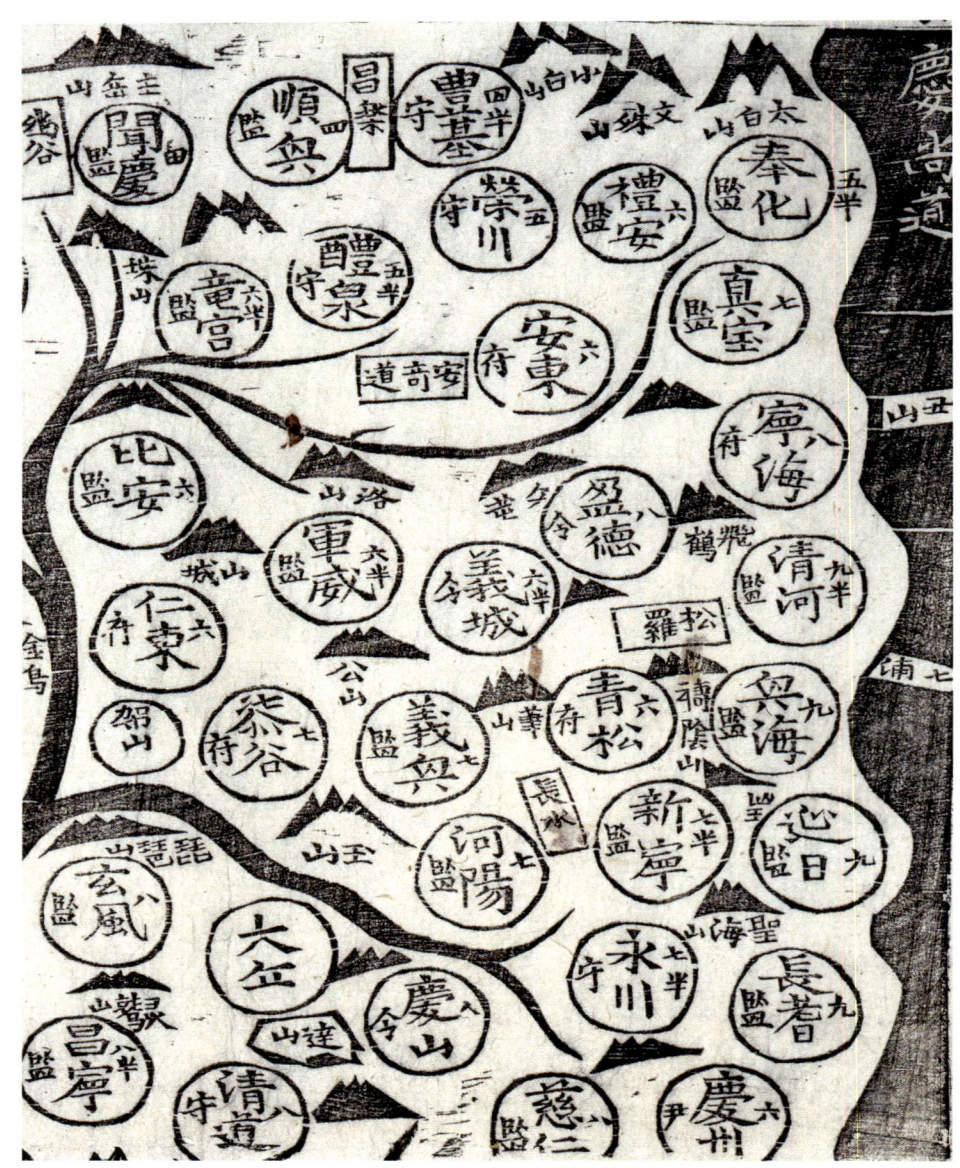

『八道地圖』 [古4709-73] (규장각한국학연구소 소장, 1767-76) - 慶尙道(청송)

부록: 청송군 지지류(地誌類) 자료집 ■ 271

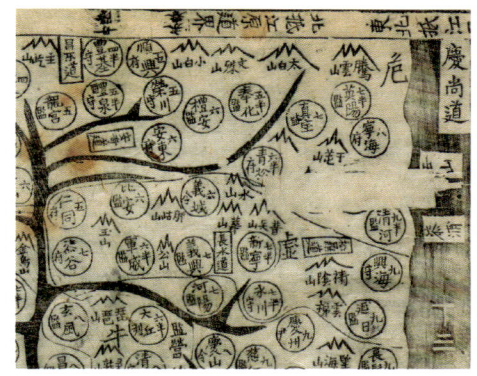

『輿地圖』 [K2-4562]
(한국학중앙연구원 장서각 소장, 1800후) -
慶尙道(청송)

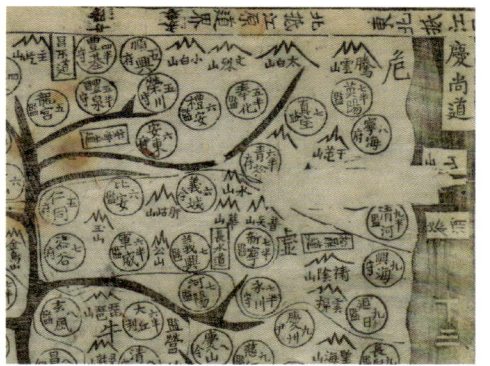

『輿地圖』 [K2-4562]
(한국학중앙연구원 장서각 소장, 1800후) -
慶尙道(청송·진보 확대)

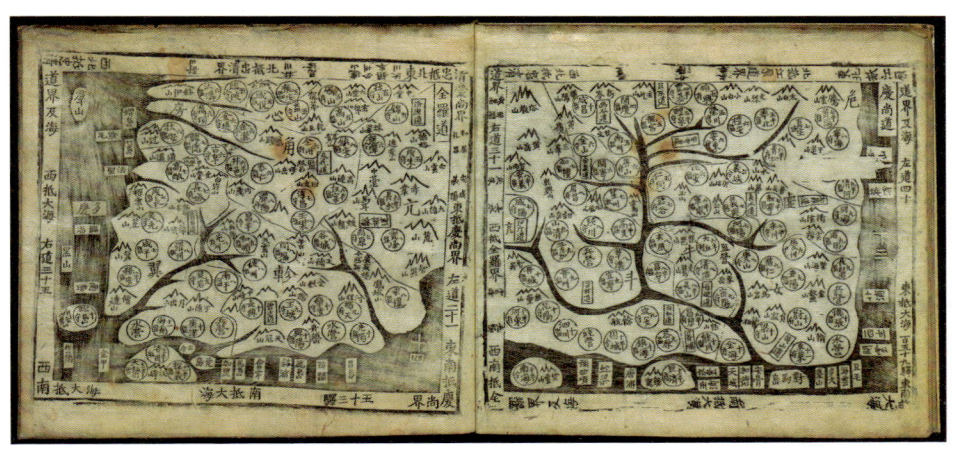

『輿地圖』 [K2-4562] (한국학중앙연구원 장서각 소장, 1800후) - 慶尙道

『地圖』[K2-4583] (한국학중앙연구원 장서각 소장, 1776전) 3冊, 慶尙道(청송)

『東覽寶帖』 [PB15JA-2]
(한국학중앙연구원 장서각 소장, 연대미상) - 慶尙道(청송)

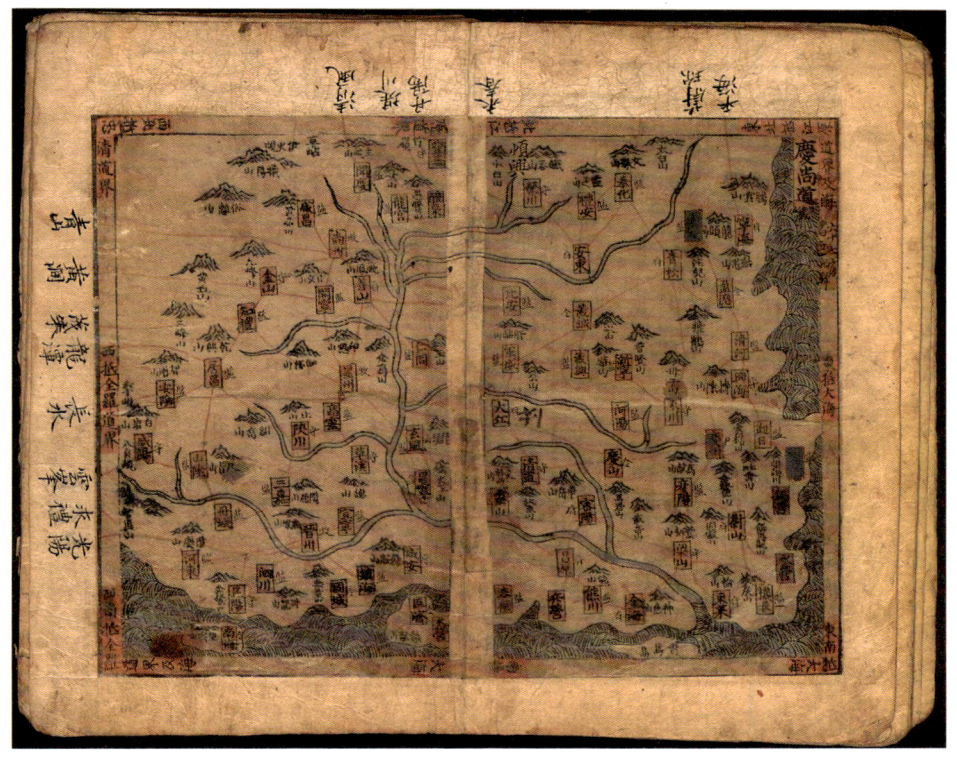

『東覽寶帖』 [PB15JA-2] (한국학중앙연구원 장서각 소장, 연대미상) - 慶尙道

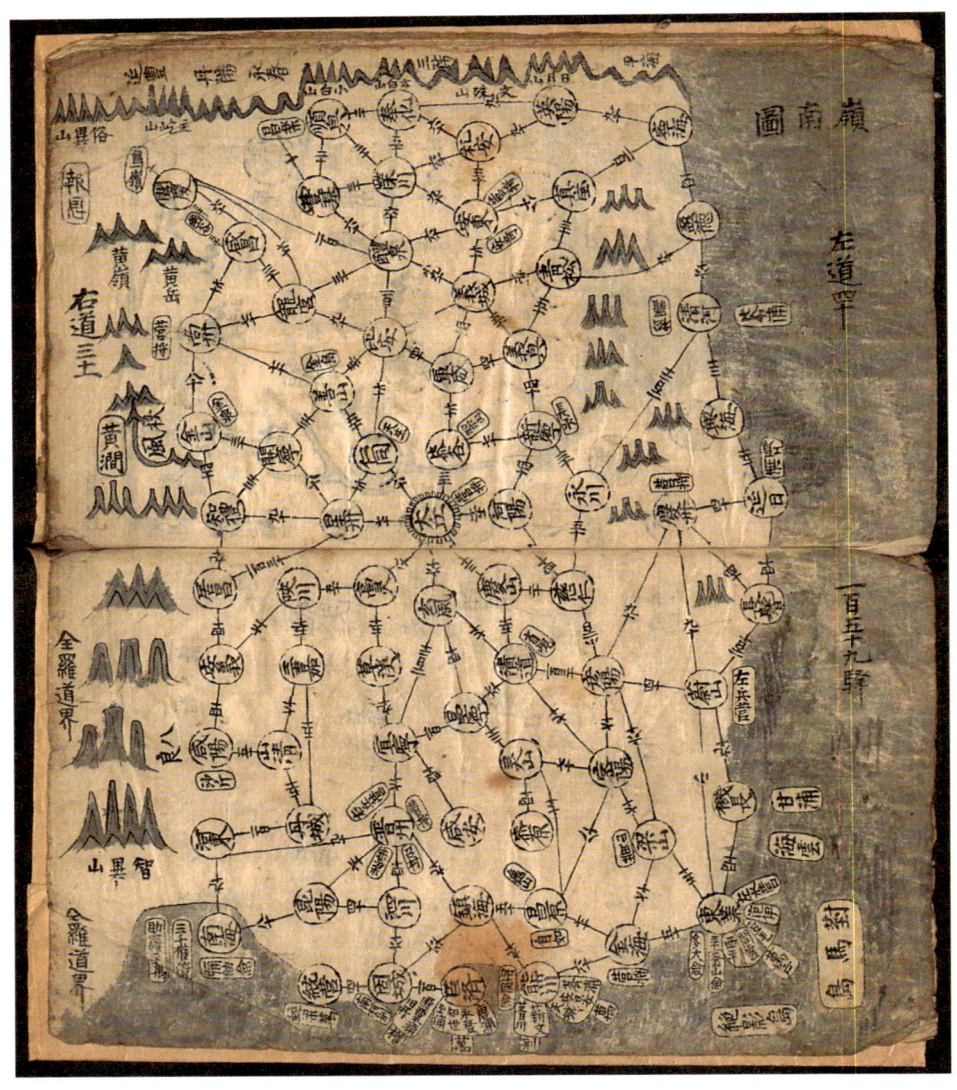

『朝鮮地圖』 [PB15JB-3] (한국학중앙연구원 장서각 소장, 연대미상) - 嶺南圖

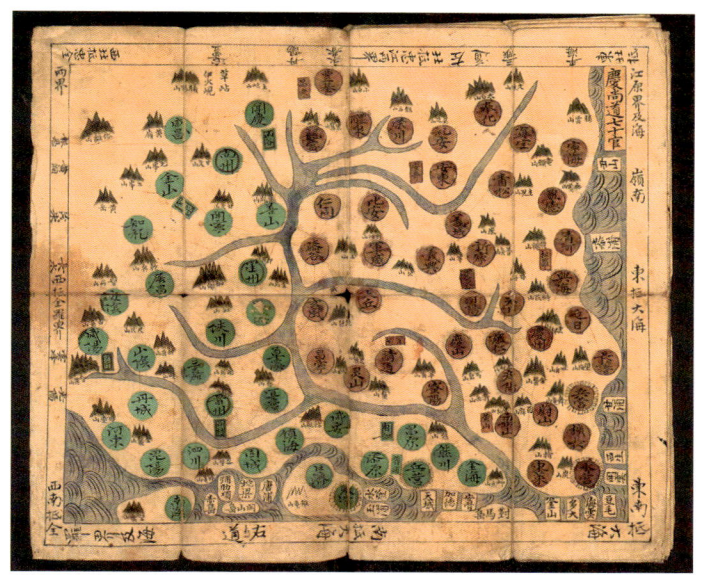

『東國地圖』 [PB15JB-4]
(한국학중앙연구원 장서각 소장, 연대미상) - 慶尙道 - 복사본

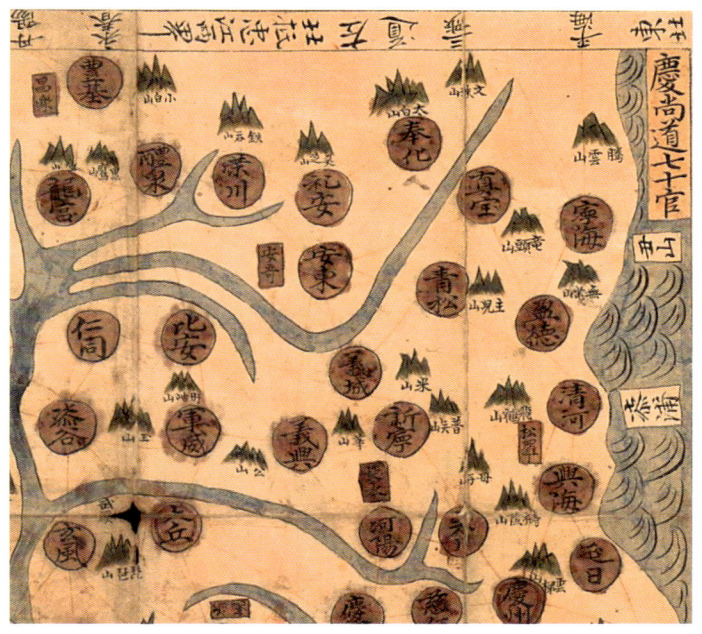

『東國地圖』 [PB15JB-4]
(한국학중앙연구원 장서각 소장, 연대미상) - 慶尙道(청송)

찾아보기

가

가락사(嘉樂寺) 163
감연리 유적 48
거석문화(巨石文化) 52
거성리 Ⅰ 고인돌 47
거성리 Ⅰ·Ⅱ유적 47
거성리 성지 17, 161
거성리 유적 48
경덕왕 13
『경상도속찬지리지』 177, 203
『경상도읍지』 180, 181, 182, 203
『경상도지(慶尙道誌)』 185
『경상도지리지』 17, 19, 141, 176, 177, 197, 199, 203
『경상북도진보군읍지(慶尙北道眞寶郡邑誌)』 163
경순왕 14
계수관(界首官) 138
『고려사』 157
고려장(高麗葬) 47
고산 135
「고선사 서당화상비(高仙寺 誓幢和上碑)」 102
고송생현(古松生縣) 219
고인돌 유적 32, 33
고창전투(古昌戰鬪) 14, 140, 151, 152
곡성군 82, 87
골벌국 11
곰내재 135
관반제(官班制) 149
광개토왕 11
광개토왕비 12
광덕사립학교 23
광덕산 135
광덕학교(廣德學校) 238
『광여도』 237
『교남지(嶠南誌)』 185
교남학회 23
9서당 96, 102
구암산 135
『구한국지방행정구역명칭일람』 233
군현제(郡縣制) 137
굴화현(屈火縣) 87
금곡리 유적 47
기자(祈子) 신앙 53
김천 송죽리 유적 9

나

낙일학교(樂一學校) 23, 238
남각산봉수 19

녹무현(綠武縣) 12, 13, 15, 72, 82, 84, 91, 118

다

대구십일사건 24
대돈산 135
『대동지지(大東地誌)』 21, 166, 204, 218, 219
대왕바위 52
대전사(大典寺) 166
『동국여지승람(東國輿地勝覽)』 176, 177, 178, 179, 183, 198, 201
『동국여지지(東國輿地志)』 178
『동여도지(東輿圖志)』 182
『동여비고』 234

마

면봉산 135
명당리 성지 17, 161
『무신창의록』 21
무포산 135
문거리 고인돌 47
문소군 13
『문화유적분포지도』 163

바

벌휴왕 11
베틀봉 135
보성 감무(甫城監務) 144

보성군(甫城郡) 187
보성부(甫城府) 15, 72, 105, 106, 107, 109, 111, 115, 116, 117, 118, 119, 136, 138, 139, 140, 142, 146, 154, 167
보현사(普賢寺) 163
보현산 24, 135
보현산맥 29, 135
본고구려군현(本高句麗郡縣) 71, 72, 82, 84, 85, 87, 88, 90, 91, 105, 117, 118
본관제(本貫制) 15, 148
부곡제(部曲制) 138
부남면(府南面) 25, 193, 228
부동면(府東面) 193
비로사진공대사탑비 14
비봉산 135

사

사로국(斯盧國) 71, 73, 74, 81, 82, 118
『사서절요(四書切要)』 160
사일산 135
산두봉 135
산지봉 135
『삼국사(三國史)』 139, 144
삼도산맥 29, 135
삼성암(三聖庵) 163
삼척 지역 12
상의리 성지 17, 161
선필(善弼) 136

『세종실록』   176, 217, 218, 224, 242
『세종실록지리지(世宗實錄地理志)』   16,
    17, 20, 148, 176, 198, 199, 203, 204,
    219, 225
소지왕   12
소헌왕후(昭憲王后)   17, 19, 143, 144, 145,
    188, 190, 217, 219, 224, 242
송생고현(松生古縣)   145, 219
송생리산성(松生里山城)   17, 161, 163, 167
송생폐현(松生廢縣)   144, 219
송생현(松生縣)   15, 136, 138, 140, 141,
    143, 144, 145, 147, 167, 176, 187,
    217, 218, 229
수락리 산성   17, 161
신라토내당주   12
신법산봉수   18
신성리 석축   17, 161
『신증동국승람』   21
『신증동국여지승람(新增東國輿地勝覽)』
    17, 19, 162, 163, 176, 177, 178, 203,
    218, 219, 225, 226, 240
『신찬팔도지리지(新撰八道地理志)』   176
신흥리 유적   12
실직주   12
십당(十幢)   94, 96
10정(停)   94, 96, 102, 103, 105
12국   82
쌍계사(雙溪寺)   163
쌍암사(雙巖寺)   163

쌍암사지(雙岩寺址)   163

아

안덕면(安德面)   25, 135, 193, 228
안덕현(安德縣)   15, 22, 136, 138, 139,
    140, 143, 144, 146, 167, 176, 187,
    229
안동 약산봉수   19
안동부   14, 15
야성군(野城郡)   13, 82, 84, 87
야시홀군(也尸忽郡)   87
양숙리 고인돌   47
양숙리 유적   47
『여도비지(輿圖備志)』   166, 182, 204
『여재촬요(輿載撮要)』   183
『여지도』   237
『여지도서』   20, 21, 166, 179, 180, 181,
    182, 189, 198, 201, 203, 204, 205,
    218, 226, 240
역사지리적 접근(historical geography)
    215, 242, 243
연점산   135
『영남여지』   181
『영남읍지』   180, 182, 183, 204, 206, 218,
    226, 240
『영남지』   182
『영지요선(嶺誌要選)』   184
영해 광산봉수   19
6정(停)   96, 102, 103, 105

용전천(龍纏川)   29, 47, 57, 135, 206
의성부   13
이화혜정(伊火兮停)   11, 12, 90, 91, 92, 96, 101, 105, 119
이화혜현(伊火兮縣)   11, 12, 72, 82, 84, 87, 90, 91, 96, 105, 119
『1872년 지방지도』   204

자

재암성(載巖城)   139, 154
재암성주 선필(善弼)   149, 167
재암성(載巖城) 장군 선필(善弼)   13, 14, 114, 115, 142, 150, 152, 153
적선현(積善縣)   13, 72, 82, 84, 91, 107, 118, 141
『적원일기』   22
조람군(助攬郡)   82, 84, 87, 90, 96
조람현(助攬縣)   108, 115, 117
조문국(召文國)   11, 81, 109
조물성 전투   13
『조선각도읍지(朝鮮各道邑誌)』   184
『조선환여승람』   184, 185, 186, 201
주방사(周房寺)   163
주산지   21, 136
주왕산   21, 24, 135
주왕산면(周王山面)   25, 228
주왕산성(周王山城)   17, 161, 162, 167
죽장이부곡(竹長伊部曲)   147
지도보부곡(知道保部曲)   146

『지방제도조사』   229, 233
『지승』   237
지역역사지리적 접근   244
지역인문학적 접근   244
지증왕   12
진보(眞寶, 청송의 진보면)   150
진보공립보통학교   238, 239
진보군   22
『진보군지』   183, 198
진보면(眞寶面)   25, 135, 142, 193, 228
진보 현감(眞寶縣監)   144
진보성 장군 홍술   13, 112, 113
진보성주(眞寶城主)   153
진보성주 홍술   149, 152, 167
『진보읍지』   183
진보향교   238
진보현(眞寶縣)   13, 16, 17, 18, 22, 109, 146, 147, 176, 177, 188, 189, 190, 217, 223, 228, 242
『진보현읍지(眞寶縣邑誌)』   180, 181, 190, 198, 205, 207
『진성이씨세보(眞城李氏世譜)』   155, 156
진안리 고분군   12
진안리 유적   10, 57, 58
진안현(眞安縣)   72, 82, 84, 91, 107, 108, 118, 154
진한(辰韓)   71
진한(辰韓) 12국   72, 73, 74, 118
진흥왕   12

차

『청이세고(靑已世稿)』 157
청보군(靑寶郡) 136, 138, 142, 143, 144, 147, 167, 188, 218, 223
청부현(靑鳧縣) 17, 19, 136, 138, 140, 143, 144, 145, 146, 167, 187, 217, 242
청성부원군(靑城府院君) 156, 158
청송 감연리 고인돌 34
청송 거성리 고인돌 44
청송공립보통학교 239
청송 구천리 추정 고인돌 45
청송군(靑松郡) 18, 22, 136, 142, 143, 144, 145, 147, 215, 216, 217, 218, 228, 243
『청송군사』 187
『청송군읍지』 183, 198, 226
『청송군지(靑松郡誌)』 163, 186, 187, 199, 202, 206
청송 금곡리 고인돌 34
청송 덕리 고인돌 33
청송도호부(靑松都護府) 18, 19, 22, 142, 146, 147, 167, 177, 188, 189, 190, 224, 227, 228, 243
청송 무계리 고인돌 42, 43
청송면(靑松面) 25, 193
청송 문거리 고인돌 43
청송백자 136
청송부(靑松府) 188

『청송부읍지』 179, 180, 181, 191, 198, 218, 226
청송사과 136
청송 성재리 고인돌 38, 39
청송 수락리 고인돌 40, 42
청송 양숙리 고인돌 37
청송읍(靑松邑) 25, 135, 228
청송의진 23
청송 이촌리(理村里) 오층석탑 164
청송 지경리 고인돌 33
청송 천천리 고인돌 38
청송 하속리 고인돌 37
청송 하의리 유적 53
청송향교 238
청송 홍원리 고인돌 35
청양고추 136
『청이지(靑已誌)』 186, 199, 202
청이현(靑已縣) 11, 82, 84, 87, 90, 96, 141, 143
춘감부곡(春甘部曲) 149, 198
칠곡군 석적면 중동유적 9
칠성신앙 53
칠파화현(柒巴火縣) 11, 108, 115, 117

타

『태조실록』 225
태행산 135

파

파질부곡(巴叱部曲)　149, 197
파천면(巴川面)　25, 193, 228
파천면 관리유적　165
『팔도지리지(八道地理志)』　176, 177

하

하속리 고인돌　51, 52
하의리산성(下宜里山城)　17, 161, 162, 167
하의리 유적　10, 56, 58
『한국지명총람』　226
『해동지도』　204, 218, 226, 237
향·소·부곡　17

현동면(縣東面)　25, 193, 228
현서　25
현서면(縣西面)　11, 193, 228
『호구총수』　191, 192, 193
『호남읍지』　182
홍술(洪述)　136
홍원리 고인돌 유적　36
홍원리 1호　58
홍원리 3호 고인돌　58
홍원리 유적　47, 48
홍원리 지역　10
황장재　135